Bush, l'Iran et la bombe

DU MÊME AUTEUR

Le Pétrole à l'heure arabe, entretiens avec Nicolas Sarkis, Stock, 1975.
Vodka Cola (en collaboration avec Charles Levinson), Stock, 1977.
La Puce et les Géants, préface de Fernand Braudel, Fayard, 1983.
La Corde pour les pendre, Fayard, 1985.
Karl Marx Avenue, roman, Olivier Orban, 1987.
Un espion en exil, roman, Olivier Orban, 1988.
Guerre du Golfe (en collaboration avec Pierre Salinger), Olivier Orban, 1990.
Tempête du désert, Olivier Orban, 1991.
La Mémoire d'un roi, entretiens avec Hassan II, Plon, 1993.
Les Fous de la paix (en collaboration avec Marek Halter), Plon/Laffont, 1994.
Guerre du Kosovo, le dossier secret, Plon, 1999.
Le Grand Mensonge, Plon, 2001.
La Guerre des Bush, Plon, 2003.
Le Monde secret de Bush, Plon, 2003.
La Face cachée du 11 septembre, Plon, 2004.
La Face cachée du pétrole, Plon, 2006.

Éric Laurent

Bush, l'Iran et la bombe

Enquête sur une guerre programmée

PLON

www.plon.fr

© Plon, 2007.
ISBN : 978-2-259-20703-4

1

J'ai réellement découvert l'Iran il y a neuf ans, au terme d'un curieux détour par le Maroc et l'Irak. Nous sommes en juin 1998 et il est 1 h 20 du matin. Le seul bruit qui rompt le silence de la nuit est celui de nos pas qui résonnent sur les dalles de marbre alors que nous traversons des cours intérieures. Une brise légère souffle en provenance de la mer et agite mollement les branches des arbres. Je distingue quelques citronniers, plantés dans un *riad* imposant décoré de faïences bleues. Plongé dans l'obscurité, le palais royal de Rabat fait penser à un immense décor vide. Le serviteur qui me précède, vêtu d'une djellaba d'un blanc immaculé, coiffé d'une chéchia rouge, marche avec lenteur et gravité. Il ouvre maintenant deux épaisses portes en bois sculpté qui débouchent sur un long couloir faiblement éclairé, puis au pied d'un escalier qui conduit aux appartements du roi. Hassan II, descendant du Prophète, monarque de droit divin régnant depuis trente-sept ans sur le Maroc, réputé pour son habileté politique et sa baraka – il a échappé miraculeusement à deux tentatives d'assassinat –, livre ici un ultime combat contre la maladie qui l'emportera un an plus tard. Je pénètre dans un vaste salon décoré de fleurs et où flotte une odeur de bois de santal, son parfum préféré. Dans des cadres en argent, disposés sur les tables, quelques photos du souverain marocain en compagnie de dirigeants étrangers. L'une d'elles m'intrigue. On y voit Saddam Hussein et son ennemi mortel, le président syrien Hafez el-Assad, entourant le roi et esquissant un sourire contraint pour l'objectif. L'un et l'autre semblent gênés de cette proximité. Le parquet craque légèrement. Je lève les yeux, il est devant moi, tenant une longue enveloppe de couleur jaune à la main. Hassan II porte une djellaba verte, paraît plus fluet que jamais et ses traits sont marqués par la fatigue. Il s'assied lentement dans un fauteuil et m'invite à m'installer à sa droite.

— Alors, vous êtes toujours décidé à aller à Bagdad ?

La voix est sourde et lasse.

— Oui, Majesté. J'ai prévu de partir cet après-midi de Casablanca pour Amman, puis de gagner Bagdad demain matin par la route.

Il écarquille les yeux.

— Mais c'est très long, non ?

— Environ quatorze heures, et surtout très ennuyeux. Une immense zone désertique, étouffante, entrecoupée de rares stations-service.

Pour la première fois, il sourit :

— Quel programme. Au fond, je crois que je n'aime pas voyager.

Il hausse les épaules.

— De toute façon, le blocus actuel contre l'Irak est une absurdité et ne pénalise que la population. Existe-t-il un seul cas dans l'Histoire d'un dictateur touché par l'embargo frappant son pays ?

Il marque une légère pause. Le regard redevient vif, comme si le plaisir de la conversation le ramenait à la vie.

— Quand vous m'avez parlé, il y a un mois, de votre projet de réaliser des entretiens avec Saddam Hussein, j'ai trouvé que c'était une bonne idée et j'ai promis de vous aider.

Je me souviens de mes propos : « Je n'éprouve aucune

fascination pour Saddam ; selon moi, il est un des pires dirigeants que le monde arabe ait connus. Mais parvenir à l'interroger, c'est tenter de déchiffrer sa psychologie. Pourquoi a-t-il déclenché la guerre contre l'Iran, envahi le Koweït, presque menacé l'Arabie Saoudite ? Alors qu'il défiait ouvertement l'Occident, a-t-il cru, jusqu'à la dernière minute, que les États-Unis et les autres pays de la Coalition n'entreraient pas en guerre contre lui ? Depuis sa défaite, il y a sept ans, il n'a fait aucun commentaire. Lui qui se projetait en leader du monde arabe, comment a-t-il vécu cette humiliation qui se prolonge encore aujourd'hui : le nord et le sud de son pays sont interdits de vol, placés sous surveillance internationale, et ses positions militaires régulièrement bombardées. Est-il animé d'un esprit de revanche ? Depuis 1991, il semble faire le dos rond. Parfois, quelques images en noir et blanc, privées de son, le montrent présidant un Conseil des ministres, c'est-à-dire entouré de silhouettes en uniforme qui ressemblent à des clones apeurés. Et c'est tout. Je n'ai pas l'intention de lui fournir une tribune mais d'obtenir des confidences. Tenter de déchiffrer un homme dont tout l'exercice du pouvoir repose sur l'arbitraire et la brutalité constitue pour un journaliste un défi passionnant. » Et j'avais ajouté : « Journaliste dans les années 1930, j'aurais cherché à tout prix à interviewer Hitler et Staline. Rencontrer et faire parler un dictateur permet de mieux cerner sa psychologie et sa dangerosité, comme pour un *serial killer*. À l'époque, presque personne n'avait compris que ces deux dirigeants représentaient l'horreur absolue. »

Hassan II prend l'enveloppe épaisse posée sur une table à côté de son fauteuil et me la tend. Cachetée, portant le sceau royal, elle semble contenir plusieurs feuillets.

— Si vous parvenez à le rencontrer, remettez-lui cette lettre. Elle contient un certain nombre de réflexions que je lui adresse. Je me garde bien de lui donner des conseils, il est incapable de les suivre. Je l'ai écrite à la main. Si vous échouez, ramenez-la, je n'aimerais pas que d'autres la lisent.

Il sourit.

— ... et ne la perdez pas. Vous savez, au fond, je connais mal Saddam, mais il a réussi à faire de son pays – et c'est une tragédie – un véritable abysse politique, un trou noir, une inconnue.

Je lui montre le cadre avec la photo du président irakien en compagnie de Hafez el-Assad.

— Quand a-t-elle été prise ?

— En 1982, lors du sommet de la Ligue arabe qui se tenait à Fez. En pleine guerre Iran-Irak. J'avais organisé un repas sous la tente qui réunissait le prince Fahd, futur roi d'Arabie Saoudite, le roi Hussein de Jordanie, le cheik Jaber du Koweït, Saddam, Hafez el-Assad et moi. Nous déjeunions agréablement quand soudain Saddam se tourne vers Assad et lui lance d'un ton affable : « Ah, mon ami, que de fois j'ai essayé de vous renverser. » Et Assad de lui répondre de la même voix courtoise : « Je sais, je sais, mais vous n'ignorez pas que moi aussi j'ai tout fait pour vous éliminer. » C'était un dialogue shakespearien.

— Un an plus tôt, Saddam connut une première humiliation, avec la destruction par Israël du réacteur nucléaire d'Osirak.

Hassan II me fixe, l'air amusé, tandis que les doigts de sa main droite égrènent un chapelet.

— Vous qui aimez explorer les recoins, vous devriez vous intéresser aux coulisses du conflit Iran-Irak. C'est très instructif. Pendant une grande partie de la guerre, Israël, comme d'ailleurs les États-Unis, a continué d'approvisionner en armes la République islamique, et le bombardement d'Osirak ne visait pas à protéger Israël mais l'Iran d'une attaque nucléaire irakienne.

Je le regarde, stupéfait.

— ... les dirigeants israéliens savaient très bien que Saddam n'oserait jamais utiliser l'arme atomique contre leur pays.

Il s'interrompt un instant pour boire quelques gorgées d'eau, ravi de son effet, avant d'ajouter avec une pointe d'ironie :

— Vous n'ignorez pas qu'il m'arrive parfois d'être bien informé.

Le roi adore la diplomatie parallèle et le monde du renseignement. C'est au Maroc qu'eut lieu la première rencontre entre la CIA et l'OLP, et, à l'occasion de la fête du Trône, il est fréquent que plusieurs chefs de services de renseignements étrangers soient présents. Il a également été le premier chef d'État arabe à recevoir, secrètement, des responsables israéliens, d'abord Moshe Dayan, puis Itzak Rabin. Je sais enfin que le Mossad a une antenne importante au Maroc et que les services israéliens veillent à la sécurité du souverain et à déjouer d'éventuelles tentatives de complot.

« L'Iran veut prendre sa revanche »

— Si j'ai un conseil à vous donner, ajoute-t-il, allez en Irak mais intéressez-vous à l'Iran. En détruisant Osirak, les Israéliens ont involontairement laissé le champ libre à Téhéran pour qu'il puisse développer rapidement son programme nucléaire. L'islam iranien n'est pas le mien, mais je suis consterné quand j'observe que Khomeiny a donné la toute-puissance aux imams et aux mollahs. Cela dit, les grands pays – et l'Iran en fait partie – me font penser à ces poupées lestées de plomb qui reviennent toujours à l'équilibre. Vous savez, autrefois, l'Iran, loin d'être une simple colonie culturelle et religieuse de l'Islam, s'est au contraire affirmé comme un haut lieu de la pensée et de la civilisation musulmanes. Les Iraniens ont codifié jusqu'à 100 000 hadiths du Prophète. Ce sont eux qui ont donné le premier grand grammairien de la langue arabe. Le Prophète était très attentif à la Perse et il disait d'ailleurs de ce peuple : « Si la science était accrochée à la constellation des pléiades, ce seraient les Iraniens qui iraient la décrocher.» C'est exactement la volonté et la démarche de Téhéran aujourd'hui avec le nucléaire. Ce pays, trop souvent humilié dans le passé par les puissances occidentales, Grande-Bretagne, États-Unis, Russie, veut prendre sa revanche et rien ne l'en détournera.

Il s'extrait difficilement du fauteuil et son visage se crispe brusquement sous l'effet de la douleur. Il secoue négativement la tête, agacé, quand je me penche pour l'aider. Deux domestiques se tiennent immobiles à la porte du salon, figés par la scène.

— Merci pour votre appui. Comment voyez-vous l'avenir de Saddam Hussein ?

Il me regarde, étonné par la question.

— Incertain. À l'instar du Shah, certaines erreurs que Saddam a commises vont peser lourd. Il s'est aliéné tout soutien dans le monde arabe et musulman, plus personne n'est prêt à le défendre. Longtemps prédateur, il est devenu désormais une proie facile.

Le regard redevenu las, il jette un bref coup d'œil à l'enveloppe que je tiens à la main, puis il s'éloigne, voûté, à pas lents, sans se retourner.

Le vol de Royal Jordanian Airlines s'est posé à l'aéroport d'Amman dans la soirée. Deux fonctionnaires de l'ambassade d'Irak m'attendent, juste après le contrôle de douane, pour apposer un visa d'entrée sur mon passe-port. Le lendemain à 22 heures, après plus de treize heures de route, mon taxi me dépose devant l'entrée de l'hôtel al-Rachid, en plein centre de Bagdad. À peine ins-tallé dans à ma chambre, je téléphone au bureau de Tarek Aziz. À ma grande surprise, il me fixe rendez-vous une heure plus tard. Les choses s'enchaînent avec une rapidité déroutante pour la région. Le vice-Premier ministre occupe un bureau vaste et triste meublé de plusieurs chaises et fauteuils noirs, aux murs tapissés de lattes de bois sombre. Une large baie offre une vue sur Bagdad. De nombreux véhicules en mauvais état remontent de larges avenues généreusement éclairées, puis disparaissent, happés par l'obscurité.

Tarek Aziz est sanglé dans un uniforme vert olive impeccablement repassé. Avec sa petite taille, son ventre rebondi, ses grosses lunettes et sa moustache à la Grou-cho Marx, il ressemble presque à un acteur débonnaire jouant dans une parodie de films militaires. Il incarne en réalité l'intelligence servile au service du crime. Seul chrétien dans l'entourage de Saddam, il est sans conteste son collaborateur le plus sophistiqué. Mais il se comporte surtout comme un apparatchik impitoyable, maniant avec aisance la langue de bois et justifiant, imperturbable, les pires excès du régime.

Je me souviens des confidences du docteur Li, le médecin personnel de Mao Tsé-toung, rencontré à New York. Ce petit homme triste, à l'allure digne, psychologi-quement détruit par son patient, m'avait longuement parlé de l'attitude du Premier ministre Chou En-lai envers Mao Tsé-toung : obséquieux et subtil, sophistiqué et lâche, il était traité comme un valet par son maître. Un portrait qui correspond presque mot pour mot à Aziz. Il exprime parfois de façon saisissante, avec un mimétisme confondant, l'aveuglement et l'arrogance de Saddam.

Une anecdote me revient en mémoire. Le 9 janvier 1991, à la veille du déclenchement de la première guerre du Golfe, Tarek Aziz rencontre à Genève, à l'hôtel Intercontinental, le secrétaire d'État américain James Baker. Au terme de près de dix heures de discussion, il est clair que cette négociation de la dernière chance est un échec. Baker se penche alors vers son interlocuteur.

— Monsieur le ministre, j'ai exprimé tout ce que j'avais à dire. Je ne vois pas de raison de continuer. Si vous avez un sentiment différent, je serais heureux de rester, sinon je suggère que nous ajournions.

Aziz répond de la même voix calme dont il ne s'est jamais départi pendant ces discussions tendues :

— Non, je suis d'accord avec vous. Je n'ai rien d'autre à ajouter.

Au moment où les deux hommes vont se séparer, Baker déclare d'un ton grave :

— Êtes-vous conscient qu'une guerre avec les États-Unis n'est pas comparable à celle que vous avez livrée contre l'Iran ?

En entendant ces propos, un large sourire illumine le visage d'Aziz, comme s'il venait d'entendre une plaisanterie savoureuse.

— Mais, Monsieur le secrétaire d'État, il faut que vous compreniez quelque chose : vos alliés arabes vous abandonneront. Ils n'accepteront pas d'aller tuer d'autres Arabes. Alors, votre alliance s'effondrera et vous resterez seuls, perdus dans le désert.

Il ajoute soudain avec véhémence :

— Et vous ne savez pas ce qu'est le désert, Monsieur le secrétaire d'État. Vous n'êtes jamais monté sur un chameau.

L'anecdote m'a été rapportée par un membre de la délégation américaine présent à la négociation, et Aziz l'a ensuite confirmée sans le moindre embarras.

« *Je n'ai absolument aucun moyen de joindre le Président* »

Ce soir, il m'écoute détailler mon projet, assis en face de moi, attentif, les jambes croisées, tirant sur une pipe. Mes explications achevées, il hoche la tête longuement, comme s'il approuvait l'exposé, avant de prendre la parole.

— Je dois vous dire, vous n'êtes pas obligé de me croire mais c'est vrai, je n'ai absolument aucun moyen de joindre le Président. Je ne sais pas du tout où il est, et je ne peux pas le contacter. C'est toujours lui qui appelle quand il veut me parler, me donner des directives.

— Et c'est fréquent ?

Il paraît d'abord surpris par ma question, hésite un bref instant avant de répondre :

— C'est variable. Lorsque je pourrai m'entretenir avec lui, je ferai part bien sûr de votre requête. C'est tout ce que je peux faire. Je n'ai ni le pouvoir ni le désir d'influencer le Président.

En quelques mots, il vient de brosser un tableau cru de la réalité du pouvoir en Irak. Je comprends maintenant les raisons du long silence de Saddam, ses très rares apparitions en public. Depuis l'intervention des forces de la Coalition en 1991 et l'humiliation subie par son armée et son régime, la paranoïa du dictateur a franchi un nouveau palier. Il vit désormais dans une quasi-clandestinité, ne faisant confiance qu'à un cercle restreint de fidèles. Et, visiblement, Tarek Aziz n'en fait pas partie. Un collaborateur dévoué n'est pas nécessairement un homme sûr. Étrange logique d'un dictateur qui se cache dans son propre pays, tout en continuant pourtant d'y faire régner la terreur.

Aziz me fixe, impassible. L'homme a échappé à toutes

les purges et exécutions qui déciment régulièrement l'entourage de Saddam. J'essaie de déceler une expression d'inquiétude, de gêne sur son visage. Rien. Le personnage possède un sang-froid absolu, un remarquable instinct de survie, et ne laisse pas percer la moindre émotion.

— Combien de temps allez-vous rester à Bagdad ?

— Jusqu'à ce que vous me rappeliez.

Il sourit.

— Alors, soyez patient.

L'entrée du hall de l'hôtel al-Rachid est pavée d'un portrait en mosaïque de Bush père, que tous les visiteurs foulent aux pieds. Dérisoire revanche. La télévision irakienne diffuse en boucle à longueur de journée des films en noir et blanc, accompagnés d'une musique martiale, montrant d'imposantes manœuvres militaires. Je regarde fasciné ces colonnes de chars manœuvrant dans le désert, tandis que des vagues de fantassins partent à l'assaut des tranchées adverses. Une propagande dérisoire et obscène. Ces blindés et ces hommes que je vois sur l'écran ont probablement, pour une grande part, été anéantis lors de la guerre sept ans plus tôt.

« Ce qui n'est ni publié ni diffusé n'existe pas dans la réalité », affirme un célèbre conseiller en communication politique américain. Ce principe cynique devient, dans l'Irak de Saddam : « Ce qui est diffusé parfois n'est plus la réalité. »

Le cinquième jour, peu après 23 heures, le téléphone sonne dans ma chambre. La voix de l'employé, à la réception de l'hôtel, semble légèrement tendue.

— Monsieur, on vous attend dans le hall.

— Vous êtes sûr ? Je n'attends personne.

— Monsieur, on vous attend dans le hall, descendez rapidement.

Je décèle maintenant dans son ton une pointe d'irritation. Depuis mon arrivée dans la capitale irakienne, j'ai pourtant le sentiment d'avoir été totalement oublié, mis entre parenthèses. Tarek Aziz ne répond plus à mes appels et ne m'a jamais rappelé. Ma seule compagnie, muette, lorsque je sors de l'hôtel, est celle d'un homme, rarement le même, assis dans un des fauteuils du hall, abrité derrière un journal et qui m'emboîte le pas.

Je me rappelle les termes d'un rapport sur la Ligue des droits de l'homme en Irak, publié en 1990, mais je pense que la situation a dû encore empirer depuis : « L'Irak est devenu une nation d'informateurs. On peut évaluer à près de 25 % (un Irakien sur quatre) de la population le nombre d'habitants travaillant pour les divers organes sécuritaires. » La délation et les rapports à la hiérarchie sont l'ultime ciment des régimes totalitaires en crise. C'était le cas en Pologne plus de quinze ans auparavant, lorsque les dirigeants du syndicat libre, Solidarité, entrèrent en clandestinité pour échapper aux arrestations du pouvoir. Ce dernier, persuadé que les journalistes étrangers allaient leur permettre de remonter jusqu'à eux, multipliait les filatures ; dans les rues, les trams, les jardins publics de Varsovie. Les agents en civil qui me suivaient étaient aisément repérables avec leurs paires de tennis, leurs jeans de mauvaise qualité, leurs blousons en Skaï et pour certains leurs petits sacs en faux cuir accrochés à l'épaule.

Avant-hier, sur l'un des principaux marchés de Bagdad, l'homme chargé de me surveiller est tombé apparemment sur un de ses vieux amis. Ils se sont lancés dans une conversation animée et je suis brusquement sorti de son esprit. J'en ai profité pour m'éloigner et savourer son regard affolé quand il a découvert que j'avais disparu de son champ de vision.

Un décor orwellien en plein cœur de Bagdad

La scène dans le hall est étonnante. Les trois employés de la réception, figés derrière leur comptoir, fixent avec crainte un homme massif d'une cinquantaine d'années, aux traits burinés et au visage barré d'une épaisse moustache. Vêtu d'un pantalon noir, d'une chemise de soie grise et d'une veste à carreaux, il dégage une impression de dureté. Ses yeux me fixent, brièvement. Ni sourire, ni salut, simplement une rapide évaluation et un geste du bras m'intimant de le suivre. Nous sortons de l'hôtel. Une Ford bleu marine est garée devant l'entrée. Un chauffeur m'ouvre la porte arrière, l'homme s'installe à l'avant.

— Où allons-nous ?

Il secoue négativement la tête. À moi de cocher la bonne case : il ne parle pas anglais, il ne veut pas parler, il ne doit pas parler. Le véhicule tourne dans Jaffa Street, puis s'engage dans Haïfa Street, une large artère, où malgré l'embargo qui frappe le pays et l'heure tardive, la circulation demeure importante. Je distingue à quelques centaines de mètres la place du 14 Juillet et la façade éclairée du palais présidentiel à proximité d'une boucle du Tigre. Une architecture aux volumes démesurés, protégée par des murs et un périmètre de sécurité dont les barrages éloignent la circulation. En plein cœur de Bagdad, au milieu de la nuit, un décor orwellien dont la construction fait penser à un avertissement adressé par Big Brother à la population : « Prenez garde, même si je ne suis pas présent, je continue de vous faire surveiller et d'être informé de vos moindres faits et gestes. »

Nous longeons le mur d'enceinte blanc, puis bifurquons en direction d'une des portes d'entrée latérales. Deux barrages distants d'une trentaine de mètres en protègent l'accès. Les militaires qui gardent les barbelés et les larges chicanes en pierre appartiennent à la garde républicaine, l'unité d'élite et le seul corps en qui Saddam ait confiance. Il aime apparaître en uniforme de général et passer pour un stratège, mais il n'a jamais été militaire et en conserve un complexe d'infériorité envers les officiers supérieurs qui le méprisent. Alors il les limoge, très souvent, et les fait exécuter, fréquemment. Hormis les divisions « choyées » de la garde républicaine, la « quatrième armée du monde » (la formule est de Dick Cheney) était dans un état pitoyable avant le déclenchement de la première guerre du Golfe.

Visiblement, l'homme assis à côté du chauffeur est puissant et redouté. Les militaires sont au garde-à-vous, aucune fouille du véhicule, pas le moindre laissez-passer exigé. Les imposantes portes d'accès s'ouvrent lentement. L'enceinte du palais ressemble à un vaste casernement, avec de nombreux blindés stationnés, notamment des chars russes et des transports de troupes. Mais peu de soldats sont visibles. La voiture emprunte une allée faiblement éclairée, puis s'arrête au bout de deux cents mètres devant un large escalier. Le chauffeur m'ouvre la portière, mon accompagnateur me précède et gravit les marches, toujours sans un mot. Je pense avoir enfin coché la bonne case : il ne veut pas me parler.

Les deux hommes ont visiblement peur

Nous arrivons dans un vaste hall. Un talkie-walkie grésille, tenu à la main par un officier qui vient à notre rencontre. D'après ses insignes, il a rang de colonel et appartient lui aussi à la garde républicaine. Environ 45 ans, grand et mince, l'allure sportive, le regard étrangement mélancolique. Les deux hommes s'éloignent. Ils ont l'un et l'autre le visage tendu. Le civil parle d'un ton ferme et semble donner des ordres car le militaire hoche fréquemment la tête en signe d'acquiescement. La veste à carreaux est visiblement un rouage important dans le dispositif sécuritaire. Le talkie-walkie grésille, le militaire le porte à l'oreille, le tend, déférent, à son interlocuteur qui s'écarte en chuchotant dans l'appareil. L'ambiance est lourde, pesante. On entend au loin les bruits des klaxons et la rumeur de la circulation, mais le palais ressemble à un lieu dépourvu de vie et pourtant en état de siège. Et puis, plus palpable encore, les deux hommes à quelques mètres de moi ont visiblement peur. D'agir ? Dans ce type de régime, exécuter les ordres, c'est déjà prendre des risques. Ils se concertent encore quelques instants, puis l'homme en civil tourne brusquement les talons et redescend l'escalier d'entrée, sans un regard ni un salut dans ma direction.

— Suivez-moi, s'il vous plaît.

Un ton courtois, un anglais prononcé avec un fort accent. Nous traversons une gigantesque salle de réception. Le sol est revêtu d'une épaisse moquette et trois énormes lustres en cristal pendent au plafond haut d'environ huit mètres. Un portrait de Saddam, singulièrement rajeuni, en costume de ville et le regard bienveillant, occupe pratiquement toute la surface d'un mur. Deux grands bouquets de fleurs blanches sont posés sur une commode. J'effleure en passant les pétales : ils sont en plastique. Une voix crépite dans le talkie-walkie et le son résonne dans la pièce déserte. L'officier baisse le niveau et le porte à l'oreille, consulte sa montre, répond brièvement. Son inquiétude ressemble à une fièvre qui augmente et s'exprime désormais par un tic à la lèvre inférieure. Il presse le pas, sans un regard pour le décor. Nous franchissons maintenant un salon aux dimensions extravagantes, meublé de plusieurs canapés tapissés de velours aux accoudoirs revêtus de feuilles d'or. Des coffrets à cigarettes, transparents et remplis, sont disposés sur les tables.

Étrange périple commencé six jours auparavant à 3 000 kilomètres, dans l'enceinte d'un autre palais. Les lieux de pouvoir, lorsque celui-ci est exercé de manière absolue, dégagent souvent un parfum de solitude et de vide. Conçus pour satisfaire la vanité et la mégalomanie, ils n'abritent fréquemment que la peur et la paranoïa. En plus, tout ici est trop outrancier et écrasant pour que l'on puisse y vivre. Avec son luxe vulgaire et ses dimensions, le palais de Saddam ressemble à un immense théâtre vide, presque à l'abandon, mais resté violemment éclairé.

« Je ne peux rien voir au-dehors »

Nous arrivons devant un ascenseur aux portes dorées, dépourvu de bouton. Le colonel prononce quelques mots dans son appareil et fixe, anxieux, la paroi. Quelques secondes s'écoulent, les portes s'ouvrent sur deux soldats armés en guise de liftiers. Aucune indication d'étage sur les boutons de la cabine. L'officier appuie sur l'avant-dernier vers le bas. Pas une parole n'est échangée. L'ascenseur descend lentement, s'immobilise, les portes coulissent et, après la lumière des salons, je me retrouve plongé dans une obscurité totale. Les soldats entourent une Mercedes noire dont la porte arrière est ouverte. J'ai l'impression que nous sommes dans un parking. Collé à l'oreille du colonel, son talkie-walkie ressemble à une grosse prothèse sombre greffée sur sa joue. Il parle d'une voix étonnamment docile, opine parfois du chef, l'autre main posée sur la portière ouverte. Les deux soldats m'encadrent. L'ambiance est pesante.

— Montez.

Le ton est moins celui d'un ordre que d'une invitation. Je me glisse sur le siège en cuir et j'entends immédiatement le bruit caractéristique des portes qui se verrouillent. Étrangement, je ne distingue pas le chauffeur et je mets plusieurs secondes à comprendre pourquoi. Je suis séparé de lui par une paroi teintée, comme les vitres des fenêtres. Je ne peux rien voir au-dehors, privé de tout repère. Même si je ne suis pas allongé, j'ai réellement l'impression de voyager dans un cercueil. Impossible de déchiffrer l'heure à ma montre. Nous roulons, mais j'ignore vers quelle direction nous nous dirigeons. Au bout d'une dizaine de minutes, un détail me surprend : les bruits me parviennent assourdis, et je n'ai pas entendu le véhicule s'arrêter, ni même ralentir aux barrages placés à l'entrée. Je palpe l'enveloppe d'Hassan II placée dans ma poche intérieure et que j'ai failli oublier dans le coffre tout à l'heure en quittant ma chambre. Je crois que j'aurais fait un mauvais otage.

« *Nous sommes des journalistes, pas des espions* »

Je me remémore l'épisode survenu neuf ans plus tôt dans la banlieue sud de Beyrouth, en pleine zone chiite. Avec mon photographe, nous circulons à l'arrière d'une voiture. La capitale libanaise m'a toujours fait penser au découpage invisible de Palerme, où des frontières inconnues du commun des mortels, tels un kiosque à journaux, un marchand de légumes, la façade d'un restaurant, délimitent les zones que se partagent les différentes familles de la mafia. À Beyrouth, les délimitations entre les différentes factions, durant la guerre civile, sont aussi précises et subtiles.

La banlieue sud ressemble à une plaie béante avec ses

immeubles éventrés, les cratères de bombes, des carcasses de voitures brûlées et des murs criblés d'impacts de balles. Notre chauffeur est expérimenté, travaille depuis des années avec de nombreux confrères, pourtant ce jour-là il a manqué de vigilance et nous avons franchi le point limite. Deux hommes armés de kalachnikovs surgissent soudain devant nous, le canon de leurs armes braqué sur la voiture. Le regard fixe, les pupilles dilatées, ils hurlent, menacent et obligent le chauffeur à garer le véhicule dans un garage vide, à proximité d'un immeuble détruit dont ils tirent le rideau de fer. Leurs armes s'enfoncent dans nos reins, nous montons un escalier de bois branlant qui débouche sur une pièce pourvue d'une petite fenêtre.

Un homme jeune à la barbe épaisse est assis derrière un bureau aux tiroirs métalliques. La photo d'un religieux chiite est accrochée au mur. Je reconnais l'imam Sadr, chef spirituel du Hezbollah, mystérieusement volatilisé à Tripoli en 1978 en sortant du bureau de Kadhafi. Les hommes nous fouillent, passeport, carte de presse sont jetés sur le bureau. Le jeune barbu, visiblement un cadre du mouvement pro-iranien, nous fixe, ironique, sans un mot, alors que nos ravisseurs continuent de vociférer.

— Nous sommes des journalistes, pas des espions.

Ma remarque, stupide, est sanctionnée d'un violent coup de crosse dans les reins, qui me projette contre le mur. L'homme examine nos passeports, tourne lentement les pages en examinant chaque visa. Il regarde ensuite les cartes de presse, revient aux passeports avec le même soin qu'il prendrait à examiner un bilan comptable. Son visage est concentré. Il est en train d'évaluer notre valeur marchande. Quel peut être aujourd'hui pour le Hezbollah l'avantage politique et financier d'un otage, alors que la guerre au Liban touche à sa fin ? C'est certainement la question qu'il doit se poser. À cet instant, une seule chose me préoccupe : le traitement quotidien dont j'ai besoin, mes médicaments laissés à l'hôtel et sans lesquels mon état va vite se détériorer.

Le jeune barbu donne un ordre et nous sommes conduits dans une pièce voisine, vide, aux murs bleus décrépis. Nous sommes forcés de nous asseoir, on nous bande les yeux et nos mains sont attachées derrière le dos. « Mon Dieu, me dis-je, c'est trop bête, nous allons croupir ici, puis mourir. » L'instant d'après, c'est ma pensée que je trouve ridicule, sans réussir pour autant à me raccrocher à quelque chose de plus réconfortant.

« *Disparaissez* »

J'entends les respirations oppressées de mes deux compagnons et les bruits d'une conversation animée dans la pièce à côté. Les deux abrutis de la gâchette parlent toujours en vociférant, puis j'entends des bruits de pas et le silence s'installe. Un silence aussi pesant que celui que j'éprouve maintenant que je suis assis à l'arrière de la Mercedes. L'attente a duré probablement plus de deux heures. Étrange, aucun d'entre nous ne cherche à parler, de crainte probablement de mécontenter nos geôliers. Soudain des voix, un bruit de pas, on nous remet debout. J'ai très soif. Mes poignets sont trop serrés et mes mains s'engourdissent. Le canon des armes dans le dos, on nous guide en nous tenant par le col. Les bandeaux et les liens sont retirés. Retour à la séquence précédente. Le jeune cadre du Hezbollah est toujours assis derrière son bureau. Il tient de la main droite nos passeports qu'il tapote contre l'autre paume. Silencieux, il nous fixe longuement. L'inquiétude qu'il lit dans nos regards devrait le faire jubiler. Pourtant, ses yeux voilés semblent emplis de regrets. Il jette les passeports sur le bureau et nous lance en anglais avec un insondable mépris :

— Disparaissez.

Le trajet en voiture, lui, a duré probablement un peu moins d'une demi-heure. J'entends le véhicule ralentir, il bifurque sur la gauche, puis s'arrête. Des bruits de pas résonnent autour, une voix donne des ordres brefs. Les portes sont toujours verrouillées. J'entends maintenant trois voix distinctes qui discutent, un moteur démarre puis le véhicule s'éloigne. Chaque son prend désormais un relief inhabituel. Je commence à réagir comme un aveugle. Le bruit est devenu mon seul lien avec le monde extérieur. Au bout de cinq minutes, la porte s'ouvre et un homme se penche à l'intérieur. Il est âgé d'une trentaine d'années, porte un uniforme et son visage mince est dépourvu de toute expression.

— Vous pouvez sortir.

Je m'extrais de la voiture et mes pieds prennent appui sur un trottoir. Malgré la nuit, la chaleur est toujours aussi étouffante. La voiture est garée juste devant une petite maison moderne d'un étage. À côté de deux Mercedes 500 noires et de quatre camions militaires. Des soldats, la main sur la détente, entourent le bâtiment et occupent la pelouse qui descend en pente douce. Nous sommes dans une petite rue déserte avec de chaque côté des alignements de pavillons identiques ; le rêve de la classe moyenne supérieure irakienne. Un décor en apparence ordinaire, devenu irréel avec les lampadaires éteints, l'absence de toute autre voiture garée dans la rue, et le fait qu'aucune lumière ne soit visible aux fenêtres des maisons. Toutes paraissent vides ou désertées.

Le maître de l'Irak, clandestin dans son propre pays

Comme dans les aéroports, un portique de détection a été installé dans le couloir d'entrée du pavillon. La lettre

du roi du Maroc passe aux rayons X avec mes chaussures, ma ceinture, mes papiers et mes vêtements. Puis je
suis soumis à une nouvelle fouille, corporelle cette fois.
Des reproductions naïves de scènes villageoises sont
accrochées aux murs, tapissés de velours vert. Un petit
escalier de bois blanc conduit à l'étage. J'attends dans le
couloir ; à quelques pas, trois hommes montent la garde
devant une double porte fermée.

Un officier d'environ 55 ans, moustache et cheveux
poivre et sel, semble diriger l'unité qui protège la maison.
Nos regards se croisent, je souris, son visage reste figé.
Je suis un élément étranger, donc un danger potentiel.
Adossé au mur du couloir, j'observe les hommes immobiles comme des soldats de plomb. Un second intrus vient
de pénétrer, une guêpe bourdonnante dont l'officier
observe les déplacements avec méfiance comme s'il
s'agissait d'un drone ennemi. La porte s'entrouvre, un
homme de petite taille en civil appelle l'officier qui s'engouffre. Deux minutes plus tard, il revient et me fait
signe d'entrer.

Saddam est debout, en uniforme, tête nue, au milieu
du petit salon. Des dossiers, enfermés dans des chemises
en carton, sont empilés sur une table basse. La pièce
comprend un vaste canapé, trois fauteuils disposés autour,
et un appareil à air conditionné. Les trois premiers détails
que je remarque, je ne sais pourquoi, sont les plis impeccables de son pantalon, les mocassins noirs de bonne
qualité qui jurent avec l'uniforme et son ventre rebondi.

— Bonsoir, Monsieur le Président, merci de me
recevoir.

J'avance le bras, il paraît surpris de mon geste, hésite
un bref instant puis me tend une main molle qui effleure
la mienne. La paume et les doigts du dictateur irakien,
certainement manucurés, sont d'une douceur surprenante,
presque féminine. Je ne l'ai pas rencontré depuis dix ans.

Ses traits se sont alourdis, il semble légèrement voûté et son visage exprime un ennui inquiet. Le petit homme fluet que j'ai entrevu tout à l'heure est un traducteur, assis à ses côtés sur le canapé, semblant flotter dans son costume, le geste obséquieux, le regard apeuré. Tandis que je parle, Saddam, assis immobile au milieu du canapé, paraît se morfondre en écoutant d'une oreille distraite la traduction. Le regard dément cette impression. Ses yeux balaient constamment chaque recoin de la pièce, se fixant sur moi sans s'attarder. Je contemple le maître de l'Irak, véritable clandestin dans son propre pays, caché pour une nuit dans un pavillon de banlieue, et j'ai le sentiment d'assister à une scène surréaliste.

Je viens de terminer d'expliquer mon projet qu'il a écouté sans manifester la moindre émotion, et lui ai remis la lettre d'Hassan II qu'il a posée, curieusement, sur ses genoux.

— C'est une idée intéressante, mais il faudrait non seulement évoquer l'agression que mon peuple bien-aimé et moi avons subie...

Il s'exprime d'un ton monocorde, sans me regarder.

— ... mais aussi évoquer les projets de nos agresseurs. Ils veulent me renverser car je suis l'ultime obstacle à leurs plans.

— Quels plans, Monsieur le Président ?

Il se tourne vers le traducteur qui lui chuchote à l'oreille, puis me fixe pour la première fois.

— Transformer l'Irak en une colonie américano-iranienne, contrôler nos puits de pétrole. Les Américains lancent les guerres mais les Iraniens mènent le jeu.

En l'écoutant, je pense que Saddam délire. Téhéran, allié de Washington, et les mollahs manipulant la Maison Blanche. Pourquoi pas Kim Jong-Il, le dictateur nord-coréen, inspirant la politique étrangère de Bill

Clinton ? Les tyrans, en vrais paranoïaques, voient des complots partout, surtout autour d'eux.

— Mais depuis dix-neuf ans, les Américains n'entretiennent aucune relation avec la République islamique, et durant votre guerre contre l'Iran ils se sont rangés à vos côtés.

La traduction achevée, il reste longtemps silencieux, le visage songeur, puis il se tourne lentement vers moi. Le regard est devenu incroyablement dur et Saddam Hussein semble à la lisière de l'agacement et de la colère. La voix, jusqu'ici sourde et légèrement traînante, emplit maintenant la pièce, le ton est plus sec.

— Votre raisonnement est bien celui d'un Européen aveugle et docile envers les États-Unis. Les Américains ont demandé aux Européens d'entrer en guerre contre moi et vous avez accepté. Ils ont décrété un embargo et vous l'avez approuvé. Je n'ai jamais été un danger pour l'Europe, mais les Américains semblent les seuls à le savoir. Pourquoi survoler et espionner mon pays, nous punir, alors que nous avons été pendant huit ans le rempart de l'Occident contre l'Iran ?

Il pointe maintenant un doigt accusateur dans ma direction, un doigt épais que je contemple, fasciné, parce que je songe qu'il a dû désigner tellement de coupables, supprimer un si grand nombre de vies.

— Détruisez mon régime et rapidement vous me regretterez. Les Européens sont manipulés par les Américains qui sont eux-mêmes manipulés par Téhéran. Vous n'en aurez jamais fini avec les Iraniens. Ce sont des démons et ils constituent, vous verrez, une vraie menace Je vous ai vendu mon pétrole, j'ai acheté vos armes. Les Iraniens, eux, haïssent l'Occident à un point que vous ne pouvez même pas imaginer...

Un testament authentique

Saddam s'interrompt, soudain maussade, comme si me convaincre avait perdu pour lui tout intérêt. Il adresse quelques mots à une ordonnance debout au fond de la pièce. Il est sur le point, je le sens, de mettre un terme à l'entretien.

— Monsieur le Président, pourquoi avez-vous attaqué l'Iran en 1980 ?

Sa réponse fuse et me laisse sans voix.

— Parce qu'on m'y a encouragé. Comme au Koweït en 1990.

— Qui ?

Il secoue négativement la tête en se levant. Il tient à la main la lettre d'Hassan II.

— C'est une histoire longue et compliquée.

Il me fait face, suffisamment près pour que je détaille le revolver à crosse blanche à sa ceinture, ses mains épaisses, son ventre rebondi et l'odeur de parfum sucré qu'il dégage. Les traits sont tirés et le regard balaie toujours la pièce tandis qu'il me parle.

— Avec moi, cette région est plus sûre. Si je venais à disparaître, Téhéran et Washington cesseraient d'être alliés pour s'en disputer le contrôle. Mais l'Irak ne pliera jamais et ne deviendra pas une colonie.

— Pourrais-je vous revoir pour que nous réalisions ces entretiens ?

Nous sommes arrivés à la porte du salon. Il écoute, légèrement penché, le traducteur.

— *Inch' Allah !* Je vous ferai prévenir.

Il lève le bras droit en signe d'au revoir, comme s'il saluait une foule.

Il faut toujours une bonne raison à un dictateur comme Saddam pour renouer avec la clandestinité de ses débuts. Autrefois, le régime irakien de Kassem avait mis sa tête à prix. Cette fois, ce sont les Américains et les Iraniens qui veulent sa perte. Imaginer une alliance entre Téhéran et Washington conçue pour l'abattre me paraît relever du pur délire. Je repars, furieux et déçu d'avoir dû écouter ce tissu d'inepties. Il me faudra attendre sept ans, en 2005, pour comprendre que les confidences faites par Saddam Hussein, cette nuit-là, relevaient pour une large part du testament authentique. L'intervention militaire de 2003, en Irak, se résume aujourd'hui à un fiasco qui n'a instauré que le chaos dans ce pays, tandis que la tension grandissante entre Washington et Téhéran menace de déboucher sur un affrontement d'une gravité sans précédent.

2

La trajectoire de George W. Bush fut longtemps identique à celle de son père, mais avec des résultats opposés : son père avait brillé à l'université de Yale, il fut un étudiant médiocre. L'aîné accomplit une Seconde Guerre courageuse dans l'aviation ; son fils, pour éviter d'être envoyé au Viêtnam, traînera son ennui dans l'aviation de la garde nationale du Texas. Le père fait fortune dans le pétrole avec sa compagnie, Zapata, la dernière lettre de l'alphabet ; Arbusto, la société de son fils, première lettre de l'alphabet, sera sauvée d'extrême justesse de la faillite par des amis et parents dévoués. Selon un proche de la famille, « George W. Bush était un homme qui, au fond, n'avait jamais disposé de ses choix et de son destin ».

1988 et l'élection de son père comme 41e président des États-Unis constituent un tournant. Il commence à s'interroger sérieusement sur son avenir. Je découvre, en enquêtant sur la famille Bush, qu'il demande à plusieurs collaborateurs de lui rédiger une étude sur le destin des fils de présidents américains. Ces quarante-quatre pages passent en revue les trajectoires familiales et professionnelles de tous ces hommes et s'intitulent sobrement : « Tous les enfants de présidents ».

Un destin retient plus particulièrement l'attention de George W., celui de John Quincy Adams, le sixième président des États-Unis, qui succéda vingt-quatre ans plus tard à son père John Adams, deuxième président américain. L'étude précise aussi que les deux frères de John Quincy avaient sombré dans l'alcoolisme et que l'un de ses fils s'était suicidé. George W. est également vivement intéressé par certaines suggestions contenues dans le rapport. « Curieusement, écrivent ses auteurs, la politique est une des professions où un fils de président s'expose le moins aux critiques. Qu'il obtienne un emploi de journaliste et l'on prétendra que c'est grâce aux relations de son père ; qu'il soit élu au Congrès et on l'attribuera à ses mérites [1]. »

« George W. envisage de se présenter à la présidence »

George W. Bush fera détruire tous les exemplaires de ce rapport, mais il est probable qu'il influença ses choix puisqu'il décide, en 1990, de se présenter au poste de gouverneur du Texas, alors que son père est à la Maison Blanche. Sa démarche demeure cependant empreinte d'ambiguïté : il bénéficie des réseaux, puissants, et de l'influence, considérable, de sa famille. Malgré ses dénégations, l'héritage familial, le poids dynastique pèsent sur sa psychologie et ses décisions. « Ses collaborateurs, selon un proche, devaient être aussi impliqués, dévoués et disponibles qu'un maître d'hôtel que l'on peut sonner à n'importe quelle heure du jour et de la nuit. » Il exige d'eux une loyauté sans faille.

Une loyauté, selon lui, qui a fait défaut à son père et explique l'échec de sa réélection face à Clinton en 1992. L'entourage du président sortant ne s'est pas battu avec

---

1. James H. Hatfield, *Fortunate Son*, Saint Martin Press, novembre 1999 ; Joe Conason, « George W. Bush, Success Story », *Harpers Magazine*, février 2000.

l'acharnement nécessaire. Selon George W. Bush, il a été trahi, y compris par son ami le plus proche : James Baker III. Le richissime avocat de la famille Bush et ancien secrétaire d'État, hautain et arrogant, s'est même interrogé à haute voix pendant la campagne, se demandant s'il ne ferait pas un meilleur candidat que le président sortant. « Barbara Bush, m'a confié un ami des Bush, lui en a terriblement voulu et George W. aussi. La mère et le fils ont de nombreux traits de caractère en commun dont un : la rancune. Ils dressent constamment la liste de leurs ennemis [1]. »

En août 1998, Condoleezza Rice reçoit un appel de Bush père. Cette femme de 43 ans a quitté la direction du géant pétrolier Chevron pour devenir doyenne de l'université californienne de Stanford. Souriante, élégante, passionnée de musique classique et de football américain, elle a travaillé à la Maison Blanche, aux côtés de l'ex-président Bush, en tant que spécialiste de l'Union soviétique. « Le problème de Condi, selon un responsable du Département d'État, avec lequel j'évoquais ses difficultés actuelles à maîtriser les grands dossiers – Moyen-Orient, Iran, Israël, Pakistan –, c'est qu'au fond, elle est restée la spécialiste d'un seul pays, l'URSS, qui n'existe plus. »

Condi Rice est surprise de la teneur de l'appel de l'ancien chef d'État :

— George W., lui dit-il, envisage de se présenter à la présidence. Voulez-vous venir passer le week-end à Kennebunkport et lui donner quelques conseils, répondre à ses questions [2] ?

---

1. Propos recueillis par l'auteur, novembre 2002.
2. Bob Woodward, *State of Denial*, Simon and Schuster, New York, 2006.

« *Je ne connais rien aux affaires étrangères* »

Les Bush possèdent dans le Maine une propriété en bord de mer où ils prennent leurs quartiers d'été. Les journées sont rythmées par de longues parties de pêche et des concours de fer à cheval. Sa première conversation avec George W. se déroule justement à l'arrière d'un bateau où le père et le fils pêchent côte à côte. Tout en surveillant sa ligne, il lui demande quels sont les dossiers de politique internationale les plus importants. Elle lui répond en s'efforçant d'être concise. Il semble l'écouter d'une oreille distraite et conclut d'un ton penaud : « Je ne connais rien aux affaires étrangères et je n'ai aucune idée. Ce n'est vraiment pas mon rayon [1]. »

Huit ans plus tard, la politique étrangère est devenue son obsession et son père suit cette évolution avec discrétion et inquiétude. Au début de la présidence, il a secrètement espéré jouer un rôle de conseiller officieux, les relations internationales constituant son domaine de prédilection. « Il s'est montré parfaitement stoïque, m'a déclaré un de ses anciens collaborateurs resté proche. Il croyait se voir confier un certain nombre de missions délicates. Son fils s'est contenté de lui demander d'aller réconforter les victimes du tsunami et du cyclone Katrina. Pour le reste, il regardait les interventions du Président à la télévision, depuis son bureau de Houston, rongeant son frein et dissimulant ses appréhensions. L'intervention en Irak et le renversement de Saddam lui paraissaient être une erreur [2]. »

Bob Woodward évoque un épisode survenu le 25 jan-

---

1. *Ibid.*
2. Propos recueillis par l'auteur, septembre 2006.

vier 2003, moins de deux mois avant l'entrée en guerre contre Bagdad, qui illustre l'ampleur du fossé qui s'est creusé entre le père et le fils. Ce soir-là, les parents du Président assistent à un dîner en son honneur. Barbara Bush s'était approchée d'un vieil ami de la famille, David. L. Boren, ancien sénateur et ancien président de la Commission spéciale sur le renseignement.

— Vous m'avez toujours dit la vérité, commença Barbara Bush en le prenant à l'écart pour une conversation privée.

— Oui, Madame, répondit Boren.

— Me direz-vous la vérité aujourd'hui ?

— Certainement.

— Avons-nous raison de nous inquiéter à propos de toute cette histoire avec l'Irak ?

— Oui, je suis moi-même très inquiet.

— Pensez-vous que nous soyons en train de commettre une erreur ?

— Oui, Madame, répondit Boren. Je pense que si nous y allions maintenant, en l'état actuel des choses, nous commettrions une erreur monumentale.

— Pour ne rien vous cacher, son père est très inquiet, au point qu'il en perd le sommeil. Il se lève la nuit pour chasser ses angoisses.

— Pourquoi ne lui en parle-t-il pas ?

— Il pense que ce n'est pas à lui de le faire, qu'il doit attendre que cela vienne du Président, répondit Barbara Bush.

Elle ajouta qu'il y avait une certaine distance entre le père et le fils, et que le père pensait ne pas devoir intervenir.

Plus tard, Boren alla saluer Bush père.

— Voyez-vous encore Colin [Powell], notre ami commun ? lui demanda l'ancien président.

— De temps à autre.

— La prochaine fois, dites-lui que je pense qu'il fait du bon travail[1].

Œdipe et politique coexistent mal

Bush, installé dans le bureau ovale, semble non seulement se détacher de ce père à l'ombre duquel il a grandi, impressionné, mais aussi, d'une certaine façon, le rejeter. Bob Woodward, inconsciemment, est l'un des instruments de cette émancipation. L'ancien président a toujours refusé de recevoir le journaliste du *Washington Post*. Par défiance. Son fils lui accorde en 2002 de longues heures d'entretien qui constituent la source et le fil conducteur de son livre consacré à l'intervention militaire en Afghanistan. À l'époque, comme pratiquement tous les journalistes américains, il brosse un portrait flatteur de George W. Une confidence recueillie va littéralement « bouleverser », selon le mot d'un ami de la famille Bush, les parents du Président. Woodward lui demande :

— Sollicitez-vous parfois un conseil de votre père ?

— Eh bien non...

Puis il ajoute :

— Il est le mauvais père auquel faire appel pour un conseil. Le mauvais père vers lequel se tourner en termes de fermeté. Il existe un père supérieur auquel je fais appel[2].

L'homme assis en face de moi au restaurant du Savoy, à Londres, est un des meilleurs connaisseurs de l'administration Bush. « George W. Bush est intraitable sur la loyauté de ceux qui l'entourent. Il a choisi pour former son équipe un certain nombre d'anciens collaborateurs de

---

1. Bob Woodward, *op. cit.*
2. « Sixty Minutes », CBS News, « Woodward shares War Secret », 18 avril 2004.

son père, en leur interdisant implicitement toute double allégeance. Alors, Colin Powell, Condi Rice, Dick Cheney ont cessé peu à peu de voir l'ancien président. C'était à la fois habile et pervers. De plus, il a nommé à un poste clé, la Défense, Donald Rumsfeld, un homme que son père déteste depuis trente ans et qu'il avait refusé, malgré les pressions, de prendre dans son équipe quand il fut élu président. Œdipe et politique coexistent mal. Ceux qui appartiennent à la vieille garde, ou plutôt au dernier carré, autour de Bush père, se lamentent désormais dans les dîners et les soirées. Je me rappelle avoir entendu Brent Scowcroft, ancien chef du Conseil national de sécurité de la Maison Blanche sous l'ancien président, confier : "Je n'arrive plus à joindre Richard [le vice-président Dick Cheney] et de toute façon, il a tellement changé. Bush père a géré la chute du mur de Berlin. Son fils en a érigé un nouveau, entre eux." » Un peu plus tard, il ajoutera : « La presse américaine a des pudeurs qui sont en réalité des craintes. Évoquer la famille Bush fait partie des sujets qui relèvent de la "zone interdite". Un fils qui défie et rejette son père, ceci relève d'un problème familial, sauf s'il s'agit du président de la première puissance mondiale qui agit en prenant le contre-pied absolu de la politique suivie par son père, lui-même ancien président. Ce bras de fer devient un problème politique majeur, dont personne ne parle[1]. »

Il me semble qu'il existe aussi un autre éclairage pudiquement gommé par les observateurs, depuis sa réélection en 2004, comme s'ils voulaient se persuader qu'il a changé : le sentiment chez Bush d'être investi d'une mission divine. Immédiatement après sa victoire comme gouverneur du Texas, en 1994, il confie à des proches : « Je ne serais pas devenu gouverneur si je ne croyais pas

---

1. Propos recueillis par l'auteur, septembre 2006.

en un plan divin qui remplace tous les plans humains. »
Je repense aux propos de Chip Bertlet, expert des mouvements religieux ultraconservateurs. Des propos qui éclai-
rent à la fois la décision irrationnelle d'envahir l'Irak et
le dédain affiché par l'actuel président pour le goût de la
mesure et du compromis qui caractérisent son père.
« Bush, estime Bertlet, est très proche de la pensée mes-
sianique et apocalyptique des militants chrétiens évangé-
liques. Il paraît acquis à leur vision du monde selon
laquelle se livre un combat gigantesque entre le bien et
le mal qui culminera dans une confrontation finale. Les
gens qui adhèrent à ce type de croyance prennent souvent
des risques inappropriés et affolants parce qu'ils considèrent que tout cela relève de la volonté divine [1]. »

Iran, l'agenda secret de l'Administration

Reconstituer l'enchaînement des événements fut long
et délicat, mais selon mes recoupements, c'est en septembre 2006 que George Bush, 82 ans, se décide à agir.
Non sans en avoir au préalable longuement discuté avec
sa femme Barbara et quelques intimes, notamment James
Baker III. L'ancien président est un homme aux bonnes
manières et à la courtoisie trompeuses. En 1988, j'avais
suivi sa campagne, voyagé avec lui à travers les États-
Unis et constaté à quel point il pouvait se montrer impitoyable. Il avait littéralement déstabilisé son adversaire
démocrate, le gouverneur du Massachusetts Michael
Dukakis, en multipliant les attaques et les mises en cause
d'une violence inouïe touchant à sa vie privée. C'est un
patricien conscient de son rang, dont la dureté et l'arrogance se sont encore renforcées pendant toutes les années

---

1. Howard Fineman, « Bush and God », *Newsweek*, 10 mars 2003.

passées dans le plus impitoyable des univers, celui du pétrole, où, selon la formule d'un opérateur, « la moindre goutte d'or noir vaut beaucoup plus que le sang des hommes ».

Il a décidé en 2006, à contrecœur, « non pas de protéger son fils mais de le neutraliser », selon la confidence que m'a faite un homme qui le connaît bien. Une décision mûrie depuis plusieurs mois, prise après avoir eu connaissance des détails d'une réunion tenue par le vice-président Cheney, dans son bureau de l'Old Executive Building. Dans ce bâtiment gris et massif collé à la Maison Blanche, Cheney, entouré de ses principaux collaborateurs et du néoconservateur Douglas Feith, numéro trois du Pentagone, a affiné ce jour-là les contours du scénario qui doit permettre, malgré une victoire démocrate probable au Congrès, en novembre, de poursuivre les préparatifs militaires en vue d'une intervention contre l'Iran. « Une priorité sur l'agenda du Président », a déclaré Cheney après la réélection de 2004. Déclencher des bombardements massifs contre les sites nucléaires iraniens et les infrastructures militaires du pays est en effet devenu l'objectif de l'Administration, son agenda secret. Avec un double but : empêcher Téhéran de posséder l'arme atomique et provoquer la chute du régime des mollahs.

Bush père en veut à Cheney qui lui doit sa carrière. Une rancune discrète mais tenace. Il l'a rencontré pour la première fois le 5 mars 1989, un épisode qu'il aime rappeler, pour lui proposer le poste de ministre de la Défense. Quand le représentant du Wyoming, alors âgé de 49 ans, visage sévère chaussé de fines lunettes, cheveux blonds, est entré dans son bureau, le nouveau président lui a demandé avec un large sourire :

— Comment va votre cœur, Dick ?

Cheney est sujet à une grande fragilité cardiaque. À la tête du Pentagone, il se comporte en homme précis, autoritaire, méfiant envers la vieille génération d'officiers supérieurs installés, selon lui, dans la routine et les privilèges, incapables de repenser l'avenir de la politique de défense des États-Unis.

À cette époque, les effectifs des forces armées se trouvent à leur niveau le plus bas depuis la guerre de Corée et l'objectif assigné à Cheney est de réduire encore le budget militaire et de fermer les bases. Beaucoup d'observateurs ont évoqué sa métamorphose lorsqu'il est devenu vice-président. Rien n'est plus faux. Je me souviens de notre rencontre, à la fin de l'année 1991, alors qu'il était sur le point de quitter le Pentagone. Nous avions longuement parlé de l'Irak et, à mots couverts, il déplorait que les forces de la Coalition n'aient pas renversé Saddam Hussein. Il s'exprimait d'une voix presque monocorde, dépourvue de charisme et de brio, mais ses propos retenaient l'attention. Il évoqua ensuite l'effondrement de l'Union soviétique, les lézardes dans l'Empire communiste qui allaient créer « des fenêtres d'imprévisibilité ». Selon lui, contrer la puissance militaire russe serait moins important que de neutraliser les initiatives armées d'un certain nombre de pays du tiers-monde. Il m'avait affirmé que les conflits régionaux à « haute intensité » allaient constituer un risque majeur auquel il fallait se préparer. Pensait-il déjà à l'Irak et à l'Iran ?

En accédant à la vice-présidence, il contredit la vieille plaisanterie qui court depuis des décennies à Washington, selon laquelle « la seule chose moins importante qu'un candidat à la vice-présidence est un vice-président élu ».

Un mélange de conviction, de ruse et d'amoralité

Jamais, dans l'Histoire politique des États-Unis, un « second rôle » n'a détenu autant de pouvoirs que cet homme au visage souvent fermé et sombre qui paraît rongé par quelque secret. Au sein de l'Administration, il contrôle politiquement tous les processus de décision, imposant le silence et l'opacité. Cheney exerce un ascendant considérable sur le Président, totalement inexpérimenté. Selon un de ses anciens collaborateurs, « les différentes options présentées à Bush sur les dossiers importants sont au préalable soigneusement sélectionnées par Cheney. En toute innocence, Bush en arrive ainsi aux conclusions souhaitées par son vice-président ». Cheney est un mélange complexe de conviction, de ruse et d'amoralité. Il a poussé plus que quiconque à l'invasion de l'Irak et au renversement de Saddam, sur de fausses preuves, sans paraître le moins du monde ébranlé par l'ampleur du fiasco survenu. Il partage ce trait avec George W. Bush : l'échec ne les atteint pas et semble au contraire les inciter à se tourner vers un autre défi. En l'occurrence l'Iran.

Un membre important du Congrès m'a rapporté avoir dîné avec Cheney à la fin de l'année 2005, chez des amis communs. « Il semblait absent et participait peu à la conversation. Quand celle-ci a roulé sur l'Irak, tous les regards se sont tournés vers lui et, d'une voix égale, il nous a dit : "Les progrès ont lieu un peu plus lentement que prévu. J'ai probablement commis une erreur d'évaluation en pensant que la chute de Saddam allait apporter à court terme la stabilité du pays." Et il s'est tu. Voilà Cheney[1]. »

---

1. Propos recueillis par l'auteur, mai 2007.

En public, il ne supporte pas la moindre contradiction. Son principal collaborateur, Lewis Libby, un néoconservateur influent, a été condamné à deux ans et demi de prison pour avoir révélé à la presse l'identité d'un agent de la CIA qui travaillait sous couverture : une révélation qui a compromis son travail et sa sécurité, et qui relève du crime fédéral. Cet agent, Valerie Plame, était l'épouse d'un ancien ambassadeur, Joseph Wilson, qui accusait l'Administration d'avoir utilisé de fausses preuves pour faire croire à l'existence d'un programme nucléaire irakien.

Wilson, homme élégant et pondéré, s'exprime dans un français parfait. Quand il est intervenu, en 2004, pour le film *Le Monde selon Bush*, il se disait convaincu que Cheney était derrière ces révélations.

Le vice-président incarne à lui seul les trois principaux travers de cette administration : un goût maniaque du secret, un cynisme affiché et, principal corollaire, un mépris pour la vérité.

Aux yeux de l'ancien président Bush, en ce mois de septembre 2006, Cheney, son ancien collaborateur, nommé pour protéger son fils, est devenu le pire danger qui le menace. Malgré ses pouvoirs flétris, le discrédit qui le frappe, il a convaincu le Président de déclencher une nouvelle guerre aux conséquences incalculables. Les personnes qui m'ont permis de recomposer le puzzle ont toutes exigé l'anonymat. Par prudence et par crainte. L'une d'elles m'a déclaré : « Bush père n'a pas seulement agi en homme d'État, inquiet des conséquences qu'un conflit avec Téhéran aurait sur le pays et l'équilibre du monde. Il redoute également l'opprobre, le discrédit qui s'attacherait dans l'Histoire au nom des Bush [1]. »

---

1. Propos recueillis par l'auteur, avril 2007.

« Il ne pouvait pas prendre la parole dans la presse, révéler à l'opinion, confie un de ses proches collaborateurs, que son fils avait déjà entièrement planifié une guerre avec l'Iran. C'était impossible. Alors, il a décidé de le neutraliser sur le dossier impopulaire de l'Irak, en lui imposant une solution négociée, un retrait des troupes et l'ouverture de négociations avec l'Iran. L'obliger à reculer sur l'Irak, c'était lui interdire toute marge d'action sur l'Iran. Mais il s'est trompé sur deux des points les plus importants : le caractère de son fils et le choix de James Baker pour mener cette affaire [1]. »

Il adore ressembler à JR dans Dallas

L'ancien secrétaire d'État prétend qu'il faisait la sieste comme chaque après-midi à son domicile de Houston, lorsque George Bush l'a appelé. Les deux hommes se sont rencontrés au début des années 1970 sur les courts de tennis du très sélect Country Club de Houston où ils jouaient en double. « Mais je préfère toujours évoluer en simple », précise Baker, pince-sans-rire. L'avocat froid et arrogant dont le cabinet familial fut créé en 1840, à l'époque où le Texas était encore un État indépendant, a immédiatement sympathisé avec le millionnaire venu de la côte Est dont la fortune s'est édifiée grâce à l'or noir. Les richissimes pétroliers texans représentent alors une part importante de la clientèle de Baker, qui gère aussi les intérêts américains de la famille Ben Laden. Après son passage au gouvernement comme secrétaire d'État, il élargira son périmètre d'activité à la famille royale saoudienne. Au point qu'un journalise chrétien libanais, Joseph Farah, le qualifie de « souteneur légal au service

---

1. Propos recueillis par l'auteur, avril 2007.

de l'Arabie Saoudite[1] ». Il adore ressembler au JR de *Dallas*, avide, sans scrupule, provocant. « J'ai un souvenir précis de lui, rapporte un témoin. Au cours d'une soirée élégante à Houston, Baker, en smoking noir, l'allure hautaine, sifflait, sans verre, des canettes de bière[2]. »

« Il a toujours raisonné comme un pétrolier, même lorsqu'il était secrétaire d'État, rappelle un de ses collaborateurs. Quelques semaines avant l'invasion du Koweït, il considérait encore Saddam comme un dirigeant constructif et fiable. Par contre, sa sympathie n'est jamais allée à l'État d'Israël[3]. » L'ancien maire de New York, Ed Koch, devenu éditorialiste au *New York Post*, avait suscité un vif émoi en rapportant des propos qui auraient été tenus par James Baker lors d'une réunion à la Maison Blanche qui réunissait autour de Bush ses principaux conseillers. Le sujet : les relations délicates avec Israël et la stratégie à adopter envers l'électorat juif, en période de réélection. Baker aurait lancé au Président : « Que les Juifs aillent se faire foutre ! De toute manière, ils ne votent pas pour nous » (*Fuck the Jews ! They don't vote for us anyway*)[4].

Un « Shogun de l'ombre »

En septembre 2006, en plus de sa présence dans de nombreux conseils d'administration dont celui du fonds d'investissement Carlyle, James Baker copréside, avec le démocrate Lee Hamilton, un groupe d'études bipartisan sur l'Irak, composé de neuf membres, chargé d'adresser

---

1. Joseph Farah, *World Daily News*, 8 décembre 2006.
2. Propos recueillis par l'auteur, avril 2007.
3. Propos recueillis par l'auteur, janvier 2005.
4. « Koch accuses Baker of Slur on Jews », *New York Times*, 7 mars 1992.

de nouvelles recommandations. Le rapport final doit être publié le 6 décembre. Il suggère notamment que toutes les troupes de combat quittent le pays dès le premier trimestre 2008 et qu'il ne reste plus sur place que 10 000 à 20 000 hommes chargés de l'aide et de la formation aux unités irakiennes. Le rapport prône également une ouverture diplomatique en direction de la Syrie et de l'Iran, deux régimes pestiférés aux yeux de l'Administration. « La persuasion, selon une confidence d'Henry Kissinger, passe à la fois par l'incitation et la menace. Elle comporte donc un élément de coercition implicite. » C'est le but de ce rapport, directement destiné à faire pression sur George W. Bush.

Selon un témoin direct de ces événements, « Bush père agissait comme un "Shogun de l'ombre", caché derrière Baker. Il lui soufflait les initiatives à prendre, les mesures à adopter. Ce groupe d'études sur l'Irak était l'instrument qu'il utilisait pour tenter de paralyser l'Administration en place [1] ».

À plusieurs reprises, avant la publication du rapport, Baker est reçu à la Maison Blanche. Toujours en début de soirée, au moment où la nuit est déjà tombée et juste avant le dîner auquel il n'est jamais convié. Le Président ne l'aime pas, ne l'a jamais consulté quand il s'est lancé dans la course à la présidence, en 2000, et l'ancien secrétaire d'État, secrètement, le méprise. Mais il a le cuir suffisamment épais, comportement qu'il résume d'une formule imagée : « Je ne suis pas une vierge. » Il tient le Président informé de la teneur du futur rapport, « de manière, selon un proche du dossier, qu'il mesure l'ampleur du séisme qu'il va devoir affronter ».

Face au *consigliere* de la famille – c'est ainsi qu'on surnomme Baker –, Bush se montre étonnamment distant

---

1. Propos recueillis par l'auteur, avril 2007.

et peu loquace. À un collaborateur audacieux qui l'interroge sur les visites de l'ancien secrétaire d'État, il répond sèchement : « Il fait son boulot, je reste le patron. » Le choix de Baker, un homme qui connaît tout de son passé, de ses échecs et de ses difficultés, et qui lui rappelle la tutelle familiale, est, selon un ami de la famille, « une énorme bévue psychologique commise par son père [1] ». Mais pour tenir le cap qu'il s'est fixé, George W. Bush sait qu'il va devoir lâcher du lest et, selon les mots d'un collaborateur de la Maison Blanche, « jeter par-dessus bord certains de ceux qui jusqu'alors hissaient les voiles ».

Le départ de Donald Rumsfeld constitue pour Bush père un préalable non négociable. Haï par la hiérarchie du Pentagone pour son arrogance et ses méthodes cassantes, il représente le fusible parfait. Il symbolise à lui seul l'échec irakien et le mépris affiché face aux critiques grandissantes quant à la conduite de la guerre. « Il savait depuis plusieurs mois, m'a confié un de ses proches collaborateurs, que sa tête était mise à prix par l'ancien président Bush. Mais il n'a pas cherché à la sauver, continuant jusqu'au bout à planifier les moindres détails d'une intervention militaire contre l'Iran [2]. »

Il n'ignore pas que son départ est dû avant tout à la haine que Bush père éprouve envers lui depuis trente ans. En 1975, âgé de 43 ans, il occupait le poste clé de secrétaire général de la Maison Blanche, durant la présidence de Gerald Ford. Et son adjoint direct, âgé de 34 ans, se nommait Dick Cheney. Quelques mois plus tard, il allait, déjà, se voir attribuer le portefeuille de ministre de la Défense. Henry Kissinger le qualifiait à l'époque de « va-t-en-guerre permanent ». Il détenait la haute main sur les nominations et avait écarté Bush père de tout poste clé, le qualifiant de « poids plume égaré en politique ». Le

---

1. Propos recueillis par l'auteur, avril 2007.
2. Propos recueillis par l'auteur, février 2007.

futur président avait activé ses réseaux dans le monde des affaires et de la politique pour arracher, en 1976, un lot de consolation, la direction de la CIA, mais jamais il n'oublia les propos et le mépris de Rumsfeld.

Son vieux complice Cheney lui annonce quinze jours avant les élections générales de novembre, au cours d'un dîner qui se déroule à son domicile, la décision prise par le Président. Deux jours avant l'annonce officielle de son départ, Rumsfeld demande à rencontrer Bush. Il lui remet un mémo de trois pages qu'il vient de rédiger – il sait que le Président refuse de lire les notes plus longues –, dans lequel il détaille point par point l'échec complet de la stratégie militaire suivie en Irak et recommande, en conclusion, le retrait des troupes. L'inverse de la politique qu'il a défendue depuis plus de trois ans, une manière, selon un de ses proches, de signifier au Président : « J'ai été plus loyal que vous en défendant une stratégie qui s'est révélée un fiasco, mais maintenant je recouvre ma liberté et je vous affirme que Baker et votre père ont raison. »

Véritable camouflet pour le Président, cette initiative illustre deux des principaux traits de Rumsfeld : son goût de la provocation doublé d'une volonté de toujours s'exonérer des erreurs commises.

L'ancien président n'a pas seulement évincé Rumsfeld, il lui a trouvé un successeur en la personne de Robert Gates. Cet homme de 62 ans au visage poupin et au ton mesuré, préside l'université A et M du Texas, située au cœur de la vallée du Brazos. Après avoir été sous Bush père chef adjoint du Conseil national de sécurité de la Maison Blanche, puis directeur de la CIA à la fin de son mandat.

Né au Kansas, ce personnage en apparence lisse était entré en 1968 à la CIA où il devint spécialiste des questions soviétiques. À l'inverse de Rumsfeld, il n'ignorait rien du vieux dicton répandu à Washington : « Si vous creusez une tombe pour votre adversaire, creusez également une seconde pour vous-même. » Intelligent, précis, il savait gagner la confiance de ses supérieurs et les impressionner. Un ancien responsable de l'agence m'a raconté une anecdote qu'il a vécue : « Gates envoûtait littéralement William Casey, le directeur de l'époque qui l'écoutait bouche bée énumérer de mémoire, sans l'aide de la moindre note, les noms de chaque membre du bureau politique de l'URSS, leurs antécédents familiaux, leur formation et leurs études, le moindre détail de leur parcours à l'intérieur du Parti. C'était exactement comme s'il vivait avec ces types[1]. »

Des rapports fabriqués par le KGB

J'ai appris, épisode soigneusement enfoui, que sa carrière avait connu un avancement fulgurant au début des années 1970 grâce aux rapports secrets transmis à la CIA par un agent soviétique portant le nom de code de Trigon. Gates était chargé de les analyser, d'évaluer leur véracité et leur importance. Les informations portaient sur les graves affrontements militaires opposant Moscou et Pékin sur leur frontière, le long des fleuves Amour et Ossouri.

Un homme qui travaillait à cette époque au Conseil national de sécurité de la Maison Blanche m'a décrit cet épisode : « Gates estimait qu'il s'agissait d'un gisement d'une richesse incroyable et à chaque réunion avec Kissinger, il lui fournissait de nouvelles pépites. Les exposés de Gates, les révélations de Trigon électrisaient littéralement la Maison Blanche et ont convaincu Kissinger et Nixon d'accélérer l'ouverture en direction de la

---

1. Propos recueillis par l'auteur, février 2007.

Chine, pour détenir un moyen de pression sur Moscou. Ce dossier a placé Gates sur orbite, lui a permis de grimper très vite dans la hiérarchie, en brûlant les étapes. « En 1977, la CIA a fait une découverte accablante : les rapports de Trigon étaient entièrement fabriqués par le KGB pour intoxiquer les responsables américains et leur faire croire que l'URSS était militairement plus puissante qu'on ne le supposait. Grâce à Gates, leur opération de désinformation avait été couronnée de succès. Mais lui était déjà presque arrivé au sommet [1]. »

Robert Gates, que j'ai rencontré à plusieurs reprises, est un homme prudent. Il sait qu'il est le candidat de l'ancien président, mais pas celui souhaité par son fils, qui lui trouve deux défauts majeurs : sa participation au groupe d'études sur l'Irak, coprésidé par Baker, et un rapport sur l'Iran, coécrit en 2004 avec le politologue Zbigniew Brzezinski. L'étude porte un titre éloquent : *Iran : le temps pour une nouvelle approche* [2]. L'analyse est à l'opposé de l'attitude intransigeante défendue par la Maison Blanche. George W. Bush ne veut pas recevoir Robert Gates, et celui-ci ne souhaite pas rencontrer le Président. La direction de l'université du Texas constitue une agréable sinécure, celle du Pentagone un cauchemar bureaucratique composé de vingt-six kilomètres de couloirs, de trente mille fonctionnaires et d'une montagne de problèmes.

Les deux hommes vont finir par se rencontrer dans des conditions rocambolesques. Un dimanche, à 8 heures du matin, une semaine avant les élections générales pour le renouvellement du Congrès, Gates reçoit, à sa résidence de College Station, un appel de la Maison Blanche. Un

---

1. Propos recueillis par l'auteur, février 2007.
2. Zbigniew Brzezinski et Robert Gates, *Iran, Time for a New Approach. Report of an Independant Task Force*, Council of Foreign Relations, New York, juillet 2004.

collaborateur du Président lui demande de partir immédiatement pour la petite ville de Mac Gregor, à deux heures de route, puis de se garer sur le parking du supermarché et d'attendre. Comme lorsqu'il travaillait pour la CIA. Après quinze minutes d'attente sur un parking presque désert, une voiture s'arrête à hauteur de la sienne et le chauffeur lui fait signe de monter : il s'agit de Josh Bolten, le secrétaire général de la Maison Blanche. Les deux hommes roulent jusqu'au ranch de Bush, à Crawford, où Gates est introduit discrètement dans le bureau du Président.

L'ancien directeur de la CIA projette une image à l'opposé de celle de Rumsfeld, même si elle est trompeuse : calme, réfléchi, compétent et consensuel. Au bout de deux heures de discussion, Bush lui déclare : « Le job est à vous. » Gates quitte Crawford tout aussi clandestinement, échappant aux regards des très nombreux invités réunis pour le 60e anniversaire de Laura Bush et le 29e anniversaire de mariage du couple présidentiel.

« Au fond, ils ne se connaissent pas vraiment »

Le 8 novembre 2006, assis dans son bureau de Houston, l'ex-président mange une pizza tout en regardant à la télévision la première conférence de presse tenue par son fils après l'échec prévisible des républicains aux élections. Il l'écoute, attentivement, déclarer que la perte du Congrès est « énorme », qu'il « travaillera avec le groupe d'études sur l'Irak », et annoncer la démission de Donald Rumsfeld. Deux heures plus tard, George W. Bush est filmé dans le bureau ovale entouré de Rumsfeld et de Robert Gates. Le vieil homme, selon les collaborateurs présents, affiche un large sourire. L'objectif qu'il s'est fixé semble atteint. Il se trompe lourdement.

L'homme qui me reçoit dans sa propriété, située à

soixante kilomètres de Londres, est un intime de la famille Bush. Il a plusieurs fois refusé de me rencontrer avant de finir par accepter un rendez-vous.

— Vous savez, commence-t-il, dans les années 1960 quand le pouvoir était encore aux mains de l'Establishment de la côte Est, il existait à Boston deux familles patriciennes, les Cabot et les Lodge, sur lesquelles courait un dicton : « Les Cabot ne parlent qu'aux Lodge qui, eux-mêmes, ne parlent qu'à Dieu. » Eh bien, je crois que toute proportion gardée, le 41e [Bush père] et le 43e [l'actuel président] ont consacré trop de temps à parler avec Dieu et trop peu à dialoguer entre eux. Au fond, ils ne se connaissent pas vraiment. George W. Bush a longtemps été écrasé par l'image de son père mais quand ce dernier a échoué à se faire réélire, en 1992, puis qu'il est lui-même devenu président, il en a décelé toutes les faiblesses. En 1992, j'étais aux côtés de son père après son échec face à Clinton. C'était un homme véritablement anéanti, sans réaction, ce qui d'ailleurs finit par exaspérer sa femme, Barbara. George W. a adopté l'attitude inverse, quand il a été battu une première fois, en 1990, au poste de gouverneur du Texas. Il a remercié ses collaborateurs en ajoutant : « Il est temps de bouger à nouveau. » L'échec ne semble jamais l'atteindre, ou peut-être considérait-il déjà que sa trajectoire relevait d'un plan divin.

Je lui demande si, au bout de bientôt sept années de présidence, la conviction d'être investi d'une mission supérieure peut continuer d'expliquer son action. « Absolument, répond-il, et je pense que cette conviction s'est encore renforcée face aux difficultés. Son père n'a pas compris quel type d'homme il est réellement, ou peut-être quel type d'homme il est devenu en accédant à la présidence. Il reproche à son père de ne pas avoir fini le travail en Irak en laissant Saddam Hussein au pouvoir.

Lui est allé jusqu'au bout et fera de même pour les autres dossiers qu'il juge prioritaires : la lutte contre le terrorisme islamique, et peut-être l'Iran. Le 20 janvier 2009, à 11 h 59 minutes et 58 secondes, c'est-à-dire deux secondes avant qu'il quitte la Maison Blanche pour laisser la place à son successeur, il sera encore en train, comme le disent certains, de s'activer sur ces dossiers[1]. »

« *Il me fait penser à un missile dépourvu de système de guidage* »

Une semaine après la défaite survenue au Congrès, George W. Bush réunit à la Maison Blanche les responsables des principales administrations. « Je veux, leur dit-il, que vous me donniez la liste complète de tout ce qui reste à accomplir entre maintenant et la fin de la présidence. Nous allons nous montrer aussi ambitieux et déterminés que possible. »

Le journaliste d'investigation Seymour Hersh, un des critiques les plus sévères de cette administration, dont il estime qu'« elle nous a montré combien la démocratie est fragile », apporte un éclairage intéressant et insolite sur Bush. Pour lui, c'est « un vrai radical, je pense qu'il est un révolutionnaire, comme Trotski, qui croit en son bon droit, en la justesse de sa cause et dans la Révolution permanente. Il est très dangereux parce qu'il me fait penser à un missile dépourvu de système de guidage. Il ne peut pas dévier de sa politique[2]. »

La publication, le 6 décembre 2006, du rapport Baker-Hamilton sur l'Irak, donne lieu à un feu d'artifice médiatique. Il fait l'ouverture des journaux télévisés, la une des

---

1. Propos recueillis par l'auteur, avril 2007.
2. Matt Taibbi, *Cheney's Nemesis*, interview de Seymour Hersh, Rollingstone.com.

quotidiens et des magazines. *Time*, parfois mieux inspiré, titre sobrement en couverture : « Le groupe d'études sur l'Irak déclare que le temps est venu pour une stratégie de sortie. Pourquoi Bush écoutera[1]. »

George W. Bush écoute probablement Baker, invité sur tous les plateaux de télévision, proposer rien de moins que d'effacer et d'oublier la politique menée depuis trois ans par le Président. Mais la Maison Blanche reste étrangement silencieuse. Tout juste laisse-t-elle filtrer cette information : le Président annoncera des décisions importantes au début du mois de janvier 2007. Dans la plus grande discrétion, il multiplie les consultations.

Le 11 décembre, il reçoit à la Maison Blanche trois anciens responsables militaires et deux experts civils. L'ex-général Jack Keane a été chef d'état-major, Wayne Downing a dirigé les forces spéciales et Bary McCaffrey une division blindée pendant la première guerre du Golfe ; Eliot Cohen travaille à l'université John Hopkins et Stephen Biddle au Council on Foreign Relations. Keane et Downing plaident pour une augmentation significative des forces militaires mais aussi pour leur paroisse : Downing recommande un accroissement sensible du nombre des forces spéciales ; Keane, lui, défend l'idée de 50 000 à 60 000 fantassins supplémentaires pour protéger Bagdad. McCaffrey et les deux civils estiment qu'il est trop tard et qu'une telle escalade échouera.

Deux jours plus tard, le 13 décembre, Bush se rend au Pentagone. Il s'enferme avec les principaux chefs militaires et Rumsfeld, démissionnaire et étonnamment silencieux, dans le Tank. Cette pièce blindée, au cœur du Pentagone, gardée en permanence, est équipée de systèmes de brouillage qui rendent impossible l'écoute des

---

1. Michael Duffy, « The Iraq Study Group Says it's Time for an Exit Strategy. Why Bush Will Listen », *Time*, 11 décembre 2006.

conversations. C'est la première fois en trois ans et demi de guerre que le président américain se rend au ministère de la Défense.

Les visages des généraux sont sombres et leurs propos pessimistes. Le général Peter Pace, chef d'état-major, déclare que la guerre est en train d'être perdue, « en partie, estime-t-il, parce que le temps ne joue pas en notre faveur ». Bush, agacé, l'interrompt : « Je ne veux pas une analyse de la défaite mais des plans pour la victoire. » Il évoque la proposition du général Keane d'envoyer près de 60 000 hommes supplémentaires. Selon un témoin présent, il y eut un long silence autour de la table avant que Pace ne reprenne la parole pour dire : « L'armée est déjà en très mauvais état psychologique, physique. L'adoption d'une telle mesure, Monsieur le Président, provoquerait une véritable fracture en son sein[1]. » Et peut-être aussi avec le pouvoir politique. C'est un avertissement d'une gravité inouïe, le premier de ce genre proféré par un chef militaire à l'encontre de l'homme considéré par la Constitution comme le chef des armées. Bush ne répond pas.

Des mesures à l'opposé du plan Baker

Le 10 janvier 2007, dans une allocution télévisée prononcée depuis la bibliothèque de la Maison Blanche, il annonce l'envoi de 21 500 hommes supplémentaires en Irak et la nomination à la tête des forces américaines en Irak du général Petraeus, en remplacement du général Casey, tombé en disgrâce pour ses propos défaitistes. « La priorité la plus urgente, déclare-t-il, pour parvenir à

---

1. Holly Baker, Richard Wolffe and Evans Thomas, « Inside Bush's Fixation with Harry Truman », *Newsweek*, 12 février 2007.

un succès est la sécurité, spécialement à Bagdad. » Il annonce que la majeure partie de ces unités sera envoyée dans la capitale qui sera divisée en neuf districts, dans lesquels les forces américaines opéreront avec la police et l'armée irakiennes. Bush réserve ses propos les plus durs à la Syrie et l'Iran, les accusant de permettre aux terroristes d'entrer et de sortir de l'Irak. « Les Iraniens, ajoute-t-il, fournissent du matériel destiné aux attaques contre les troupes américaines », et il jure de tout faire pour interrompre ces approvisionnements. Pour souligner sa détermination, il annonce le déploiement dans le Golfe d'un nouveau porte-avions. Quelques jours après ce discours, les forces spéciales américaines envahissent le bureau iranien de liaison, un consulat officieux situé à Erbil, et arrêtent six diplomates soupçonnés d'être des officiers du renseignement. Les mesures annoncées sont à l'exact opposé des propositions formulées dans le plan Baker. Selon les confidences anonymes d'un membre de cette commission, « Bush n'a pas simplement ignoré ou rejeté ce plan. Il l'a ouvertement méprisé, et c'est un message sans ambiguïté qu'il adresse à son père [1] ».

Vingt jours plus tard, le 30 janvier 2007, James Baker, le porte-étendard de la révolte du vieil Establishment, signe une reddition sans conditions. Témoignant devant la commission du Sénat chargée des relations avec l'étranger, costume sombre et cravate verte, il affirme : « Le plan présenté par le Président doit avoir une chance. Le général Petraeus, que vous avez confirmé hier dans ses fonctions, soutient cette idée. »

---

1. Propos recueillis par l'auteur, avril 2007.

3

Le 28 janvier 2003, dans son discours sur l'état de l'Union, George W. Bush affirme que les agences de renseignements américaines estiment que Saddam Hussein possède plus de 30 000 ogives pouvant être dotées d'agents chimiques. Deux nuits avant de déclencher l'invasion, il déclare : « Les renseignements rassemblés par cette administration et par d'autres gouvernements étrangers ne laissent aucun doute sur le fait que le régime irakien continue de posséder et dissimuler quelques-unes des armes les plus mortelles jamais conçues. » Deux mois après le début de la guerre, le 29 mai 2003, il annonce : « Nous avons trouvé les armes de destruction massive[1]. »

Comme l'écrit Carl M. Cannon : « Même quand les mots de Bush sont en désaccord avec les faits, vous pouvez le soumettre à un détecteur de mensonge ; il vous répétera ce qu'il dit être la vérité et passera l'examen avec succès[2]. »

Bush en réalité ne ment pas, il entretient un rapport étrange avec la réalité. Selon Peter Galbraith, « concernant l'Irak, le Président et ses principaux conseillers ont constamment pris leurs désirs pour des réalités et les ont

---

1. Carl M. Cannon, « Untruth and Consequences », *The Atlantic*, janvier-février 2007.
2. *Ibid.*

substitués à l'analyse, de même qu'ils ont privilégié l'espoir plutôt que la stratégie[1] ».

Trois cents milliards de dollars dépensés

Mille quatre cents personnes, dotées d'un budget de 300 millions de dollars, vont quadriller, en vain, pendant plus d'un an le territoire irakien à la recherche d'armes de destruction massive. Ils auraient mieux fait d'écouter le Suédois Hans Blix, ancien chef des experts de l'ONU, qui me déclarait en 2004 dans son appartement de Stockholm : « Je pense que Saddam les a toutes détruites après 1991 mais qu'il ne voulait pas l'avouer, par crainte de révéler sa faiblesse aux gouvernements de la région et à sa population[2]. » Les États-Unis vont dépenser pour cette guerre, puis pour maintenir leur présence militaire, plus de 300 milliards de dollars, dont 8 milliards seulement iront à la reconstruction du pays.

Le Président confie en 2005 à des responsables républicains invités à la Maison Blanche : « Je ne retirerai pas les troupes, même si Laura [sa femme] et Barney [son terrier écossais] sont les seuls à me soutenir[3]. » Il aime adopter cette posture solitaire, celle de l'homme d'État visionnaire et investi d'une mission, indifférent aux crises et aux accidents de parcours. « Malheureusement sa vision est étroite, me déclare un membre influent du Département d'État, et il n'a guère de points communs avec Churchill, une des figures historiques auxquelles il aime se comparer[4]. »

---

1. Peter W. Galbraith, *The End of Iraq*, Simon and Schuster, 2006.
2. Propos recueillis par l'auteur, mars 2004.
3. « Sixty minutes », CBS News, 1ᵉʳ octobre 2006.
4. Propos recueillis par l'auteur, avril 2007.

Dans les années 1920, le studio d'Hollywood qui l'employait avait trouvé un slogan frappant pour l'acteur autrichien Erich von Stroheim, au physique hautain et antipathique : « L'homme que vous aimeriez haïr. » Bush, lui, semble savourer le rejet qu'il suscite chez les libéraux, comme si cette réaction le confortait dans la justesse de ses choix.

Au cours d'un déjeuner à la Maison Blanche, qui réunit un certain nombre d'intellectuels sympathisants, l'un d'eux, Irwing Stelzer, confie au Président : « Ma femme Cita et moi-même avons brusquement quitté un dîner, à Londres, quand les invités ont commencé à vous attaquer, ainsi que les États-Unis. » Bush lui répond : « Merci beaucoup, mais vous feriez mieux de ne pas aller à New York, vous risquez de mourir de faim[1]. » Son humour s'exprime dans l'adversité. Au cours de cette rencontre, Bush écoute avec attention les propos de l'historien Andrew Roberts : « L'Histoire vous jugera sur la manière dont vous réussirez à empêcher la nucléarisation du Moyen-Orient. Si l'Iran obtient la bombe, l'Arabie Saoudite, l'Égypte et d'autres pays suivront. C'est pourquoi, Monsieur le Président, je suis si heureux d'être assis à ma place plutôt qu'à la vôtre[2]. » Bush ne fait aucun commentaire.

Au terme de cette rencontre, un invité, ébloui, lâche cette confidence : « Il montre le calme d'un homme qui considère finalement qu'il n'a de comptes à rendre qu'à la Divine présidence[3]. » Et en tout cas pas à la presse qu'il avoue ne jamais lire, pas plus les articles que les éditoriaux. Pour justifier un tel refus, il a confié : « J'ai besoin de rester optimiste. »

---

1. Irwing M. Stelzer, « A Litterary Luncheon with the President », *The Weekly Standard*, 12 mars 2007.
2. *Ibid.*
3. *Ibid.*

Un manque phénoménal de curiosité

Un collaborateur de la Maison Blanche, jusqu'au début de l'année 2004, qui a rompu avec l'Administration en raison de divergences politiques, estime : « Le plus grand danger de Bush tient à ses certitudes alliées à un manque phénoménal de curiosité. Dans les réunions avec ses collaborateurs, Bill Clinton posait des questions, contestait leurs analyses et les poussait dans leurs retranchements. George W. Bush jamais. Il écoute et passe à autre chose. Jamais je ne l'ai vu lire une revue de presse et encore moins un journal. Il prétend aimer l'Histoire et s'y intéresser, mais d'une façon puérile, parce qu'il s'imagine posséder une envergure historique. Et c'est là le pire : il possède quelques références, mais aucune culture. Il déclenche des guerres, hier contre l'Irak, demain peut-être contre l'Iran, sans rien connaître à l'Histoire, la psychologie et la politique de ces pays. Au fond, il imagine pour eux un avenir semblable à celui de Porto Rico, État associé. C'est angoissant [1]. »

Durant cette période, l'ancien secrétaire d'État, Henry Kissinger, âgé de 82 ans, devient un des conseillers officieux du président américain, un « visiteur du soir » très écouté qui conforte Bush dans son intransigeance. Cheney, fasciné depuis longtemps par l'ancien secrétaire d'État, l'a introduit auprès du locataire de la Maison Blanche. Kissinger compare l'Irak au Viêtnam et pousse à la fermeté, même face à une opinion publique de plus en plus hostile. Le conflit vietnamien, explique-t-il, a été perdu parce que ont manqué la détermination, l'énergie pour exécuter la politique souhaitée. Il semble avoir oublié qu'il a été le premier à pousser à l'abandon du Sud-Viêtnam.

---

1. Propos recueillis par l'auteur, février 2007.

Il remet à Bush une copie du mémorandum qu'il avait rédigé le 10 septembre 1969 à l'intention du président Nixon. Il écrivait : « Le retrait des troupes américaines aura le même effet sur l'opinion américaine que les cacahuètes salées ; plus il y aura de troupes rapatriées et plus le public en redemandera [1]. » À ses yeux, le même phénomène se reproduirait avec le retour, même en petit nombre, des troupes stationnées en Irak. Il confie, ce qui fait sourire le Président, que son soutien à la guerre en Irak l'a rendu impopulaire à New York.

Bush est un client parfait pour ses thèses. Il semble indifférent à l'enlisement croissant et à la durée du conflit, déjà plus long que l'engagement militaire américain durant la Seconde Guerre mondiale (les États-Unis ne sont entrés en guerre qu'en 1941). Mais, par contre, il s'intéresse beaucoup aux parallèles historiques, notamment la guerre d'Algérie. Kissinger lui a recommandé la lecture d'un ouvrage, *A Savage War and Peace : Algeria 1954-1962*, écrit par l'historien britannique Alistair Horne, qui analyse les causes de la défaite française. Bush adore retrouver dans les livres d'Histoire des éléments qui confortent sa détermination. « J'ai appris, confic-t-il à des proches, après la lecture de cet ouvrage, qu'il y a eu plus d'Algériens tués après le départ des troupes françaises que durant l'occupation par les Français. »

En décidant d'envoyer 21 500 hommes supplémentaires pour reprendre le contrôle de Bagdad et sécuriser la capitale, le locataire de la Maison Blanche agit une nouvelle fois dans la confusion et l'improvisation. Sa décision, annoncée le 10 janvier 2007, découle d'une étude lue cinq jours auparavant, écrite par Frederick

---

1. Bob Woodward, *op. cit.*

Kagan, un historien militaire, chercheur à l'American Enterprise Institute[1]. Cette fondation conservatrice – elle accueille notamment Richard Perle, Lyn Cheney, la femme du Président, Michael Ledeen et autrefois Paul Wolfowitz – a servi de « vivier » à l'Administration. Au cours d'une visite dans ses locaux, juste après son élection de 2000, Bush a déclaré : « L'AEI abrite quelques-uns des plus brillants esprits de notre nation. Vous faites un si bon travail que mon administration a emprunté vingt de ces cerveaux. » L'AEI a notamment élaboré la stratégie d'invasion de l'Irak.

Kagan appartient à une dynastie de néoconservateurs en vue, comme les Kristol.

Son père Donald et son frère Robert sont, comme lui, des faucons réclamant inlassablement l'augmentation d'un budget militaire annuel qui atteint en 2006 la somme vertigineuse de 500 milliards de dollars contre 56 milliards pour le budget de l'Éducation et 7 milliards pour celui de l'Environnement. L'analyse de Kagan que Bush a eue entre ses mains s'intitule sobrement : *Choisir la victoire : un plan pour réussir en Irak*. Kagan recommande une augmentation substantielle des effectifs pour éviter une défaite qui pourrait conduire à « un conflit régional, une catastrophe humanitaire, et à l'augmentation du terrorisme à travers le monde ». En cinq jours, le président américain décide d'une nouvelle stratégie née du cerveau enfiévré d'un jeune historien qui n'a jamais mis les pieds en Irak, en ignorant les objections des chefs militaires présents sur le terrain pour qui l'envoi de nouvelles troupes américaines arrive trop tard et ne changera rien.

Trois données, selon moi, caractérisent la pensée et le comportement des néoconservateurs : l'extrémisme,

---

1. Frederick Kagan, « Choosing Victory : a Plan for Success in Iraq », *American Enterprise Institute*, 5 janvier 2007.

l'irréalisme et une insatisfaction constante face aux résultats obtenus. Ces hommes entretiennent un rapport complexe avec la réalité. Richard Perle et David Frum, qui poussèrent à une intervention militaire en Irak, expliquent aujourd'hui que Bush est un incompétent, parce qu'il n'est pas allé assez loin. Frum, qui écrivit quelques-uns des principaux discours du Président, confie : « J'ai toujours cru que si vous pouviez persuader le Président de s'engager sur certains mots, il s'engagerait également sur les idées qui sous-tendent ces mots. Et le grand choc pour moi a été de découvrir que bien qu'il prononçât les mots, il n'absorbait pas les idées. Et que c'est peut-être la racine de tout [1]. »

L'Iran et l'Irak sont les deux lignes de front

« Je crois, estime un membre du Conseil national de sécurité de la Maison Blanche, pour l'observer fréquemment, que Bush est convaincu que l'Irak et l'Iran sont les deux lignes de front, dans la lutte actuelle contre le terrorisme et la prolifération militaire. Il est engagé dans une nouvelle politique d'endiguement, comme autrefois Harry Truman envers l'Union soviétique et le communisme. Et il est également convaincu que l'Histoire lui donnera raison [2]. »

Une certitude qu'il mûrit depuis plusieurs années. Le 3 décembre 2004 au matin, un mois après sa réélection à la présidence, il convoque Michael Gerson dans le bureau ovale. Gerson est non seulement le responsable de ses discours, mais également un homme dont la psychologie et les convictions adhèrent à celles du Président.

---

1. Cité par Peter W. Galbraith, « The Surge », *The New York Review of Books*, 15 février 2007.
2. Propos recueillis par l'auteur, avril 2007.

Il a inventé la notion d'« axe du mal » pour qualifier l'Irak, l'Iran et la Corée du Nord. La formule n'a pas surgi accidentellement. Son collaborateur, David Frum, butait autour de l'idée « axe des haïs ». Gerson reprit le texte et utilisa, selon un témoin, le langage théologique que Bush et lui employaient en privé. Et c'est ainsi que, sous sa plume, l'« axe des haïs » devint l'« axe du mal ». Gerson possède une autre caractéristique : chrétien fondamentaliste, il adhère à la doctrine élaborée par un pasteur anglais du XIXe siècle, John Darby. Selon ses prophéties, « Dieu s'est détourné d'Israël qui rejetait le Messie pour créer, construire et miraculeusement évacuer l'Église avant la Grande Tribulation. Celle-ci marquera l'arrivée de l'Antéchrist qui prendra le pouvoir à travers le monde ; un épisode marqué par la bataille de l'Armageddon avant le second retour du Christ et l'établissement du royaume de Dieu. Cette fin heureuse dépend de la conversion des juifs. Et celle-ci ne pourra avoir lieu que si les juifs sont en possession des terres que Dieu leur a données. » Pour un fondamentaliste comme Gerson, la situation au Moyen-Orient correspond à cette prophétie. Selon un expert, « il doit considérer les leaders musulmans, Saddam hier, Ahmadinejad aujourd'hui, comme de possibles Antéchrist ».

Bush s'identifie à Truman

Bush lui expliqua son projet, et Gerson en fut littéralement ébloui. Le Président veut redéfinir tout le système de sécurité et l'ensemble de la doctrine de politique étrangère des États-Unis pensés et adoptés par Truman et son équipe au tout début de la guerre froide. Il souhaite agir d'une manière aussi innovante et radicale. La lutte contre le terrorisme islamiste remplace le danger communiste, et l'Iran se substitue à l'URSS comme menace nucléaire. Bush déclare à Gerson : « L'avenir et la sécurité de l'Amérique dépendent de la diffusion de la liberté. » Il veut que cette nouvelle doctrine, cet acte fondateur soient formulés lors de son discours d'investiture prononcé le 20 janvier 2005. Gerson, fasciné mais aussi écrasé par l'ampleur du défi, sera victime d'une crise cardiaque [1].

Harry Truman est pour Bush une figure à laquelle il s'identifie totalement : un président raillé par l'Establishment pour sa méconnaissance des dossiers et son manque de vernis, mais aussi un homme de conviction qui a dû batailler dur et dont les décisions se sont imposées à tous. Un panneau accroché dans son bureau affirmait : « La responsabilité commence ici » (*The Bucks stop here*). Bush, lui, aime déclarer : « C'est moi qui décide », et aux interlocuteurs qui évoquent les critiques proférées à l'encontre de sa politique, il répond : « Je ne suis pas un intellectuel, mais les opinions que vous évoquez sont celles de l'élite. » L'héritier d'une puissante dynastie de la côte Est aime se glisser dans les habits de John Doe, l'anonyme courageux et déterminé qui triomphe des puissants.

Truman avait terminé son second mandat avec une impopularité record, moins de 22 % d'opinions favorables, due aux 54 000 morts américains de la guerre en Corée. Mais, soixante ans plus tard, 38 000 soldats américains stationnent toujours en Corée du Sud et le régime nord-coréen, doté de l'arme nucléaire, menace la sécurité de l'ensemble de la région. L'Histoire et les événements rendaient justice à Truman et confirmaient sa lucidité.

Pour Bush, la « guerre contre le terrorisme » doit se

---

1. Bob Woodward, *op. cit.*

substituer à la doctrine mise en place pour endiguer le danger communiste et protéger les régimes libres. Plus préoccupant, il s'identifie aussi à l'homme qui, pour la première fois dans l'Histoire, a donné l'ordre d'utiliser l'arme atomique. Les 140 000 morts civils d'Hiroshima auraient été surpris d'entendre la teneur du discours radiodiffusé de Truman, le 9 août 1945 : « Le monde notera que la première bombe atomique a été lancée sur Hiroshima, une base militaire. C'est parce que nous souhaitons, pour cette première attaque, éviter autant que faire se peut la mort de civils [1]. »

1. Intervention radiodiffusée d'Harry Truman, le 9 août 1945.

4

Pour Robert Gates, l'arrivée au Pentagone fut un choc. « C'était pour lui un cas inédit de maltraitance, me déclare, ironique, un responsable civil du ministère. Il découvrait à quel point Rumsfeld avait méprisé et ignoré la hiérarchie militaire, lui imposant ses vues et des choix pour lesquels il ne souffrait pas la moindre discussion. Le malaise était palpable à tous les niveaux, mais curieusement c'est l'Iran, plus encore que l'Irak, qui provoquait ce désarroi [1]. »

George Bush évoque en février 2006 la poursuite du programme nucléaire iranien et le défi lancé par Téhéran à la communauté internationale, en déclarant à propos de la décision de soumettre le cas iranien au Conseil de sécurité de l'ONU : « C'est un message clair envoyé au régime de Téhéran montrant que le monde ne lui permettra pas d'acquérir des armes nucléaires [2]. » Il parle du président iranien comme d'un « nouvel Hitler », qualificatif dont il avait également affublé le dictateur irakien. Son père employait le même terme douze ans plus tôt, lors de la première crise du Golfe : « Je suis tout à fait d'accord, confiait-il, avec Churchill. Il n'y aurait pas eu de Seconde Guerre mondiale si Hitler avait été

---

1. Propos recueillis par l'auteur, mai 2007.
2. « World Won't Let Iran Developp Nuclear Arms, Bush Warns », CBC News, 4 février 2006.

stoppé en 1936 dans son entreprise au moment où il était assez faible pour être neutralisé à un coût peu élevé. Saddam Hussein est Hitler. » John Sununu, à l'époque son plus proche collaborateur, avait fait une confidence qui s'applique parfaitement à l'actuel président : « Cette analogie avec Hitler l'aide à résoudre toutes les questions qui peuvent agiter son esprit, si tant est qu'il y en ait. » L'Histoire semble se répéter avec des protagonistes qui usent inlassablement de la même rhétorique.

L'ampleur des préparatifs militaires contre l'Iran

L'absence d'état d'âme de George W. Bush a pour corollaire le désarroi des chefs militaires qui se succèdent dans le vaste bureau de Gates avec vue sur le Potomac. Plusieurs généraux quatre étoiles, dont le général Peter Pace, chef d'état-major, menacent de démissionner en cas d'intervention militaire contre l'Iran. Pace, un militaire respecté, sait que son opposition affichée lui a valu, depuis plusieurs mois, de tomber en disgrâce auprès de Bush et Cheney. La fronde, d'une ampleur inconnue jusqu'alors au Pentagone, touche surtout l'armée de terre et à un degré moindre la Marine. Le général Michael Moseley, patron de l'armée de l'air, affirme, lui, au début du mois de février 2007, que l'Iran est désormais « la principale cible de l'aviation américaine ».

L'homme qui me reçoit chez lui à Chevy Chase, dans la banlieue de Washington, connaît Robert Gates depuis les années 1980, lorsqu'ils travaillaient ensemble au Conseil national de sécurité de la Maison Blanche. Et il l'a revu à trois reprises depuis sa prise de fonctions au Pentagone. « Il n'imaginait pas être confronté à une situation d'une telle gravité. La rébellion de l'état-major n'est que la partie visible de l'iceberg. Il a découvert l'ampleur des préparatifs militaires contre l'Iran et l'imminence de leur déclenchement. Bush, à l'initiative de Rumsfeld, avait instauré un dispositif qui court-circuite toute la hiérarchie et la chaîne de commandement. Il existe au sein des bureaux de l'état-major une cellule spéciale chargée d'élaborer les plans des bombardements sur l'Iran. Elle reçoit ses ordres directement du Président et peut déclencher les frappes en moins de vingt-quatre heures, non seulement sur les sites nucléaires mais aussi sur toutes les infrastructures militaires et les installations stratégiques [1]. »

Durant toute sa carrière, Robert Gates a pratiqué avec virtuosité le système de la double allégeance. Nommé au Conseil national de sécurité, après deux décennies au sein de la CIA, il donne des gages de fidélité à chacune des deux administrations. Et quand en 1991 il effectue le trajet inverse pour revenir prendre la tête de la CIA, il dissipe les réserves de ceux qui craignent qu'il ne soit que l'exécutant et l'instrument du Président. La force de Gates, ou plutôt son habileté, tient au fait qu'il s'agit d'un ambitieux qui donne l'impression de ne jamais rien solliciter.

Quand Bush père, son ancien patron, l'appelle une première fois, en 2006, pour lui demander s'il accepterait de remplacer Rumsfeld à la Défense, il décline la proposition. « En agissant ainsi, me dit cet ami qui l'a connu à la Maison Blanche, il savait qu'il faisait monter les enchères. Il donne l'impression de ne jamais être candidat aux postes qu'il convoite. Je me souviens quand il était l'adjoint de Brent Scowcroft au Conseil national de sécurité. Scowcroft, un petit homme sec au visage émacié, tenait au respect de son rang et de ses prérogatives. Lors-

---

1. Propos recueillis par l'auteur, juin 2007.

qu'ils pénétraient ensemble dans le bureau ovale, Scow-croft tirait un fauteuil et s'asseyait à la droite de Bush père, tandis que Gates s'asseyait face au Président, mais à distance respectueuse. Les deux hommes pratiquaient le jogging mais Scowcroft aimait courir la nuit, tandis que Gates préférait le petit matin... comme Bush. Alors Scowcroft l'a autorisé à courir avec le Président, mais à quelques foulées derrière... et en silence [1]. »

Robert Gates sait, en arrivant au Pentagone, que ces soupçons de double allégeance continuent de peser. Aux yeux du Président et de son équipe, il est un choix quasiment imposé par le père. Pour les responsables du ministère de la Défense, il est l'homme chargé de faire appliquer la politique du Président. Il doit son excellente réputation au fait que durant toute sa carrière il s'est conduit en exécutant intelligent, apportant une touche d'initiative suffisante pour se valoriser, mais suffisamment discrète pour ne pas irriter ses supérieurs. Pour la première fois pourtant, il se trouve confronté à une politique dont il ne peut approuver les méthodes.

George W. Bush justifie « l'impensable »

Depuis la fin de la Seconde Guerre mondiale, le risque d'une intervention nucléaire est associé à un tir accidentel, une erreur de manœuvre ou de commandement provoquant le lancement d'un missile doté de charges atomiques. George W. Bush, Dick Cheney et Donald Rumsfeld justifient désormais « l'impensable » et l'utilisation d'armes nucléaires tactiques. En janvier 2003, deux mois avant le déclenchement de l'intervention en Irak, le Président signe une directive présidentielle,

---

1. *Ibid.*

classée top secret, détaillant la définition d'une frappe globale, *full spectrum*, comme la capacité à « frapper de façon rapide sur une longue distance et avec une grande précision, en utilisant des charges nucléaires et conventionnelles pour parvenir à nos objectifs sur le terrain ». Le Strategic Command (Stratcom) basé à Omaha dans le Nebraska, en charge des forces nucléaires américaines, se voit confier l'élaboration de cette « frappe globale ».

Pour se plier aux souhaits présidentiels, le ministère de la Défense élabore un nouveau plan stratégique, baptisé OPLAN (Operation Plan) 8044, qui prévoit des plans de frappe plus flexibles que ceux élaborés contre l'URSS durant la guerre froide, et l'usage élargi des armes nucléaires. Des mesures dans le droit fil de la stratégie de sécurité définie le 17 septembre 2002 par la Maison Blanche. « Les États-Unis devront être prêts à stopper les États voyous et leurs clients terroristes avant qu'ils soient en mesure de menacer ou d'utiliser des armes de destruction massive contre les États-Unis et nos alliés et amis. » Trois jours auparavant, le 14 septembre, une directive présidentielle précisait : « Il est clair que les États-Unis se réservent le droit de répliquer avec une force écrasante (*overwhelming*) – comprenant potentiellement des armes nucléaires – à l'utilisation [d'armes de destruction massive] contre les États-Unis, nos forces à l'étranger, nos amis et alliés. »

Dans un document confidentiel élaboré peu avant, le président américain déclarait : « Nous ne pouvons pas laisser nos ennemis frapper en premier. » Le document qui parvient le 4 juin 2003 sur le bureau de Rumsfeld, puis sur celui de Bush, se nomme Conplan, pour Concept Plan 8022-02. Il prévoit des frappes préventives, notamment contre l'Iran et la Corée du Nord, et l'usage d'armes nucléaires, notamment des bombes nucléaires tactiques capables de pénétrer profondément dans le sous-sol et de détruire des bunkers ou autres sites enterrés. En janvier 2004, l'amiral James O. Ellis annonce au président américain que ce plan de frappes globales est opérationnel. En juin 2004, Donald Rumsfeld approuve une directive top secret, intitulée « Interior Global Strike Alert Order » (Ordre d'alerte interne pour une frappe globale), donnant l'ordre aux forces armées de se tenir prêtes à attaquer des pays hostiles qui développent des programmes d'armes de destruction massive, plus précisément l'Iran et la Corée du Nord [1].

« Sans danger pour la population civile environnante »

Dans le secret le plus absolu, alors que l'Irak paraît retenir toute l'attention de l'administration américaine, celle-ci se prépare à frapper l'Iran. Avec des armes nucléaires. Entre-temps, le Pentagone a réévalué à la baisse la dangerosité des armes nucléaires tactiques. Désormais, les experts militaires les considèrent comme « sans danger pour la population civile environnante » (*safe for the surrounding civilian population*). En novembre 2004, le Stratcom coordonne un exercice prévoyant une « frappe globale » intégrant armes conventionnelles et nucléaires contre un « ennemi fictif » dans lequel tous les militaires présents identifient l'Iran.

La nouvelle doctrine pour les « opérations nucléaires jointes » qui accompagnent ces mesures prévoit également que les commandants engagés sur des théâtres d'opérations « sont responsables de la définition des objectifs et du développement des plans nucléaires requis pour atteindre ces objectifs, y compris le choix des cibles ».

---

1. William Arkin, « Not Just a Last Resort ? A Global Strike Plan, With a Nuclear Option », *Washington Post*, 15 mai 2005.

Les décisions prises sont d'une extrême gravité. Le nucléaire cesse d'être l'ultime recours, le dernier choix défensif possible, et devient une arme, pouvant être utilisée sans avertissement dans des frappes préventives. « Le nucléaire, confie un expert, fait même désormais partie de "la boîte à outils" dont dispose tout chef militaire engagé sur un théâtre d'opérations. »

En mai 2004, la directive présidentielle de Sécurité nationale, portant le nom de code NSPD 35, autorise le déploiement d'armes nucléaires. Leur destination demeure secrète mais, selon des fuites, des bombes nucléaires de type B-61, pouvant détruire des abris souterrains, sont stockées dans le sud de l'Irak, à proximité de la frontière avec l'Iran. Ces engins sont pourvus de charges pouvant aller de 300 à 400 kilotonnes. Par comparaison, la bombe larguée sur Hiroshima ne contenait « que » 15 kilotonnes.

Les États-Unis sont déjà en guerre avec l'Iran

En août 2005, nouvelle escalade dans les préparatifs, le vice-président Cheney demande au Stratcom de préparer un « plan d'urgence » (Contingency Plan) pour attaquer l'Iran, « en réponse à une nouvelle attaque terroriste du type 11 Septembre ». Le plan doit prévoir des bombardements aériens sur une large échelle, engageant des armes conventionnelles et des armes nucléaires tactiques. L'initiative de Cheney s'appuie, comme l'écrit Michel Chossudovsky, sur une logique extrêmement ambiguë : « Elle ne vise pas à prévenir un second 11 Septembre mais à déclencher des frappes massives immédiates contre l'Iran, avant même que les résultats de l'enquête aient pu démontrer l'implication de Téhéran[1]. »

---

1. Michel Chossudovsky, « The Dangers of a Middle East Nuclear War », *Global Research*, 22 février 2006.

Robert Gates, au cours d'une rencontre avec le Président à la Maison Blanche, évoqua le document qu'il avait paraphé en janvier 2003 et qui, telle une boîte de pandore, libérait l'arme nucléaire de toutes les contraintes et les interdits qui pesaient sur elle jusqu'ici. Bush marqua un silence, parut réfléchir avant de répondre : « Oui, je me souviens que Rumsfeld m'a fait signer quelque chose concernant ce dont vous parlez. » Il ajouta, avec un long hochement de tête : « Ça me paraît justifié. »

Le ministre de la Défense fait rapidement plusieurs constats désagréables : il n'arrive pas à rencontrer le Président aussi souvent qu'il le souhaite, et souvent il doit se contenter de réunions avec Cheney au cours desquelles le vice-président l'écoute longuement, répond laconiquement et s'éclipse. Probablement ne souhaite-t-il pas évoquer les détails de la seconde découverte faite par Gates : les États-Unis sont déjà en guerre avec l'Iran. Des forces spéciales du Pentagone, appuyées par des groupes d'opposants iraniens, mènent depuis de longs mois des opérations clandestines de sabotage, de terrorisme et de déstabilisation à l'intérieur du territoire iranien. Rumsfeld et Cheney coordonnaient cette « guerre secrète » et Gates reçoit l'ordre de ne pas intervenir dans son déroulement. La dernière découverte du secrétaire à la Défense n'est pas la moins inquiétante : Bush, dans les discussions, montre qu'il ignore absolument tout de l'Iran, son passé, l'Histoire récente et même les relations secrètes, tumultueuses et ambiguës, entretenues dans les années 1980 entre Téhéran et Washington. Une période où Bush père et Gates se tenaient sur le devant de la scène.

5

L'humiliation et l'esprit de revanche rythment l'Histoire moderne de l'Iran. Les Occidentaux se sont obstinés à l'appeler Perse jusqu'à son indépendance, toute théorique, en 1935.

En 1722, le pillage d'Ispahan par les Afghans avait marqué le début du déclin, et au XIXe siècle, selon Jean-Pierre Digard, Bernard Hourcade et Yann Richard, « l'Iran pauvre et désuni était réduit, comme l'Afghanistan, à une simple marche des Empires britannique et russe, un espace à l'abandon que l'on cherchait à éviter, à l'est de l'Empire ottoman, sur la route des Indes. Sous les Qajar, une dynastie turque d'origine nomade qui préférait les chasses royales de l'Alborz à sa nouvelle capitale Téhéran, la Perse somnolait loin de la Révolution industrielle et des transports, ignorante des idées modernes qui agitaient alors Le Caire, Istanbul et Bombay[1] ». Et d'ajouter cette analyse éclairante : « La forte personnalité de l'Iran s'explique peut-être par sa situation marginale : musulman mais chiite, sous-développé mais riche en pétrole, dominé par les grandes puissances mais jamais colonisé, despotique mais parcouru par tous les courants de pensée, peuplé de Persans mais aussi d'Azéris, de Kurdes, d'Arabes, de Lurs, de Baloutches et de

---

1. Jean-Pierre Digard, Bernard Hourcade, Yann Richard, *L'Iran au XXe siècle*, Fayard, 1996.

Turkmènes [1]. » J'ajouterai que je souscris pour une large part à la formule de Georges Dumézil pour qui le « véritable empire du milieu n'est pas la Chine mais l'Iran ».

Je pense que les événements passés contribuent souvent à éclairer le comportement des peuples. Une mémoire, dans le cas de l'Iran, faite de défiance, d'illusions perdues, de confiance trahie. Vingt-quatre années, de 1804 à 1828, permettent de comprendre les relations de l'Iran avec les grandes puissances. 1804 marque le début de la première guerre irano-russe qui se solde pour Téhéran par la perte de la Géorgie. L'Iran recherche l'appui militaire de la Grande-Bretagne dont le pouvoir ne cesse de croître aux Indes. Malheureusement, Londres est devenu l'allié de Moscou contre Napoléon. Le Shah se tourne alors vers la France et le traité de Finckenstein, signé en 1807, stipule que la France entraînera et fournira en matériel les forces armées iraniennes dans leur guerre contre la Russie. L'Iran accepte également de déclarer la guerre à la Grande-Bretagne et de garantir le libre accès des troupes françaises se dirigeant vers l'Inde. Peu après, Napoléon triomphe de la Russie à Friedland, signe avec elle le traité de Tilsit et oublie celui signé avec l'Iran. Désespéré, Téhéran se retourne vers la Grande-Bretagne et accepte de conclure avec Londres, entre 1809 et 1814, plusieurs traités ambigus.

Téhéran s'engage à annuler l'accord conclu avec Paris, promet de ne pas intervenir en Inde, mais accepte d'attaquer l'Afghanistan si ce pays envahit l'Inde britannique, alors que Londres s'engage seulement à ne pas intervenir si les Afghans attaquent l'Iran. La dernière clause prévoit que la Grande-Bretagne s'engage à entraîner l'armée iranienne et à protéger le pays de toute incursion euro-

---

1. *Ibid.*

péenne sur son territoire, à condition qu'il ne soit pas l'agresseur.

Parallèlement, en 1813, l'Iran est contraint de signer le traité humiliant de Golestan par lequel il abandonne à la Russie ses possessions du Caucase, dont la Géorgie. Le traité ne calme pas pour autant les appétits territoriaux de Moscou qui multiplie les interventions militaires. Le Shah réclame l'appui de Londres, prévu en cas d'agression contre l'Iran. La Grande-Bretagne répond que le traité de paix signé entre l'Iran et la Russie n'a pas été rompu, malgré les affrontements, et refuse toute aide à Téhéran. Le Shah et son entourage, désemparés, vont prendre une décision funeste pour l'avenir du pays : en 1826, ils déclarent la guerre à la Russie, offrant à la Grande-Bretagne, puisqu'ils sont les agresseurs, le prétexte rêvé pour ne pas intervenir. L'armée iranienne mal équipée, médiocrement encadrée, se fait tailler en pièces. Le traité de Turkmenchai, en 1828, oblige notamment l'Iran à verser 20 millions de roubles d'indemnités, une somme écrasante pour l'époque, à signer des traités commerciaux défavorables qui marquent le début de la politique de tutelle et de capitulation imposée au pays par la Grande-Bretagne et la Russie, jusqu'au milieu du XXᵉ siècle. En 1907-1908, cette rivalité russo-britannique conduit à la division du pays en deux zones stratégiques [1].

Toute son Histoire va tendre à effacer ces humiliations

Si j'évoque ces événements, c'est parce qu'ils me semblent avoir façonné de manière cruciale la perception par les Iraniens de l'Occident. Ils ont compris qu'ils pesaient

---

1. Ali M. Ansari, *Confronting Iran, The Failure of American Foreign Policy and the Next Great Conflict in the Middle East*, Basic Books, New York, 2006.

d'un poids insignifiant face aux enjeux politiques et diplomatiques des grandes puissances, avec lesquelles ils avaient signé des traités garantissant leur sécurité et leur protection ; ils n'ont rencontré qu'indifférence et mauvaise foi de la part de ces pays quand il s'est agi de les faire respecter. Comme l'écrivait un historien iranien, dès le milieu du XIXᵉ siècle, face à ces concessions humiliantes : « La seule chose qui restait de l'Empire iranien, c'était ses prétentions. » Ces événements exacerbent dans l'opinion cette image de victime que la découverte et l'exploitation du pétrole vont encore renforcer. Toute son Histoire depuis va tendre à inverser ce déclin et à effacer ces humiliations.

Cela explique la démarche de Mossadegh, cet homme mince et de haute stature, âgé d'une soixantaine d'années, qui accède au poste de Premier ministre en 1951 et défie l'Occident en promulguant immédiatement une loi nationalisant l'Anglo-Iranian Oil Company, le consortium qui exploite le pétrole du pays. Si le sous-sol de l'Iran compte parmi les plus riches au monde, le pays n'est encore, en 1951, qu'un territoire arriéré, ravagé par la maladie et la corruption, dominé par des propriétaires terriens sans scrupules, au premier rang desquels le clergé.

Développer l'arme nucléaire

Mossadegh et le Shah, rivaux politiques, sont mus par la même urgence : le sentiment que le temps est un handicap face à l'ampleur du fossé à combler. Le choix du nucléaire relève de cette logique. La coopération avec la France commence en 1956 et s'interrompra seulement en 1979, lors de la chute du Shah. La France forme des physiciens iraniens, des experts nucléaires français s'installent à Téhéran. Grâce à l'accroissement de ses revenus pétroliers, après le prétendu choc pétrolier de 1973, le Shah décide d'accroître le nombre de centrales nucléaires qui seront construites en Iran. L'Iran acquiert 25 % d'Eurodif et détient une minorité de blocage dans le consortium.

En 1974, le Shah prête un milliard de dollars à la France dans le cadre de la coopération avec le Commissariat à l'énergie atomique français. Cette somme va faire l'objet d'un long contentieux entre les deux pays après l'arrivée de Khomeiny au pouvoir.

Les bonnes fées occidentales se penchent sur le berceau nucléaire iranien. En 1957, le Shah signe avec Eisenhower un accord prévoyant une assistance technique pour permettre à l'Iran de s'initier à l'utilisation pacifique de l'énergie atomique. En 1967, les États-Unis livrent à l'Iran un réacteur de recherche.

En 1974, le souverain crée l'Organisation de l'énergie atomique iranienne dont le but est de développer le nucléaire civil afin de disposer de plus de pétrole à l'exportation. Le Shah assigne à l'agence un autre but qui, lui, reste soigneusement occulté : développer l'arme nucléaire et asseoir la domination iranienne sur la région, même si le pays a signé en 1970 le traité de non-prolifération nucléaire. À l'époque, cet objectif militaire, clairement affiché par le Shah en privé, ne choque personne en Occident, et surtout pas les États-Unis. Richard Nixon, alors à la Maison Blanche, et Henry Kissinger, secrétaire d'État, ont choisi de faire de l'Iran « le gendarme du Golfe ». Un gendarme lourdement armé n'en aura que plus de poids auprès de ses voisins.

Le président américain dépêche à plusieurs reprises à Téhéran, en 1974, au lendemain du prétendu choc pétrolier, Dixy Lee Ray, la présidente de la Commission à l'énergie atomique, pour aider à la construction de vingt réacteurs civils que le pays veut installer. De nombreux experts militaires, spécialistes du nucléaire, séjournent en Iran, forment les chercheurs, coordonnent le travail. Un ancien responsable de la CIA, en poste à Téhéran à cette époque, m'a déclaré : « Les États-Unis étaient-ils prêts à accepter un Iran détenant l'arme atomique ? Ma réponse est oui. Étaient-ils prêts à la lui fournir ou du moins à l'aider à l'obtenir rapidement ? Ma réponse est encore oui [1]. »

Des chercheurs iraniens sont envoyés aux États-Unis, notamment au MIT (Massachusetts Institute of Technology), pour devenir des experts nucléaires. Certains d'entre eux, rentrés en Iran après la Révolution islamique, deviendront les principaux responsables du programme atomique. Cette coopération américano-iranienne se pratique à deux niveaux : au grand jour pour le nucléaire civil, dans le plus grand secret pour le militaire. Deux programmes absolument distincts, comme on semble le découvrir aujourd'hui.

La réalité est souvent dérangeante : c'est Washington, à travers ses principaux dirigeants, et non le Pakistan ou la Corée du Nord, qui a fourni la première assistance technique au programme nucléaire militaire iranien.

L'alliance entre Téhéran et Israël

Un autre allié de l'Iran et des États-Unis contribue lui aussi, dans le plus grand secret, à son développement. L'alliance entre Téhéran et l'État hébreu est une histoire fascinante. Après la première guerre israélo-arabe de 1948, déclenchée à la suite de la proclamation de l'État d'Israël, Ben Gourion élabore une « stratégie périphé-

---

1. Propos recueillis par l'auteur, mai 2006.

rique » pour briser l'encerclement des pays arabes. Elle vise à développer une étroite coopération avec des pays qui doivent répondre à trois critères : être de solides alliés des États-Unis, redouter une subversion communiste et enfin ne pas avoir de contentieux avec Israël. Trois pays sont identifiés, sélectionnés, et leurs dirigeants acceptent la proposition de Tel-Aviv. Il s'agit de la Turquie, héritière laïque de Kemal Atatürk, de l'Éthiopie, royaume chrétien entouré de territoires arabes africains, et enfin de l'Iran, dont le peuple et les dirigeants partagent la même défiance envers leurs voisins arabes.

Le 24 juillet 1958, David Ben Gourion fait parvenir une lettre au président Eisenhower pour évoquer les détails de son projet : « Notre but est de constituer un groupe de pays, pas nécessairement sous la forme d'une alliance officielle, capable de s'opposer fermement à une expansion soviétique qui s'opère, par procuration, à travers Nasser[1]. »

Le projet israélien est chaleureusement approuvé par le président américain et son ministre des Affaires étrangères John Foster Dulles, dont le frère, Allen Dulles, dirige la CIA. Pour les services secrets américains, c'est la garantie d'une implantation stable et durable dans des pays clés et d'une coopération étroite entre services.

« Mais enfin, comment avez-vous pu l'autoriser ? »

Dépourvus de naïveté, les dirigeants israéliens n'en portent pas moins sur l'Iran un regard particulier : ce pays est la terre de Cyrus le Grand qui a libéré les Juifs en captivité à Babylone. Mais, en 1950, l'émissaire israé-

---

1. Isser Harel, *Security and Democracy*, Edanim-Yediot Aharonot, Jérusalem, 1989.

lien qui approcha le Premier ministre de l'époque, Mohammed Saeed, pour lui demander si l'Iran accepterait de reconnaître officiellement l'État d'Israël, s'entendit lui répondre : « Oui, en échange de 400 000 dollars. » Le chef du gouvernement iranien avait la réputation d'être un homme particulièrement corrompu, et la somme réclamée était singulièrement élevée pour l'État hébreu. Le gouvernement israélien consacra plusieurs réunions à en débattre [1]. Il fut décidé de lier le versement à l'accord du Shah. Celui-ci ne voyait que des avantages à une telle collaboration. En échange du pétrole livré à Israël, à partir de 1954, celui-ci fournissait à Téhéran une aide précieuse en matière de renseignements, de défense et de sécurité intérieure. Le Shah croyait aussi, naïvement, que cette alliance lui apporterait le soutien des Juifs du monde entier. David Kimche, une des grandes figures du Mossad, se rappelle les propos indignés du Shah lorsqu'un journal américain ou européen publiait un article hostile à l'Iran : « "Mais enfin, comment avez-vous pu l'autoriser ?" Il lui était impossible d'admettre que nous ne contrôlions pas les médias ni les banques, comme tant de gens le pensent. » Selon Chaïm Herzog, chef du renseignement militaire avant de devenir président de l'État d'Israël : « Sa Majesté considérait chaque Israélien comme un lien direct avec Washington [2]. »

Au fil des ans, Israël devient un allié indispensable pour le Shah, mais aussi pour les États-Unis et leur politique suivie en Iran, y compris dans ses pires aspects. En 1957, la CIA supervise la création de la police secrète iranienne, la Savak. Cette organisation, qui va acquérir une sinistre réputation, est divisée en plusieurs directions.

---

1. Uri Bialer, *Middle East Journal*, 39, Spring 1985.
2. Andrew et Leslie Cockburn, *Dangerous Liaison, The Inside Story of the US-Israeli Covert Relationship*, Harper Perennial, 1992.

La troisième, chargée de la sécurité intérieure et de la répression contre les opposants, est encadrée par des « spécialistes » israéliens. Une coopération amorcée en 1957, à la suite d'une rencontre, à Rome, entre Isser Harel, le patron du Mossad, et le général Bakhtiar, premier responsable de la Savak.

Au milieu des années 1960, le Shah veut à tout prix affaiblir son voisin irakien. Pour Israël, le meilleur moyen de créer des problèmes au régime de Bagdad est de soutenir une rébellion des Kurdes irakiens. Des experts militaires israéliens sont envoyés dans les montagnes du Kurdistan pour organiser et entraîner ce soulèvement. Au terme d'une rencontre, en 1972, à Téhéran, entre le Shah et le président Nixon, il est décidé que la CIA prendra le relais. En trois ans, de 1972 à 1975, les rebelles kurdes reçoivent plus de 16 millions de dollars en financement et en matériel militaire. En mars 1975, ce soutien s'interrompt brusquement. Le Shah vient de signer un accord avec Saddam Hussein et ferme sa frontière aux Kurdes. L'abandon est total.

Le « projet Fleurs »

En 1979, l'occupation de l'ambassade des États-Unis pendant 444 jours – et la prise en otage de 52 diplomates – par des « étudiants » iraniens coûte sa réélection à Jimmy Carter. Elle permet aussi au pouvoir islamique, à peine installé, de mettre la main sur une mine de documents : l'un d'eux, daté de 1976, évoque le fonctionnement de l'organisation Trident, créée en 1958 pour coordonner les activités du Mossad, du TNSS (Service de sécurité national) turc et de la Savak. Ce rapport détaille le contenu des réunions semi-annuelles entre les différents chefs de section des trois services de renseignements. Il révèle également un aspect intéressant : l'irritation croissante manifestée par la CIA devant les réticences du Mossad à partager certaines de ses informations.

L'Iran constitue un relais essentiel pour Israël sur le plan politique mais aussi comme débouché pour ses ventes d'armes. Les sociétés d'armement israéliennes, Soltam, Israeli Aircraft Industries, Tadiran et Israel Military Industries, implantées en Iran depuis le milieu des années 1950, bénéficient de la progression vertigineuse du budget militaire iranien : 241 millions de dollars en 1964, 4 milliards de dollars en 1974, 10 milliards en 1977.

Le Shah semble avoir perdu pied avec la réalité, mais les dirigeants américains ont décidé qu'il fallait lui accorder « tout ce qu'il demanderait ». Dans tous les domaines. Une décision pleinement approuvée par Israël. Être le plus important acheteur d'armes au monde ne suffit plus au Shah. Il veut posséder rapidement un armement nucléaire.

Les États-Unis donnent leur feu vert et, au printemps 1977, le ministre israélien de la Défense, Shimon Peres, signe un accord confidentiel de coopération entre l'Iran et le programme de missiles balistiques nucléaires israélien. Le « projet Fleurs [1] », tel est son nom de code, prévoit la livraison de pétrole à Israël, à hauteur de un milliard de dollars, en échange de la construction d'une usine d'assemblage et d'un site pour les tests à longue portée. Israël s'engage également à faire bénéficier l'Iran des progrès acquis dans le nucléaire militaire. L'arrivée au pouvoir de Khomeiny, en 1979, et l'instauration de la République islamique auraient dû sonner le glas de cette coopération, mais les événements bouleversent souvent la logique.

---

1. Benjamin Beit Hallahmi, *The Israeli Connection*, New York, Pantheon Books, 1987.

Israël livre des armes aux mollahs

Le 22 septembre 1980, après avoir obtenu le soutien de la famille royale saoudienne, Saddam Hussein donne l'ordre à son armée d'attaquer l'Iran. Cette guerre va durer huit ans et faire plus de un million de morts. Elle permet à Israël, puis aux États-Unis, de poursuivre leurs ventes d'armes ; cette fois aux mollahs. En octobre 1980, un mois après le déclenchement du conflit, Jimmy Carter reçoit un rapport dont le contenu déclenche sa fureur. Alors qu'il a décrété un embargo sur les ventes d'armes pour faire pression sur Téhéran et l'obliger à libérer les diplomates pris en otage, il apprend qu'Israël vient de livrer des trains de pneus et autres fournitures destinées aux F-4 Phantom iraniens.

En mars 1982, selon des documents divulgués par le *New York Times*, les ventes d'armes israéliennes à l'Iran se montent à plus de 100 millions de dollars[1]. Selon des experts cités par l'hebdomadaire britannique *Observer*, le chiffre serait plus proche des 500 millions de dollars. Tous les spécialistes s'accordent sur un point : la moitié des armes achetées en deux ans par l'Iran, depuis le début de la guerre, sont d'origine israélienne.

Selon l'enquête d'Andrew et Leslie Cockburn, « l'assistance israélienne à l'effort de guerre iranien n'était pas nécessairement limitée aux armes de haute technologie et aux munitions. Les Iraniens envoyaient de jeunes recrues enthousiastes et faiblement armées, en véritables vagues humaines, à l'assaut pour nettoyer les champs de mines ennemis avec leurs pieds. Ces "martyrs" portaient des

---

1. « At Least 100 Millions Dollars a Year in Sales », *New York Times*, 8 mars 1982.

clés en plastique pour faciliter leur entrée au paradis. Ces clés étaient fabriquées dans des kibboutzim israéliens [1] ».

« Pour nous, l'ennemi était l'Irak »

J'ai longuement discuté avec Ariel Sharon de ce sujet extrêmement sensible et ambigu, à plusieurs reprises, dans sa ferme du Néguev. Quand je lui ai déclaré que selon mes informations, les administrations américaines, celle de Carter puis de Reagan, se montraient exaspérées par les ventes d'armes israéliennes à l'Iran, il m'a répondu : « Je peux vous dire que vos sources sont totalement erronées. Nous étions la main gauche des États-Unis, celle dont ils ne voulaient pas savoir ce qu'elle faisait. Mais nous leur soumettions tout : la nature du matériel, les quantités expédiées, qu'il s'agisse de pièces détachées pour hélicoptères et avions, d'obus ou de missiles antichars. J'étais ministre de la Défense et à ce titre, je crois, assez bien informé. »

Il était tard et je me souviens que son épouse avait préparé une énorme pizza, coupée en morceaux, qu'il dévorait avec une rapidité surprenante. « Pourquoi, lui ai-je demandé, ce soutien au régime des mollahs alors qu'Israël aurait dû souhaiter sa chute ? » Sa réponse se fit en deux temps mais resta gravée à jamais dans mon esprit : « Pour nous, l'ennemi c'était l'Irak et nous voulions sa défaite. Il n'y a aucune ambiguïté là-dessus. » Il s'était interrompu, calé dans son fauteuil, avant de poursuivre : « Et nous étions prêts à aller très loin pour soutenir Téhéran. » Je le fixais, stupéfait. Il était immobile, paisible, l'arête du nez agitée par un petit tressaillement, un tic fréquent chez lui. Il s'est extrait de son fauteuil et

---

1. Andrew et Leslie Cockburn, *op. cit.*

s'est dirigé vers la terrasse de la maison. « Le violoniste Isaac Stern séjournait chez moi durant la première guerre du Golfe, lorsque les Scud irakiens tombaient sur Tel-Aviv. Nous les observons d'ici. » Cette digression, formulée d'un ton anodin, constituait une fin de non-recevoir. Dans l'esprit de Sharon, le message transmis était clair : « Je n'évoquerai plus jamais ce sujet et d'ailleurs si vous voulez que nous restions en bons termes, évitez d'en parler. »

Les ventes d'armes à l'Iran obéissent à des objectifs stratégiques et, pour une large part, à des considérations commerciales. La chute du Shah a provoqué celle des carnets de commande de l'industrie militaire israélienne. Les usines tournent au ralenti, des emplois sont supprimés. Le déclenchement de la guerre entre Bagdad et Téhéran offre une superbe opportunité aux marchands d'armes : Israël souhaite vendre et l'Iran veut acheter. Les réseaux mis en place pour assurer le bon déroulement des transactions offrent une étrange mixité : les agents des services secrets coopèrent avec des intermédiaires douteux et des responsables de l'armement. En 1980, le Mossad et le service de renseignements militaire ont créé une structure conjointe pour coordonner les ventes à l'Iran. Installée à Chypre, elle négocie directement avec les Iraniens la fourniture de pièces d'artillerie, la livraison de missiles Hawks ou Tow, d'une redoutable précision.

6

Les hommes de l'ombre ont rarement le physique de l'emploi, mais celui de David Kimche égare tout interlocuteur non averti. Cet homme mince et élégant, à l'allure de diplomate britannique et à l'accent d'Oxford, a été surnommé « la centrale intellectuelle du Mossad ». Entré dans l'agence en 1950, il l'a quittée « officiellement » en 1981 pour devenir directeur général du ministère des Affaires étrangères.

Je l'ai rencontré, en 1982, au moment du déclenchement par Sharon de la guerre au Liban. À l'époque, des travaux d'aménagement étaient entrepris au ministère des Affaires étrangères et je me rappelle que le bureau de Kimche était installé dans un préfabriqué. Il recevait avec la même courtoisie évasive que si nous étions à Londres dans les locaux du Foreign Office. Je savais que Kimche était à cette époque le principal « officier de liaison » entre Israël et la Maison Blanche, occupée par Ronald Reagan. Cet homme brillant et manipulateur, doté d'une influence considérable, allait suggérer à l'entourage du président américain des choix lourds de conséquences et se retrouver au cœur de transactions clandestines avec l'Iran.

À l'époque, il élude mes questions avec habileté. Je suis en Israël pour couvrir l'invasion du Liban. J'attendais avec d'imposantes colonnes de chars Merkava, chargés sur des camions, de franchir la frontière libanaise à Metulla, avant de me retrouver peu après sur une des collines dominant Beyrouth avec des artilleurs israéliens en train de bombarder la capitale libanaise.

Saddam s'engage à reconnaître Israël

Au même moment, non loin de là, un autre front s'embrase. Au sud de l'Irak, l'armée de Saddam Hussein essuie des pertes considérables. Les troupes iraniennes sont désormais à trente kilomètres de la ville de Bassora. Les rapports qui parviennent au Mossad et à la CIA évoquent un possible effondrement du régime de Bagdad. La route de Bagdad paraît quasiment ouverte aux forces de Téhéran et les régimes arabes du Golfe supplient Washington de sauver le dictateur irakien.

Ce conflit est une véritable tragédie en termes de pertes humaines, mais tout le monde semble prêt à voler au secours de Saddam. « Nous avons décidé de le sauver », m'avait confié Robert Gates. La perspective de voir s'instaurer un État fondamentaliste chiite dans le sud de l'Irak hante les esprits des responsables américains. Ils sont au courant de la proposition étonnante que Saddam Hussein a fait transmettre, par un canal officieux, au gouvernement israélien : il s'engage à reconnaître officiellement l'État d'Israël si celui-ci interrompt ses livraisons massives d'armes à l'Iran[1].

Le sauvetage du soldat Saddam commence à la fin de février 1982, lorsqu'un jet privé en provenance de Paris et dépourvu de toute identification s'immobilise en fin de

---

1. Andrew et Leslie Cockburn, *op. cit.*

matinée sur l'aéroport d'Amman, à quelques centaines de mètres du terminal. Quatre limousines noires attendent au pied de l'appareil. L'un des voyageurs, âgé et massif, vêtu d'un pardessus bleu, tient un attaché-case à la main. William Casey, directeur de la CIA, a quitté Washington la veille en fin d'après-midi pour la capitale française, d'où il est reparti à l'aube. Il s'engouffre dans un des véhicules en compagnie du chef des services secrets jordaniens, services que la CIA se vante d'avoir créé et qu'elle continue de financer.

Le cortège gagne le palais royal où Casey est reçu pendant près d'une heure par le roi Hussein, avant qu'un troisième homme se joigne aux entretiens. Il s'agit du demi-frère de Saddam Hussein, Barzan al-Tikriti, responsable du renseignement irakien. Les Américains voient en ce personnage cruel et falot, au visage barré d'une large moustache, un candidat docile pour remplacer Saddam. Mais la première priorité des Américains en cette période agitée est de sauver le régime irakien.

Casey détaille à Barzan l'aide que Washington se propose de fournir : des photos provenant des satellites militaires permettront à Saddam de mieux cibler ses bombardements. Les clichés pris quotidiennement par les avions de surveillance Awacs vendus aux Saoudiens seront eux aussi transmis à Bagdad. Ils offrent de précieuses indications sur l'état des positions iraniennes. La CIA dépêchera une équipe auprès du dictateur irakien et une antenne de la CIA sera installée, dans le plus grand secret, à proximité du palais présidentiel. Deux responsables ont été chargés par Casey de coordonner ce programme clandestin et sont à ses côtés au cours de l'entretien. Il s'agit de Richard Kerr et de Robert Gates. L'objectif n'est pas seulement de sauver Saddam du désastre, mais de lui donner les moyens de reprendre l'avantage. « Saddam, me dira un ancien responsable de la CIA, ressemblait à un boxeur à terre, compté jusqu'à huit. Nous l'avons remis debout pour qu'il poursuive le combat, en visant un seul résultat : le match nul [1]. »

L'heure du Hezbollah, et de l'Iran, a sonné

L'offensive iranienne et l'invasion israélienne ne sont pas les seuls événements qui ponctuent cette année 1982. Il en est un autre, tout aussi important, mais qui passe d'abord inaperçu : la naissance au Liban du Hezbollah pro-iranien. Un événement dont je ne suis pas certain, encore aujourd'hui, qu'il était inéluctable.

Quelques mois après l'invasion israélienne, je parcours le Sud-Liban. Comme dans la plaine de la Bekaa, la population est en grande majorité chiite. Depuis le milieu des années 1960, cette communauté est devenue la plus importante du pays ; mais alors que le reste du Liban baigne dans une relative prospérité, ils demeurent des citoyens de seconde catégorie, négligés et méprisés par le gouvernement. Je quitte Tyr pour Jabal Amel, le berceau du chiisme libanais. Ici, les liens tissés avec l'Iran sont d'ordre religieux et familial. Tout est calme et je suis surpris des propos tenus par les habitants interrogés. Ils semblent favorablement disposés envers l'occupant israélien, pour une simple raison : Tsahal les a libérés du joug de l'OLP.

Pendant des années, les Palestiniens ont défié ouvertement le pouvoir libanais et transformé le sud du pays en une véritable enclave mise en coupe réglée. La population était terrorisée et rackettée, les femmes fréquemment violées. Les affrontements armés entre la milice Amal, créée par le leader chiite Nabi Berri, et l'OLP devenaient

---

1. Propos recueillis par l'auteur, mars 2007.

de plus en plus fréquents. Le départ des combattants palestiniens semble avoir restauré la confiance. Des réfugiés regagnent leurs habitations et dans tous les villages que je traverse, je vois des chantiers, des immeubles et des maisons en construction.

Une euphorie qui repose sur un malentendu. Chiites et Israéliens souhaitaient le départ des Palestiniens, mais les habitants de la région sont convaincus qu'une fois ce nettoyage opéré, les Israéliens ne tarderont pas à se replier derrière leur frontière.

Au sein de l'état-major israélien, quelques voix isolées formulent une idée qui, si elle avait été acceptée, aurait peut-être modifié le cours des événements : faire des chiites les alliés d'Israël et se reposer sur eux pour verrouiller la frontière. L'option est immédiatement écartée et Israël choisit le pire scénario : continuer à occuper le sud du pays en s'appuyant, pour assurer l'ordre et la sécurité, sur des unités de supplétifs regroupés au sein de l'« armée du Liban-Sud ».

En mai 1983, je séjourne de nouveau dans la région. L'ambiance a radicalement changé. Israël est devenu l'ennemi absolu et on évoque avec mépris les « collaborateurs » de l'armée du Liban-Sud qui arrêtent les suspects détenus à la prison Ansar.

Les propos sont aussi empreints de paranoïa : l'eau du fleuve Litani, qui coule à proximité, serait le véritable objectif des Israéliens après l'annexion de la Cisjordanie et du plateau du Golan.

Jusqu'en octobre 1983, les opérations de guérilla et les bombes placées au passage des patrouilles israéliennes ne sont pas le fait d'une organisation coordonnée. Le tournant se situe le 16 octobre 1983 à Nabatiyeh. Ce jour-là, plus de 50 000 chiites sont rassemblés dans cette ville pour l'Achoura, la fête la plus sacrée du chiisme qui commémore la mort de l'imam Hussein, survenue à Kerbala, en Irak, 1 300 ans plus tôt. Un convoi israélien force le passage à travers la foule indignée, des soldats encerclés commencent à tirer : deux chiites sont tués et quinze autres blessés.

Le chef du plus haut conseil chiite promulgue immédiatement de Beyrouth une *fatwa* appelant à la « résistance civile ». L'escalade est engagée. L'armée israélienne isole le sud du reste du Liban et je découvre les portraits de Khomeiny accrochés dans de nombreuses localités. L'heure du Hezbollah, et de l'Iran, a sonné et les 1 500 gardiens de la Révolution envoyés par Téhéran en 1982 dans la plaine de la Bekaa constituent une force d'encadrement efficace.

La libération des otages passe par Téhéran

Mars 2007, l'accès au Parlement libanais est interdit et il faut franchir de nombreux barrages militaires et remonter des rues désertes pour parvenir jusqu'au bâtiment qui abrite les députés du Hezbollah. Le docteur Haj Hassan, un des fondateurs du mouvement, occupe un minuscule bureau qu'il partage avec un secrétaire corpulent qui parle d'une voix bruyante au téléphone. Alors que la crise politique paralyse le pays, il sourit à ma question sur les liens existant entre le Hezbollah et l'Iran : « Et alors, répond-il dans un français parfait, en suivant votre raisonnement, tous les autres partis politiques au Liban sont également des partis de l'étranger qui reçoivent des financements des États-Unis, d'Israël ou de l'Arabie Saoudite. » Au terme de notre entretien, je lui demande quel bilan il dresse, au bout de vingt-cinq ans, de l'existence de son mouvement. La réponse fuse : « Nous sommes devenus incontournables... pour tout le monde. »

Quelques heures plus tard, dans la montagne du Chouf, je rencontre le leader druze Walid Joumblatt, retranché dans son nid d'aigle sévèrement gardé. Son vaste bureau abrite une collection de médailles, une Harley Davidson miniature et des M16 et des kalachnikovs posés contre le mur. Il paraît plus désabusé que jamais. « La situation est potentiellement bien pire que pendant la guerre civile, car cette fois nous ignorons tout de la psychologie et de la culture de nos ennemis [1] [le Hezbollah]. »

Le 23 octobre 1983, une semaine après l'affrontement survenu avec les Israéliens à Nabatiyeh, le Hezbollah va pour la première fois marquer durablement les esprits. Ce jour-là, un camion-suicide bourré d'explosifs souffle le camp des marines installés à l'aéroport de Beyrouth, tuant 241 soldats. Un autre véhicule explose le même jour, faisant 60 morts à l'entrée du Drakkar, l'immeuble abritant le contingent français. Victor Ostrovsky, un ancien agent du Mossad dont le gouvernement israélien a cherché à faire interdire les mémoires, a déclaré que le bureau du Mossad à Beyrouth avait eu vent des préparatifs de l'attentat contre les troupes américaines, mais décidé de ne pas divulguer l'information parce que, selon les mots d'Ostrovsky, l'attitude générale envers les Américains était : « Ils cherchent à fourrer leur nez dans les affaires du Liban, qu'ils en paient le prix [2]. »

Le prix payé par les États-Unis ne cesse de s'alourdir. En 1983, une voiture piégée détruit l'ambassade américaine à Beyrouth, tuant deux des principaux responsables de la CIA : Robert Ames, l'officier chargé du Moyen-Orient, et Kenneth Haas, le numéro deux de l'antenne de Beyrouth. En février 1984, le Hezbollah se lance

---

1. Propos recueillis par l'auteur, mars 2007.
2. Victor Ostrovsky et Claire Hoy, *By Way of Deception*, Saint Martin Press, 1990.

dans des prises d'otage visant des officiels américains. Un diplomate est enlevé quelques semaines avant le retrait définitif des troupes américaines du Liban. Un mois plus tard, Washington, stupéfait, apprend que le chef d'antenne de la CIA vient à son tour d'être kidnappé. William Buckley, vétéran du Viêtnam et ancien des Forces spéciales, a été choisi pour ce poste délicat directement par William Casey, le directeur de l'agence. Il est évidemment dépositaire de tous les secrets sur les opérations clandestines menées par la CIA au Liban et dans la région.

Casey confie naïvement que Buckley est suffisamment endurci pour ne pas parler sous la torture, il met cependant tout en œuvre pour le faire libérer. Au fil des mois, le silence persistant des ravisseurs douche son optimisme, mais un événement survenu en juin 1985 impressionne les dirigeants américains. Un commando chiite détourne un avion de la TWA et ordonne aux pilotes de se poser sur l'aéroport de Beyrouth. L'Iran intervient auprès du Hezbollah pour faire libérer les passagers. Pour la Maison Blanche et le directeur de la CIA, cette démarche est une révélation : la libération des Américains enlevés doit passer par une négociation avec Téhéran.

Aider en Iran les modérés qui n'existent pas

Le retrait des troupes américaines du pays a suscité une véritable euphorie parmi les jeunes combattants chiites. Ils sont déterminés, triomphants, méprisants envers l'Occident, et je revois leur slogan peint sur les façades, dans la banlieue chiite de Beyrouth : *No East, No West, Islam is the Best* (« Ni Est, ni Ouest, l'Islam est le meilleur »).

Officiellement, toute vente d'armes américaines à l'Iran est interdite depuis l'embargo décrété par Jimmy Carter.

En 1983, l'administration Reagan a même renforcé ces dispositions en lançant l'opération Staunch, destinée à faire pression sur un certain nombre de pays alliés pour qu'ils cessent leurs exportations militaires vers l'Iran. La Corée du Sud, l'Inde, l'Espagne, le Portugal et l'Argentine ont obtempéré. Washington par contre n'est pas intervenu auprès d'Israël qui continue d'armer Téhéran.

En juillet 1985, David Kimche se rend à Washington pour une visite de travail. Son interlocuteur régulier à la Maison Blanche est Robert Macfarlane, le chef du Conseil national de sécurité. Le mauvais choix pour ce poste clé. « Bob » Macfarlane, tout comme son adjoint le colonel Oliver North, est à la fois un ancien militaire et un esprit religieux. « Ils ressemblaient, se souvient un témoin, à deux membres d'un commando de marines égarés sur un campus d'université. Ils pensaient et agissaient avec un manichéisme stupéfiant. Mais c'était l'époque. » En effet, l'hôte de la Maison Blanche, Ronald Reagan, qualifie l'Union soviétique d'« empire du mal », d'« ennemi absolu ».

En cette fin d'après-midi de juillet 1985, Macfarlane écoute attentivement les propos de Kimche. L'homme mince à la mèche rebelle et aux costumes taillés sur mesure, diplômé d'Oxford avec la mention très bien, considéré par le chef du Mossad qui l'a recruté, Meir Amit, comme une « des figures clés » du renseignement israélien, témoigne encore une fois de sa grande force de conviction... ou plutôt de manipulation. J'ai pu constater, en l'écoutant, qu'il sait « rendre plausible contre toute évidence ». En privé, il aime manier le paradoxe cynique. Il confie à Andrew et Leslie Cockburn, reprenant la formule du leader chrétien libanais, Pierre Gemayel : « Les États-Unis sont une colonie d'Israël [1]. »

---

1. Andrew et Leslie Cockburn, *op. cit.*

Il décrit à Macfarlane l'évolution inquiétante de l'Iran, marquée par un retour en force de l'influence soviétique auprès de certaines factions au pouvoir. Son analyse souligne également l'ampleur des affrontements entre les tenants d'une ligne modérée et les conservateurs. La conclusion formulée par Kimche est claire : pour les États-Unis et Israël, l'Iran demeure un pays clé et il faut absolument aider les modérés à prendre le pouvoir.

C'est exactement le genre de propos que Macfarlane souhaite entendre, même s'ils n'ont aucun fondement : au sein de la République islamique, les modérés n'existent pas et l'influence de Moscou sur Téhéran demeure quasi nulle ; surtout depuis que la CIA a transmis aux mollahs, en gage de bonne volonté, la liste des cadres du parti communiste Toudeh qui ont été arrêtés et exécutés. Une information que Macfarlane visiblement ignore.

Le responsable américain évoque avec Kimche le cas des otages américains détenus au Liban qui préoccupe beaucoup la Maison Blanche, et notamment celui de Buckley, le chef d'antenne de la CIA, dont Macfarlane espère toujours obtenir le retour. Un optimisme qui révèle, là encore, une lacune béante : Buckley est mort depuis déjà plusieurs mois après avoir été longuement interrogé, puis torturé, par des responsables du Hezbollah et des gardiens de la Révolution iraniens.

J'ai pu visiter le lieu où il avait été détenu ; une maison banale en pierre blanche d'un étage, située à Qaaqaiyet près de Jibsheet, au Sud-Liban. Un faux mur construit dans le garage dissimulait plusieurs cellules minuscules, creusées à même le sol, privées de lumière et de fenêtres. Sa capture – à l'époque l'administration américaine l'ignorait – avait été planifiée directement par les responsables iraniens eux-mêmes avec l'aide de leurs alliés libanais.

« *Alors, donnez-leur des armes* »

Au terme de l'entretien, David Kimche, avec sa virtuo-sité coutumière, a totalement piégé son interlocuteur. Subtilement, il suggère que l'envoi d'armes pourrait faci-liter la libération des otages. Il souligne que Téhéran est désireux d'obtenir des missiles antichars Tow, un article que visiblement les Israéliens n'ont pas en magasin.

Devant la Commission d'enquête du Sénat chargée de faire la lumière sur le scandale de l'Irangate, Macfarlane confirma cette conversation : « M. Kimche a formulé une proposition spéciale selon laquelle une centaine de missiles Tow livrés à l'Iran permettrait d'établir notre bonne foi et déboucherait sur la libération de tous les otages [1]. »

Un mois après cette première discussion, en août 1985, Kimche et Macfarlane se retrouvent de nouveau à la Mai-son Blanche et le conseiller présidentiel lui rapporte la teneur de l'entretien qu'il a eu avec le président Reagan :

— Monsieur le Président, de quoi les Iraniens ont-ils besoin par-dessus tout ?

— À vous de me le dire, Bob.

— D'armes pour affronter l'Irak.

— Alors, donnez-leur des armes. Et, en échange, qu'ils nous rendent nos otages [2].

---

1. « Tower Commission's Report of the President's », *Special Review Board*, Washington, Government Printing Office, 1987.
2. Gordon Thomas, *Gideon's Spies*, 1999 ; traduction française : *Les Ombres du Mossad*, Presses de la Cité, 1999.

« *Le seul moment où il n'a pas menti, c'est sur son nom* »

Ce feu vert va conduire à une opération, montée du côté américain avec un mélange incroyable de naïveté et d'amateurisme. Kimche propose, pour préserver l'anonymat des États-Unis, que les armes américaines soient livrées directement par Israël. Une compagnie irlandaise, Guinness Peat, assure les transports entre Tel-Aviv et Téhéran. Une précaution nécessaire mais bien insuffisante. Les Iraniens vont avoir accès, avec les missiles Tow ou Hawks, à une technologie militaire sophistiquée, et ils comptent bien bénéficier de livraisons importantes et régulières en utilisant, au besoin, les deux moyens de pression dont ils disposent : chantage aux otages et menaces de révélation du double jeu américain, ce qui risque de mécontenter fortement les pays arabes sunnites, alliés de Washington, hostiles à l'Iran.

À Washington, Robert Macfarlane, son adjoint le colonel Oliver North, et William Casey, le directeur de la CIA, veulent que l'opération soit entourée du secret le plus absolu. À l'intérieur de la CIA, seuls quelques responsables, soigneusement sélectionnés par Casey, en sont informés, comme Dewey Claridge, en charge des opérations clandestines en Europe.

Cependant, Casey et Macfarlane commettent une énorme imprudence en décidant la création d'un consortium, qui servira de société écran. La gestion de cette structure, où ni Israël ni les États-Unis n'apparaissent, est confiée à un des intermédiaires les plus controversés du monde des affaires : le milliardaire saoudien Adnan Khashoggi, associé pour l'opération à un de ses amis, le marchand d'armes iranien Manucher Ghorbanifar. Cet ancien vendeur de tapis, installé en France depuis 1979,

« possède, selon le jugement d'un responsable de la CIA, un double talent : celui de conteur et celui de manipulateur. Il prétend avoir des contacts au plus haut niveau à Téhéran avec les éléments modérés prêts à l'ouverture en direction des États-Unis. C'est un fabricant de rumeurs, intéressé uniquement par l'argent qu'il peut soutirer et dont la seule source d'information est la lecture attentive des journaux iraniens[1] ».

En janvier 1986, la CIA soumet Ghorbanifar au test du détecteur de mensonge et, selon un des enquêteurs, « le seul moment, au cours du test, où Ghorbanifar n'a pas menti, c'est sur son nom[2] ». Lors de sa première rencontre avec Casey et le colonel Oliver North, il suggère de soutirer 10 millions de dollars au colonel Kadhafi, le prix d'un contrat que le dirigeant libyen a lancé sur la tête d'un opposant réfugié à Londres. Ghorbanifar propose que la CIA simule un assassinat, organise de fausses funérailles, récupère la récompense de 10 millions de dollars et la partage avec lui. Cet homme, qualifié d'« arnaqueur » (*con man*)[3] par un des adjoints de Casey, dépourvu de toute fiabilité, se retrouve pourtant au cœur de l'opération la plus secrète et, politiquement, la plus douteuse jamais imaginée par l'entourage immédiat d'un président américain.

---

1. Propos recueillis par l'auteur, juin 2006.
2. *Report of the Congressional Committee Investigation. The Iran-Contra affair*, Appendix B, volume 3, pp. 572-573.
3. *Ibid.*, Appendix B, volume 12.

7

La première livraison d'armes eut lieu le 30 août 1985. Le vol en provenance de Tel-Aviv fait escale à Lisbonne avant de redécoller pour Téhéran. Le montage élaboré par Khashoggi et Ghorbanifar prévoit que le consortium qu'ils viennent de créer indemnisera les États-Unis au cas où l'Iran violerait ses engagements. Une formulation suffisamment floue pour ne pas inquiéter les deux hommes. Ceux-ci prélèvent 10 % sur la vente des armes, achetées avec des fonds fournis par les États-Unis. Les Américains, et particulièrement Oliver North, souhaitent utiliser les profits réalisés pour financer, clandestinement toujours, les rebelles Contras qui luttent au Nicaragua contre le régime sandiniste soutenu par Moscou et Cuba.

Toutes ces opérations se déroulent dans la plus parfaite illégalité et Casey a menti à ses collaborateurs, mis dans la confidence, en leur affirmant que le « Président a donné son accord ». En réalité, le directeur de la CIA vit dans une totale schizophrénie. Alors même qu'il planifie ces ventes d'armes, il renforce la collaboration militaire avec Bagdad. À la fin de l'année 1985, la CIA installe un système de communication électronique extrêmement sophistiqué, échappant aux interceptions. Il relie directement Washington à Bagdad et fournit à Saddam Hussein tous les renseignements souhaitables sur les positions iraniennes à bombarder.

Pour Khashoggi et Ghorbanifar, « pendant la guerre, les affaires continuent... » de manière florissante. Ils vendent 10 000 dollars pièce des missiles antichars Tow qu'ils achètent 3 500 dollars. Exaspérés par ces surfacturations, les Iraniens refusent de payer une livraison. Khashoggi menace alors Casey de divulguer tous les détails de l'opération s'il n'est pas indemnisé. Il gagne pourtant sur tous les tableaux. Les Israéliens chargent les armes à bord des appareils à destination de Téhéran mais l'intermédiaire saoudien réclame aux Iraniens, pour chaque cargaison, des « droits de manutention », transférés sur des comptes suisses.

« *Une entreprise criminelle* »

L'établissement choisi pour l'ensemble des transactions est la BCCI, la Banque de crédit et de commerce international. La CIA, les ayatollahs iraniens, Khashoggi et Ghorbanifar y ont leurs habitudes. Or, selon les propres mots du procureur de New York Robert M. Morgenthau, lors du jugement prononcé le 29 juillet 1992 à 11 h 13, la BCCI était « une entreprise criminelle[1] ».

Un propos loin d'être exagéré. L'établissement avait été créé en 1972 par un Pakistanais, Agha Hasan Abedi, qui se plaisait à évoquer la « mission morale » de sa banque. Ce personnage flamboyant prétendait, avec un cynisme couronné, vouloir en faire le premier établissement dont l'activité serait consacrée à aider les pays et les populations du monde en développement. Il agit absolument à l'opposé, spoliant ses petits clients, aidant les dictateurs à piller leurs pays, abritant l'argent des trafi-

---

1. Peter Truell, Larry Gurwin, *False Profits*, Houghton Mifflin, 1992.

quants de drogue et des chefs terroristes. L'Arabie Saoudite et la CIA avaient porté la BCCI sur les fonts baptismaux, l'aidant à se développer jusqu'à devenir un empire implanté dans 73 pays et contrôlant plus de 30 milliards de dollars de dépôts. Elle opérait également comme une gigantesque multinationale de la corruption qui, dans de nombreux pays, achetait des personnalités influentes.

Abou Nidal, escorté par les services secrets, vérifie ses comptes

La liquidation de la banque, en décembre 1991, révèle le vol de 9,5 milliards de dollars. En 1992, j'enquête à Londres sur cette organisation criminelle, en tentant de comprendre comment elle a pu opérer si longtemps dans la plus totale impunité. Je déjeune avec un ami, financier à la City. « Un des responsables de la BCCI à Londres, me dit-il, a fait des révélations étonnantes aux enquêteurs. Je ne sais pas d'ailleurs si elles figureront dans le rapport final. Mais vous devriez essayer de le rencontrer. »

Deux jours plus tard, au bar du Claridge, j'écoute le récit hallucinant de cet homme à l'allure soignée qui m'explique que chaque mois, dans ses bureaux de Sloane Street, il recevait la visite du chef terroriste Abou Nidal, dont la tête était officiellement mise à prix par toutes les polices du monde. Il arrivait en voiture avec chauffeur, escorté par un véhicule transportant des agents du MI5, le contre-espionnage britannique, chargés de sa protection. Il passait une heure environ à examiner l'état de ses comptes, et à vérifier les versements effectués par des gouvernements, surtout arabes, envers lesquels il pratiquait le chantage et l'extorsion de fonds, les menaçant d'actes terroristes s'ils ne payaient pas.

À deux reprises, Abou Nidal demandera au banquier

de l'accompagner dans les grands magasins, pour y faire des emplettes. Une fois, alors qu'il quittait la banque, le moteur de sa voiture cale. Un des agents du MI5 s'approche courtoisement et propose au terroriste de le raccompagner dans leur véhicule pour qu'il ne manque pas son avion.

Il coordonne les livraisons depuis sa cellule

Tous les protagonistes de l'Irangate entretiennent des liens étroits et anciens avec la BCCI. Lorsque l'administration Reagan décide de contrer l'occupation soviétique en Afghanistan en armant et finançant les moudjahidin, la BCCI se révèle un relais naturel : il s'agit d'une banque pakistanaise, proche du pouvoir, et les tout-puissants services secrets du pays, l'ISI, jouent un rôle clé dans l'aide aux combattants afghans. Les Saoudiens financent la résistance et le prince Turki al-Faisal, chef des services secrets et membre de la famille royale, est un actionnaire de l'établissement. Plus de un milliard de dollars en cash sont déposés sur vingt-trois comptes, uniquement pour financer la guérilla.

Casey comprend rapidement tout le parti que la CIA peut tirer d'un tel réseau, solidement implanté dans 53 pays en développement. La BCCI est un relais parfait pour des opérations clandestines aussi diverses que le financement de ventes d'armes, comme avec l'Iran, le blanchiment d'argent, la corruption ou la déstabilisation d'un régime, ou encore pour acquérir des renseignements précieux sur des dirigeants, leurs familles et leurs maîtresses si ceux-ci possèdent des comptes dans cet établissement.

La banque aide également le régime des mollahs depuis la chute du Shah, tout en ayant comme actionnaire son fils et héritier, le prince Mahmood Reza Pahlavi. Un traitement de faveur dû en partie au fait que l'entourage d'Abedi, le fondateur, se compose de chiites. La BCCI prend la place désormais laissée vacante par les grands établissements bancaires occidentaux qui se détournent de Téhéran. Elle falsifie les documents et les lettres de crédits pour contourner les embargos, maquille les achats d'armes effectués par l'Iran.

Khashoggi et Ghorbanifar utilisent cette banque avec un manque total de discrétion. Khashoggi demande un premier prêt de 5 millions de dollars au responsable de la BCCI à Monaco pour, selon ses propres mots, « fournir des armes à l'Iran, des armes américaines transitant par Israël et vendues à l'Iran ». Comme on lui fait remarquer que ce type de transaction exige une discrétion absolue, l'intermédiaire saoudien rétorque : « Je travaille avec des amis aux États-Unis, en Israël et en Iran. Et certains de ces amis sont au gouvernement dans ces pays [1]. » Ses propos imprudents éventent en quelques mois le secret qui devait entourer l'opération et le monde restreint des marchands d'armes s'invite à la table du festin. L'un d'eux, Durrani, coordonne même les livraisons depuis sa cellule de la prison fédérale de Bridgeport, dans le Connecticut, où il est détenu. Il utilise les lignes de crédit mises à sa disposition par l'agence de la BCCI à Los Angeles pour financer des envois de missiles Hawks à Téhéran.

---

1. « Tower Commission Report », *Times Books and Bantam Books*, New York, 1987.
Congressional Iran, Contra Committee, 8 juin 1987.
BCCI Affair : A report to the Senate Committee on Foreign Relations from Senator John Kerry, 30 septembre 1992.

« *Des mains peu fréquentables* »

L'affaire attise trop de convoitises et devient peu à peu incontrôlable. David Kimche, qui l'a conçue, décide prudemment de se retirer, en déclarant : « Ce consortium a fini par concentrer trop de pouvoirs entre les mauvaises mains[1]. »

Les intermédiaires pullulent, les révélations filtrent, de plus en plus précises, provoquant l'inquiétude de Macfarlane et de Casey qui s'engagent dans une véritable fuite en avant. Au lieu d'interrompre toute l'opération, ils décident de la doubler en confiant à la CIA le soin d'acheminer directement en Iran d'autres cargaisons d'équipements militaires. Cette décision découle également d'un constat : les armes transitent par Israël et les responsables du Mossad qui supervisent les chargements ont tendance à remplacer les missiles Tow et Hawks dernier cri, commandés par Téhéran, par des modèles plus anciens et de qualité inférieure.

La décision prise par Casey a quelque chose de proprement surréaliste. La CIA se charge du transport, à travers les compagnies aériennes qu'elle utilise fréquemment, mais les responsables de l'agence de renseignements ignorent tout des rotations opérées. Casey s'appuie sur une équipe réduite et tient la CIA totalement à l'écart.

Les appareils d'International Air Tours, immatriculés au Nigeria, d'Aero Systems et d'Arrow Air, basés à Singapour, ou encore de Santa Lucia Airways, domiciliés dans l'île des Caraïbes du même nom, se posent chargés d'armes sur les aéroports iraniens. Leurs équipages, composés d'anciens de la CIA ou de l'armée de l'air, ont reçu une double consigne : ne rien divulguer, à l'extérieur mais aussi au sein de la CIA qui les emploie.

---

1. Gordon Thomas, *op. cit.*

Casey a tout prévu, sauf l'impensable : le FBI, rival détesté, découvre l'affaire à la fin de l'année 1985. Bien que chargé de la sécurité intérieure, le FBI possède ce qui manque le plus à la CIA : un agent iranien qui évolue dans les cercles proches du pouvoir. Il s'agit d'un ancien étudiant aux États-Unis qui a gravi les échelons dans le puissant corps des gardiens de la Révolution. Il fait parvenir un rapport qui remonte jusqu'à William Webster, le directeur du Bureau fédéral d'investigation. L'homme qui succédera à Casey, à la tête de la CIA, est un ancien juge du Missouri, chrétien fervent et « amoureux de la loi ».

Une bible et un gâteau

Le rapport révèle que l'« étudiant » accompagnait une délégation de hauts responsables gouvernementaux lors d'une tournée d'inspection des installations militaires et qu'ils s'étaient arrêtés à Tabriz, dans le nord du pays, non loin de la frontière soviétique. L'espion du FBI avait vu, sur la base aérienne, des militaires décharger des caisses d'un avion américain, dépourvu d'immatriculation. Elles étaient ouvertes au fur et à mesure et contenaient des armes sophistiquées, notamment des missiles équipés de systèmes de guidage à infrarouge.

Webster ne croit pas à la véracité du rapport. Son culte du « respect de la loi » l'empêche d'imaginer l'impensable : l'Iran est considéré comme un État terroriste et de telles livraisons violeraient ouvertement les fondements de la politique américaine. Il charge un de ses adjoints de vérifier l'information auprès de la CIA, où le responsable des opérations spéciales répond, catégorique et stupéfait, qu'aucune opération n'est en cours et que l'agence n'a pas connaissance de livraisons d'armes à l'Iran[1]. En

---

1. Mark Perry, *The Last Days of the CIA*, William Morrow, New York, 1997.

fait, sa réponse masque mal son désarroi et le rapport de la « taupe » du FBI se répand à travers les différents services « avec la même vitesse, selon un témoin, qu'une marée de grande amplitude ».

Quelques mois plus tard, Casey doit reconnaître – l'agence se sent trahie, flouée – que la CIA a collaboré avec Oliver North et Macfarlane pour la vente d'armes en échange de la libération des otages. Le dernier avion transportant un chargement clandestin se posera à Téhéran en octobre 1986.

L'affaire devient un scandale national. Macfarlane, limogé, confie : « J'ai le sentiment d'avoir déçu mon pays », et le 15 décembre 1986, après avoir été interrogé par une commission d'enquête, William Casey est victime d'une attaque cérébrale qui l'emporte cinq mois plus tard.

L'opération est un véritable désastre financier, politique et humain, car plusieurs otages restent toujours détenus au Liban. Le colonel Oliver North, ancien marine au Viêtnam, adjoint de Macfarlane et cheville ouvrière de toute l'affaire, décidera même de se rendre en personne à Téhéran pour tenter de négocier directement la libération des otages. Il décolle le 26 mars 1986 de l'aéroport de Tel-Aviv à bord d'un appareil israélien, réimmatriculé pour l'occasion, qui transporte dans ses soutes 115 missiles Tow, trois palettes de missiles Hawks et des pièces de rechange. North souhaite rencontrer l'ayatollah Rafsandjani, le futur président, qu'il considère comme un modéré. Il voyage avec deux cadeaux destinés au dirigeant iranien : un énorme gâteau au chocolat acheté dans une pâtisserie de Tel-Aviv et une bible que Ronald Reagan a accepté de dédicacer. Le voyage s'achève de façon piteuse. North n'est pas autorisé à quitter l'aéroport et l'ayatollah Rafsandjani refuse de le recevoir. Les gar-

diens de la Révolution qui surveillent North confisquent
la bible et mangent le gâteau.

Accélérer le programme nucléaire

Israël et l'Iran sont au contraire les grands gagnants.
Tout au long du scandale qui se déchaîne à Washington,
le rôle d'Israël sera escamoté. Le principal rapport publié
par le Congrès sur l'affaire « Iran Contra » contient
423 paragraphes. Cinq seulement sont consacrés à l'État
hébreu [1].

La guerre Iran-Irak s'achève, elle, le 8 avril 1988. On
considère l'Irak comme le vainqueur d'un conflit qui, en
huit ans, avait fait près de un million de morts tout simplement parce que Téhéran proposa le premier un cessez-
le-feu. L'Iran, saigné, prend toute la mesure de sa vul-
nérabilité. Les livraisons d'armes américaines lui ont
permis de « garder la tête hors de l'eau », mais les
dirigeants savent que Saddam, dopé par l'aide massive
des États-Unis, demeure un ennemi mortel.

Rafsandjani accède à la présidence de la République en
1989, après la mort de Khomeiny, et décide rapidement
d'accélérer le programme nucléaire. Une mesure approuvée par tous les dirigeants. Khomeiny l'avait officiellement interrompu à son arrivée au pouvoir, estimant que
les armes de destruction massive étaient immorales et
contrevenaient aux principes de l'islam, mais en réalité il
s'était poursuivi dans le plus grand secret.

---

1. *Taking the Stand*, « North's Testimony to the Iran-Contra
Committees », 10 juillet 1987. Pocket Books, 1987.

8

Le XXIe siècle risque fort d'être celui de la prolifération nucléaire, une ère dans laquelle nous sommes entrés sans même nous en apercevoir.

Pendant la guerre froide, les deux camps possédaient des milliers d'armes nucléaires pointées vers des pays adverses. Mais la menace atomique relevait avant tout de la dissuasion et de la psychologie. Les experts de l'OTAN et du pacte de Varsovie travaillaient sur des scénarios de crise envisageant, comme ultime recours, l'emploi de l'arme atomique. Ils ne pouvaient cependant se résoudre à « penser l'impensable » et finissaient par écarter cette option, estimant qu'il existait une trop grande disproportion entre l'objectif poursuivi et les moyens utilisés.

« Et dire que c'est peut-être la dernière »

Je me rappelle une longue discussion avec Robert McNamara. L'ancien président de la Banque mondiale évoquait la crise de Cuba en 1962, époque où il était ministre de la Défense de John Kennedy. Les Soviétiques avaient installé dans l'île des missiles à tête nucléaire pointés sur les États-Unis et le monde semblait au bord du gouffre.

McNamara, visage chaussé de fines lunettes cerclées, les cheveux plaqués en arrière, me raconte : « Après avoir passé la nuit dans la *Situation Room* [la salle de commandement située dans les sous-sols de la Maison Blanche], je suis sorti pour marcher. Le jour venait de se lever et j'ai songé : quelle belle journée, et dire qu'il s'agit peut-être de la dernière[1]. » Cette crise constitue en tout cas le seul et ultime dérapage nucléaire entre Washington et Moscou. Les arsenaux sont régis par des règles strictes, relayées par une technologie sophistiquée, destinées à éviter tout tir hâtif. La disparition de l'URSS, en 1991, va balayer ces dispositions et cette prudence, et exacerber les antagonismes.

L'Inde avait procédé à un test nucléaire en 1974 mais maintenu ensuite son programme en veilleuse. Elle le réactive dès le début des années 1990 en constatant que le rival chinois s'affirme comme une puissance nucléaire. Pékin va même jusqu'à fournir au Pakistan, ennemi juré de l'Inde, une aide pour le développement de son propre programme atomique.

Quelques années plus tard, le missile pakistanais Ghanri, capable de frapper une cible distante de 1 200 kilomètres, se révèle une copie du missile nord-coréen Nodong. Les informations obtenues par les services secrets indiens et américains indiquent que les Pakistanais ont fourni aux Nord-Coréens, en échange du missile, des renseignements sur la production et les procédures de tests d'armes nucléaires.

La mondialisation en cours rend les frontières plus perméables, les contrôles moins rigoureux, et désormais la technologie nucléaire devient aisément accessible. Pour financer leur programme, les Nord-Coréens exportent du

---

1. Propos recueillis par l'auteur, avril 2004.

matériel militaire. « La demande, selon les mots d'un expert, crée le marché. »

« L'arme atomique confère un statut de puissance »

Je pense que l'âge du nucléaire se divise en deux périodes. La première débute avec Hiroshima, se poursuit durant toute la guerre froide et se prolonge au-delà de la chute du mur de Berlin et de l'Union soviétique, pour s'achever en 1998. Un événement majeur survient cette année-là et marque un tournant. Le parti nationaliste hindou, qui vient d'arriver au pouvoir à New Delhi, procède à cinq explosions nucléaires dans le désert du Rajasthan. Deux semaines plus tard, le Pakistan réplique avec des tests similaires. La décision du gouvernement indien flatte la fierté nationale, provoque l'inquiétude de la Chine et exacerbe le nationalisme pakistanais. La bombe hindoue et la bombe musulmane se défient.

Je songe aux propos tenus par l'ancien Premier ministre indien Indira Gandhi. Je l'interrogeais en 1983 dans les jardins de sa résidence de Wellington Crescent, à New Delhi, sur l'intérêt pour l'Inde de posséder l'arme nucléaire. Elle me regarde, surprise par ma question : « Elle servirait d'abord à nous protéger contre le Pakistan, mais je considère également que l'arme atomique confère un statut de puissance au pays qui la détient. Regardez les cinq membres permanents du Conseil de sécurité de l'ONU : tous sont des puissances nucléaires. »

Le propos, toujours d'actualité, mérite d'être quelque peu nuancé : l'arme nucléaire confère désormais aux nouveaux pays qui viennent de s'en doter, ou qui sont sur le point de l'acquérir, un statut de puissance... régionale. Cette dimension les rend dangereux et imprévisibles. Ils ne raisonnent plus, comme au temps de la guerre froide, en termes de sécurité globale. Leurs enjeux et leurs ennemis sont proches, ce qui exacerbe la paranoïa, les tensions et les provocations. La dimension religieuse revêt également un rôle croissant au moment où les fondamentalistes gagnent du terrain et de l'influence dans de nombreux pays.

Un Iran nucléaire conduirait à une prolifération

Dans cette nouvelle redistribution des cartes et du pouvoir nucléaire, le cas de l'Iran est particulièrement intéressant. En mai 2006, Amr Moussa, secrétaire général de la Ligue arabe et ancien ministre égyptien des Affaires étrangères, appelle « à un Moyen-Orient libre d'armes nucléaires[1] ». Pour la première fois dans l'Histoire de la région, une telle remarque ne vise pas Israël mais l'Iran. Pendant cinquante ans, la menace nucléaire israélienne a été pointée du doigt par tous les régimes arabes, mais les dirigeants de ces pays savaient très bien que jamais l'État hébreu n'utiliserait l'arme atomique, sauf si son existence était en jeu. La crainte exprimée par Moussa est celle d'un responsable arabe sunnite qui redoute la montée en puissance du voisin iranien chiite. Une évolution qui peut aboutir à un rééquilibrage du pouvoir au détriment des sunnites qui dominent traditionnellement le monde musulman.

L'Irak se révèle un excellent... et tragique laboratoire pour observer cette évolution. Les milices chiites répondent avec la même sauvagerie aux exactions commises par les groupes sunnites. Une telle hostilité au niveau

---

1. Noah Feldman, « Islam, Terror and the Second Nuclear Age », *New York Times*, 29 octobre 2006.

régional, exacerbée par un Iran nucléaire, conduirait à une prolifération. L'Arabie Saoudite et l'Égypte voudraient certainement se doter à leur tour de l'arme atomique. Un expert du Pentagone m'a déclaré : « Nous travaillons sur un scénario sombre, celui d'une Arabie Saoudite en proie à une grave crise de succession, et où le pouvoir passerait entre les mains d'une faction sympathisante d'al-Qaida et de Ben Laden. Qu'adviendra-t-il s'ils détiennent l'arme nucléaire[1] ? Quand le Pakistan est devenu, au milieu des années 1980, le premier État musulman à se doter de la bombe, il était encore régi par les règles classiques de la dissuasion : la menace des représailles massives. »

Un phénomène relativement nouveau intrigue cependant tous les experts en terrorisme : les attentats suicide, une démarche étrangère à l'Islam, inaugurée en 1983 lorsque des militants chiites précipitèrent un véhicule bourré d'explosifs contre le camp des marines stationnés au Liban. Les moudjahidin afghans qui luttaient à la même époque contre les Soviétiques ignoraient cette méthode. Depuis, elle s'est généralisée, passant du Liban à Israël, puis à l'Irak et à l'Afghanistan.

Au cours des trois dernières années, les Irakiens victimes de ce type d'attentat ont été trois fois plus nombreux que les victimes israéliennes au cours des dix années écoulées. L'évolution des mentalités au sein du monde musulman est elle aussi particulièrement préoccupante. Le Coran interdit très clairement le suicide : « Ne vous tuez pas ; Dieu a certainement été miséricordieux avec vous[2]. » Les islamistes radicaux décident de contourner l'obstacle en qualifiant les kamikazes de

---

1. Propos recueillis par l'auteur, mai 2007.
2. Noah Feldman, art. cité.

« martyrs » et non de « candidats au suicide ». Il s'agit d'une autre falsification : le martyr est celui qui périt sous les coups de l'ennemi, et non en se donnant la mort.

La bombe humaine est une arme imparable. Rien ni personne ne peut arrêter un homme décidé à mourir et à tuer des innocents, parmi lesquels d'autres musulmans, comme on le constate chaque jour en Irak. Certains, tel Noah Feldman, ont poussé cette analyse jusqu'à l'extrême. Il écrit dans le *New York Times* : « Cette logique visant à sacrifier, contre leur volonté, d'autres musulmans, pourrait être étendue au niveau national. Si un État islamique ou des terroristes islamiques utilisaient des armes nucléaires contre Israël, les États-Unis ou d'autres cibles occidentales, comme Londres ou Madrid, les représailles coûteraient la vie à des milliers, peut-être à des millions de musulmans. Mais suivant la logique de l'attentat suicide, celui qui a déclenché la bombe peut raisonner en considérant que ces musulmans sont morts avec la grâce de Dieu et que les autres vivront pour rejoindre le *djihad* et combattre[1]. » L'hypothèse d'un scénario aussi radical découle des risques croissants de prolifération, notamment en Iran, mais aussi de la singularité chiite, son messianisme singulier et son acceptation du martyre. L'Iran, aujourd'hui, cristallise les peurs et les fantasmes de l'Occident.

L'histoire d'une longue et patiente revanche

L'histoire d'Abdel Kader Khan éclaire les événements actuels. Elle est celle d'une longue et patiente revanche. L'homme est né en 1936 en Inde, à Bhopal, dans une famille musulmane. Lors de la partition de 1947, sa

---

1. *Ibid.*

famille rejoint le « pays des justes », le Pakistan qui vient d'être créé. Après des études à Karachi, Khan s'installe en Allemagne, puis en Belgique où il obtient, à l'Université catholique de Louvain, un diplôme d'ingénieur en électricité et métallurgie. En 1971, l'armée indienne écrase son adversaire pakistanais. Il ne s'agit pas seulement d'une défaite militaire, mais d'une humiliation politique. Le Pakistan oriental est perdu. Appuyé par l'Inde, le territoire proclame son indépendance et devient le Bengladesh. Trois ans plus tard, le 18 mai 1974, New Delhi procède à son premier essai nucléaire. Khan, qui aime rappeler à ses interlocuteurs les massacres de musulmans par les hindous, lors de la partition de 1947, confie en apprenant l'événement : « Ils nous menacent. Jamais ils n'ont accepté la création du Pakistan[1]. »

Le véritable paranoïaque est à la recherche de l'arme qui lui permettra à la fois de se protéger et de frapper son adversaire. Khan va avoir l'opportunité de l'acquérir, en 1974, au moment même, ironie du destin, où l'Inde accède au « feu nucléaire ». Il travaille en Hollande pour le consortium Urenco, regroupant les gouvernements de Grande-Bretagne, d'Allemagne et des Pays-Bas. Ce groupe opère dans le nucléaire civil et fabrique des centrales destinées à l'enrichissement de l'uranium. L'équipe hollandaise d'Urenco a mis au point un type de centrifugeuses, appelées SNOR, tandis que des chercheurs allemands achèvent le développement d'un modèle rival au design différent, baptisé G-2. Il enrichit l'uranium plus rapidement mais se révèle également plus délicat à fabriquer.

Khan est consultant au sein de l'équipe hollandaise pour les questions métallurgiques, et les travaux poursui-

---

1. Steve Coll, « Iran's Atomic Shopping Spree », *The New Yorker*, 7-14 août 2006.

vis sont, pour lui, une révélation : les centrifugeuses conçues par Urenco sont assez puissantes pour produire le matériel fissile nécessaire à une arme nucléaire. À cette époque, les contrôles, extrêmement relâchés, permettent à Khan de voler aisément les plans des deux types de centrifugeuses, avec les spécifications et les listes des fournisseurs.

Il s'enfuit en 1975, regagne son pays et un an plus tard, le Premier ministre, Zulfikar Ali Bhutto, le nomme à la tête du programme de recherche nucléaire pakistanais avec comme objectif prioritaire la fabrication de l'arme atomique dans les plus brefs délais.

Une société écran au Lichtenstein

Khan choisit d'installer son centre de recherches, baptisé pompeusement Khan Research Laboratories, à Kahuta, une petite ville au sud-est d'Islamabad. Des milliers de centrifugeuses de type SNOR sont en activité, destinées à enrichir l'uranium. Bien que la Hollande l'ait jugé par contumace pour vol de matériel nucléaire, l'opinion pakistanaise considère que son comportement est avant tout celui d'un patriote.

L'administration Carter décide, en avril 1979, de couper toute aide militaire et économique au pays en raison de son refus d'interrompre ses recherches nucléaires. Le coup est rude pour le régime du général Zia qui a renversé et fait pendre son prédécesseur, Ali Bhutto, mais il peut compter sur un allié important qui va devenir un des atouts de son régime : la BCCI. Le fondateur, Abedi, est un proche du dictateur et les responsables de la banque, tout comme les hommes politiques les plus en vue du pays, s'emploient à obtenir par tous les moyens la technologie nucléaire. Une société écran a été créée au Lichtenstein pour financer ces achats discrets.

En 1984, Khan attribue les progrès réalisés à l'« aide et aux efforts » du ministre des Finances Ghulam Ishaq Khan qui a été président de la République et siège à la tête de la fondation créée par Abedi, le fondateur et président de la BCCI.

Au Pakistan, pays où les militaires détiennent la réalité et la totalité du pouvoir, l'osmose entre l'armée et la BCCI est totale. En juillet 1991, un ancien brigadier général, Inam Ul-Hak, sera arrêté à Francfort et le Département de la justice américain réclamera son extradition pour le passage en fraude de métaux destinés au programme nucléaire pakistanais. Le général à la retraite avait également coordonné un réseau au Canada, travaillant à l'acquisition illégale de composants nucléaires.

Le personnage de Khan et ses activités retiennent l'attention de la CIA qui surveille ses nombreux déplacements à l'étranger et intercepte ses communications téléphoniques. La masse de renseignements qui parvient au siège de Langley révèle l'importance des progrès réalisés par le Pakistan. Khan a rebaptisé les centrifugeuses SNOR, volées en Hollande, P-1 et P-2, sans même prendre la peine de les modifier. Le 10 décembre 1984, il envoie une lettre au chef de l'État, le général Zia, l'informant qu'il est désormais en mesure de procéder, dans moins d'une semaine, à une explosion nucléaire.

La « bombe islamique » fascine les dirigeants iraniens

L'année suivante, à la fin de 1985, le Pakistan signe avec l'Iran un premier accord secret de coopération nucléaire. La possession par le Pakistan de la première « bombe islamique » fascine les dirigeants iraniens. La déclaration de principe énoncée par Khomeiny, selon laquelle l'immoralité des armes de destruction massive contredit les principes de l'islam, sert à cacher une réalité beaucoup plus cynique.

L'ayatollah Rafsandjani, que beaucoup en Occident dépeignent comme un modéré, est au cœur des négociations secrètes avec le Pakistan. Ses émissaires rencontrent à plusieurs reprises, en Europe, des collaborateurs de Khan pour dresser la liste des besoins iraniens. Rafsandjani, qui deviendra président de la République quatre ans plus tard, semble vouloir appliquer le principe énoncé par le chef du programme atomique pakistanais. « Nous, les musulmans, devons devenir aussi puissants et égaux que n'importe quel autre grand pays [1]. » En 1987, l'Iran passe commande de deux mille centrifugeuses neuves de type P-1. Les scientifiques iraniens découvrent lors des premières livraisons que la « solidarité islamique » pèse bien peu face à la logique des affaires. Khan leur a vendu les centrifugeuses usagées qu'il utilisait dans son centre de recherches et qu'il vient de remplacer par des modèles P-2, plus développés.

Déçus, les Iraniens se tournent vers des intermédiaires européens pour tenter d'acquérir les composants et les machines qui leur manquent. Sans succès.

« Un homme affamé est autorisé à manger du porc »

Au milieu de l'année 1991, oubliant leur rancœur, les Iraniens contactent à nouveau les responsables pakistanais. La rencontre, cette fois, revêt un caractère officiel. Des officiels, mandatés par le président Rafsandjani, se rendent à Islamabad et proposent plus de 5 milliards de

---

1. Bill Powell et Tim Mc Girk, « The Man who Sold the Bomb », *Time*, 14 février 2005.

dollars pour acquérir la technologie de Khan. La guerre du Golfe qui vient de s'achever est, pour une bonne part, à l'origine de la précipitation iranienne. Téhéran a contemplé avec un vif plaisir l'anéantissement des forces irakiennes. Ce danger écarté, un autre se profile, peut-être plus inquiétant.

Les États-Unis, qui avaient pris la tête des 500 000 hommes de la Coalition, viennent de décider le maintien de forces permanentes dans la région, au terme de négociations délicates avec les monarchies du Golfe, au premier rang desquelles l'Arabie Saoudite. Une décision qui scelle l'acte de naissance d'al-Qaida. Ben Laden considère que ce fut la trahison suprême : « Le régime saoudien, confiera-t-il, en commettant la grave erreur d'inviter les troupes américaines, a révélé sa duperie. Il a apporté son soutien à des nations qui combattaient les musulmans. » Pour Ben Laden, c'est une source de colère et, pour les dirigeants iraniens, un motif d'inquiétude. Ils voient cette présence américaine comme une menace.

Un ancien spécialiste des affaires iraniennes au Conseil national de sécurité de la Maison Blanche se rappelle cette période : « La guerre réelle contre l'Irak n'a pas duré plus de cent heures et cette démonstration de force avait impressionné Téhéran. Je crois [mon interlocuteur sourit] que Saddam a au fond été victime de la confiance qu'il plaçait en nous. Nous l'avions aidé pendant la guerre contre l'Iran et pour lui, c'était un signal fort et suffisant qui l'autorisait à agir comme un prédateur et à envahir le Koweït. Dès janvier 1991, alors que l'affrontement militaire se profilait, nous élaborions les scénarios de l'après-guerre et le rôle futur des États-Unis. Ces plans s'attachaient à la nature de notre présence militaire dans la région et préconisaient le maintien d'une force navale dans le Golfe, des accords signés avec plusieurs États pour obtenir le maintien de forces militaires. Je me rap-

pelle avoir demandé à un haut responsable saoudien ce
qu'il pensait de la présence de troupes chrétiennes venues
défendre son pays. "Le Coran, me répondit-il, enseigne
qu'un homme affamé est autorisé à manger du porc." Les
Iraniens, eux, considéraient cette présence comme la mise
en œuvre d'une théorie des dominos : après avoir défait
l'Irak, nous allions nous attaquer à l'Iran et renverser leur
régime. La psychose de l'encerclement imprègne depuis
longtemps la mentalité des dirigeants[1]. »

« *Un aveuglement mortel* »

À Téhéran, au sommet du pouvoir, cette peur s'accompagne d'une certitude : détenir l'arme atomique permettra
au pays d'écarter toute menace et de dissuader des adversaires. En mai et juin 1991, Khan se rend en personne à
Téhéran. Il rencontre le chef de l'État, Ashemi Rafsandjani, et les principaux responsables du programme
nucléaire iranien. Quelques mois plus tard, le chef d'état-
major de l'armée pakistanaise, le général Aslam Beg,
effectue un bref séjour dans la capitale iranienne d'où il
revient en plaidant pour l'exportation de la technologie
militaire nucléaire à la République islamique. Beg est
l'archétype du général pakistanais : islamiste convaincu
et antiaméricain farouche, il affiche une profonde sympathie pour le régime iranien et un antisémitisme qui l'incite à penser que le monde musulman est la victime
permanente d'un complot juif[2]. Quelques mois plus tard,
il confiera à un officiel américain en visite au Pakistan :
« Nous continuerons à livrer de la technologie nucléaire
à l'Iran, même si les États-Unis nous suppriment leur
aide militaire. »

---

1. Propos recueillis par l'auteur, avril 2007.
2. William Langewiesche, « The Point of No Return », *The Atlantic*, janvier-février 2006.

À l'époque, Khan est devenu une véritable idole pour l'opinion pakistanaise. Dans son centre de Kahuta, 10 000 centrifugeuses produisent l'uranium hautement enrichi nécessaire à la constitution d'un arsenal nucléaire. Le laboratoire s'est également diversifié dans la conception et la fabrication de missiles à tête nucléaire. Ces charges n'ont pas encore été testées et, officiellement, le Pakistan nie l'existence d'un programme nucléaire militaire.

Le laboratoire de Khan est alimenté par un budget secret et la provenance des fonds est surprenante : l'Arabie Saoudite, à travers des fondations islamiques contrôlées par la famille royale, finance majoritairement les travaux de Khan qui doivent permettre à l'Iran de détenir l'arme atomique et de conforter sa suprématie sur la région, au détriment des Saoudiens. Un étrange calcul de la part des hommes au pouvoir à Riyad. « Un aveuglement mortel, selon un expert nucléaire américain. Le roi et les princes sont fascinés par l'idée d'une "bombe islamique" sans anticiper l'essentiel : cette bombe sera d'abord dans les mains de leur principal rival. C'est à la fois dramatique et loufoque [1]. »

Le 28 et le 30 mai 1998, le Pakistan réplique à l'Inde en procédant à cinq explosions nucléaires souterraines dans une zone désertique du Baluchistan. Le 6 avril, il lance avec succès un missile Ghauri pouvant être équipé de têtes nucléaires. La tension est alors à son comble entre les deux pays, notamment dans la région, disputée, du Cachemire. Khan est désormais l'homme le plus populaire du Pakistan, celui qui défie et menace l'ennemi indien.

Ce serviteur de l'État possède des dizaines de pro-

---

1. Propos recueillis par l'auteur, septembre 2006.

priétés, au Pakistan, à Dubaï, qui révèlent un enrichissement à première vue surprenant. Les services secrets
occidentaux s'acharnent à rassembler les pièces du puzzle
qui permettront cinq ans plus tard de découvrir l'inquiétante vérité : Khan est à la tête d'un vaste réseau clandestin qui vend au marché noir les composants permettant
de fabriquer une arme nucléaire.

Tous les États voyous de la planète ont fait appel à ses
services. Il a revendu à l'Iran et à la Libye les plans
d'armes nucléaires que la Chine lui a fournis. Il s'est
rendu plus de quinze fois en Corée du Nord et négocia,
en 1993, l'installation de centrifugeuses en échange de
la technologie permettant de fabriquer des répliques de
missiles nord-coréens.

Selon les enquêteurs de l'Agence internationale de
l'énergie, il y a eu, entre 1994 et 1999, treize réunions
de travail entre des officiels iraniens et des représentants
du réseau Khan. La plupart se déroulèrent à Dubaï.
L'émirat représente désormais pour le réseau pakistanais
une plaque tournante où les composants sont rassemblés
avant d'être réemballés et réexpédiés vers les pays
clients. Dubaï est aussi réputé pour son marché de l'or
qui permet de blanchir aisément les profits clandestins.
En 1995, l'Iran reçoit une livraison importante. La même
année, la Libye devient un client du réseau.

« *Je ne suis pas coupable* »

Le colonel Kadhafi veut se doter de l'arme nucléaire
mais, pour fabriquer ces bombes, Tripoli cherche à enrichir l'uranium plutôt qu'à produire du plutonium dans un
réacteur, « parce que, avec un réacteur, confie ingénument
un officiel libyen, vous ne pouvez pas tout dissimuler ».

En 1997, Kadhafi passe commande de centrifugeuses
P-1 et P-2, et souhaite acquérir l'équipement pour en

fabriquer des centaines supplémentaires. Technologiquement sous-développée, la Libye se révèle incapable d'utiliser le matériel acheté, dont une bonne partie restera emballée dans les conteneurs. Cet échec marque profondément Kadhafi.

J'ai voyagé avec lui lors d'une tournée au Niger et au Nigeria. Il se déplaçait dans un Boeing suivi de deux autres appareils qui transportaient les membres de sa garde rapprochée. Un quatrième avion, un Antonov, acheminait la voiture du guide de la Révolution : une Cadillac jaune crème, aux sièges tapissés de velours rose. Kadhafi était devenu un dictateur morose, taciturne, aux traits empâtés. La Libye, soumise à un embargo du fait de ses activités terroristes, était un État paria. Il répondait aux questions d'un ton maussade : « L'embargo occidental est un mystère et une absurdité. Je ne suis pas coupable [...]. Me doter d'un programme nucléaire ? Je n'y songe pas et pourtant ceci relève du droit de chaque État. Ce sont les sionistes israéliens qui font courir cette rumeur [1]. »

La vigueur de l'intervention militaire américaine en Afghanistan, en 2001, puis en Irak, en 2003, prétendument pour neutraliser un programme d'armes de destruction massive, l'incita à la prudence. Désireux de normaliser ses relations avec l'Occident, il accepta l'ouverture de négociations secrètes avec les États-Unis et la Grande-Bretagne en vue de démanteler son programme militaire. Les Libyens livrèrent toutes les informations dont ils disposaient sur la coopération avec le Pakistan, les dates, les noms, les équipements négociés. Pour Khan, ce coup dur survenait après la découverte réalisée par les inspecteurs de l'AIEA en Iran, en juin 2003. Ils avaient constaté des traces d'uranium hautement enrichi sur la surface d'équi-

---

1. Propos recueillis par l'auteur, 1994, Niamey.

pements auxiliaires. Les Iraniens expliquèrent qu'il s'agissait d'équipements de seconde main importés d'un pays tiers. « La déduction était claire, selon un expert nucléaire américain. Ce ne pouvait être que Khan ou Khan. Il était désormais dans la nasse. »

Le « brillant scientifique », patriote et sauveur du Pakistan, devient soudain un pestiféré. Le chef de l'État pakistanais, le général Moucharraf, confie avec une rare hypocrisie avoir été « choqué » quand Khan avoua ses activités. Peu après, il lui accorde son pardon et le fait placer en résidence surveillée dans sa villa d'Islamabad. Les portes se referment sur cet homme de 68 ans que personne n'a jamais revu depuis. Moucharraf rejeta la demande des inspecteurs de l'AIEA qui cherchaient à l'interroger. Un accord secret a, semble-t-il, été passé entre le président pakistanais et l'administration Bush : Islamabad peut faire ce qu'elle veut du scientifique, à condition qu'il révèle aux Américains les détails de sa collaboration avec l'Iran. Ce qu'il fit, selon mes informations, avec réticence.

9

Contrairement à une opinion répandue en Occident, le monde musulman n'est pas demeuré silencieux après les attentats du 11 septembre 2001. Le grand mufti d'Arabie Saoudite et le responsable de la mosquée al-Azar, haut lieu de l'islam sunnite, condamnent l'événement. Tout comme le commentateur religieux d'al-Jazira, cheik Youssouf al-Qaradawi, qui déclare : « L'islam considère l'attaque d'êtres humains innocents comme un péché grave. » À Beyrouth, l'ayatollah Mohammed Hussein Fadlallah, dont l'autorité spirituelle s'exerce sur le Hezbollah, estime dans une interview au journal *al-Safir* que les pirates de l'air ne sont pas des martyrs mais « simplement des suicidés [1] ».

Ces responsables religieux manient en réalité le double discours avec un art consommé. À l'exception du mufti d'Arabie Saoudite qui condamne, lui, tout type d'attentat suicide. Fadlallah a approuvé et même coordonné l'attentat qui provoqua la mort de 241 marines au Liban, en 1983. Le cheik Al-Qaradawi justifie les attentats contre des civils israéliens, y compris les femmes parce que, selon ses propres mots, « une femme israélienne n'est pas comme les femmes dans nos sociétés, elle est un soldat ».

---

1. Noah Feldman, art. cité.

L'islam radical et l'antiaméricanisme

Les responsables américains furent extrêmement surpris de découvrir qu'une des premières condamnations des attentats du 11 Septembre émanait d'Ali Khamenei, le guide suprême de la Révolution iranienne, la plus haute autorité du pays, successeur à ce poste de l'imam Khomeiny. Le régime de Téhéran, qui n'a jamais hésité pourtant à faire usage du terrorisme, réagit rapidement par crainte et opportunisme. Il redoute qu'on le soupçonne d'avoir commandité ces détournements d'avions, mais perçoit également dans cette tragédie l'occasion d'un rapprochement avec les États-Unis.

Lorsque les avions frappent les tours du World Trade Center, le vice-ministre iranien des Affaires étrangères, Mohammed Hussein Adeli, est à son bureau. Il contacte immédiatement les plus hautes autorités, dont Ali Khamenei, et le président réformateur Khatami, pour les convaincre de rédiger rapidement un communiqué.

La République islamique est le premier régime au monde dont les deux piliers sont l'islam radical et l'antiaméricanisme. Après son arrivée au pouvoir en 1979, les étiquettes d'« occidentalisé » ou de « sympathisant de l'Occident » servent à Khamenei d'arme pour combattre, puis éliminer, les libéraux associés à la Révolution islamique, qui avaient vécu en Europe et aux États-Unis. Chaque vendredi, les fidèles présents dans les mosquées iraniennes continuent de chanter « mort à l'Amérique », une clameur qui cesse brusquement après le 11 Septembre. Selon Adeli, le ministre adjoint des Affaires étrangères : « Nous voulions vraiment condamner ces attaques mais également offrir une branche d'olivier aux États-Unis, en leur montrant que nous étions intéressés par la paix [1]. »

---

1. « The Hidden War with Iran », *Newsweek*, 19 février 2007.

Une déclaration probablement équivoque : le gouvernement du réformateur Khatami ne possède qu'une faible marge de manœuvre face aux conservateurs, largement majoritaires, qui détiennent les clés et la réalité du pouvoir. Ceux-ci éprouvent une profonde méfiance envers les États-Unis et dans la majorité des cas une réelle aversion. Mais en véritables pragmatiques, les Iraniens, qui inventèrent le jeu d'échecs, perçoivent les opportunités qui s'offrent à eux et les coups à jouer.

L'Amérique découvre que le 11 Septembre aurait été commandité par le chef d'al-Qaida, Oussama Ben Laden, installé en Afghanistan et protégé par le régime des talibans. Or, depuis des années, Téhéran soutient la guérilla qui lutte contre les talibans d'ethnie pashtoune. Aider au renversement de ce régime et installer ses alliés au pouvoir se révélerait une opération extrêmement profitable pour les dirigeants de la République islamique.

Dans le plus grand secret à Genève

Durant les semaines qui précèdent l'intervention militaire en Afghanistan, responsables américains et iraniens se rencontrent dans le plus grand secret à Genève. Washington veut acquérir la certitude que l'Iran n'utilisera pas son pouvoir de nuisance pour entraver l'intervention militaire, puis la stabilisation du pays.

Téhéran possède de nombreux relais auprès des seigneurs de la guerre dans le nord et l'ouest du pays. Les négociateurs américains, selon mes informations, sont surpris par l'attitude de leurs interlocuteurs.

L'administration Bush, qui se prépare à lancer une « guerre globale contre le terrorisme », considère l'Iran comme un des principaux « centres » de cette menace terroriste et les Américains s'attendent à des négociations tendues, délicates. Les relations entre les deux pays sont rompues depuis plus de vingt ans. Or les diplomates iraniens présents à Genève vont s'efforcer de gommer cette image déplorable. Ils ne cessent de répéter à leurs homologues américains que les plus hautes instances du pouvoir, à Téhéran, suivent en détail ces pourparlers et manifestent un très grand intérêt pour une ouverture diplomatique. Ils proposent également d'aider les États-Unis au renversement du régime en place à Kaboul et de contribuer à la mise en place d'un nouveau pouvoir politique dans le pays.

L'Iran possède une carte maîtresse avec l'Alliance du Nord, dirigée par le commandant Massoud, qu'il appuie et finance depuis de nombreuses années. Washington se voit proposer une véritable opération « clés en main », une alternative politique viable au régime taliban, soutenu par le Pakistan. Téhéran réussirait ainsi un doublé : installer ses alliés au pouvoir et réduire l'influence d'Islamabad dans la région. « Nous fournissions les troupes et ils empochaient la mise », m'a déclaré un des officiers de la CIA chargé des opérations militaires en Afghanistan [1]. « Le plus surprenant, rapporte un des négociateurs américains à Genève, c'était leur hâte à nous voir déclencher les hostilités. Ils nous demandaient à chaque rencontre : "Mais quand allez-vous engager les opérations militaires ? Allez-y." »

« L'obligation de démocratisation »

Quand George W. Bush déclenche l'offensive militaire en Afghanistan, le 7 octobre 2001, l'aviation et les

---

1. Propos recueillis par l'auteur, avril 2006.

membres des Forces spéciales de la CIA qui opèrent sur le terrain bénéficient de renseignements de première main, fournis par l'Iran, sur les cibles des talibans à bombarder. Après l'effondrement du régime, Téhéran fera preuve du même zèle pour aider les États-Unis à mettre en place un gouvernement intérimaire à Kaboul.

À la fin du mois de novembre 2001, les représentants des factions antitalibans, qui viennent de triompher sur le terrain, et ceux des dix-huit pays membres de la Coalition, se retrouvent à Bonn. L'hôtel, au bord du Rhin, qui héberge les délégations, est confortable, mais le temps pluvieux et froid incite à la morosité.

Dans les couloirs, lors des réunions et des moments de détente, le chef de la délégation iranienne, Javad Zarif, ambassadeur à l'ONU, déploie une bonne humeur et un activisme permanents pour aplanir les divergences et faire coexister le candidat des Américains à la tête du gouvernement intérimaire, Hamid Karzaï, un Pashtoun, et les factions de l'Alliance du Nord. Le représentant américain, Jim Dobbins, se rappelle que c'est Zarif qui lui fit remarquer que le texte final de l'accord ne mentionnait ni « la guerre contre le terrorisme » ni le mot « démocratie ». « "Ne pensez-vous pas, lui dit l'Iranien, qu'il serait utile de rajouter une notion soulignant l'‘obligation de démocratisation’ ?" J'ai répondu, confie Dobbins, que c'était une bonne idée[1]. » L'échange était particulièrement savoureux. L'administration Bush, qui allait faire de la démocratisation de la région sa priorité absolue, ne semblait pas encore en avoir eu l'idée... soufflée par un Iranien.

Un mois plus tard, à Tokyo, lors de la première conférence des pays donateurs, l'Iran promet d'allouer

---

1. James Dobbins, éditorial du *Washington Post*, 6 mai 2004 ; « The Hidden War with Iran », art. cité.

500 millions de dollars, le double de la contribution américaine, à la reconstruction de l'Afghanistan. Il s'engage également auprès de Washington à garder sur son territoire l'ancien Premier ministre afghan, Gulbuddin Hekmatyar, adversaire de l'Alliance du Nord. « Nous leur avons fait part, confie un responsable du Département d'État, de notre préférence : nous souhaitions qu'il ne rentre pas en Afghanistan. » Ce que confirme Kharrazi, le ministre iranien des Affaires étrangères. « La raison pour laquelle Hekmatyar est toujours en Iran, c'est parce que nos amis, dans la région et au-delà, nous l'ont demandé. »

« *Axe du mal* » contre « *Grand Satan* »

Le 29 janvier 2002, George W. Bush réduit à néant ces efforts de rapprochement. Dans son discours sur l'état de l'Union, le président américain évoque sa vision du terrorisme : des réseaux, comme al-Qaida, s'articulent autour d'un « axe du mal », composé de trois pays dont on a du mal à saisir les points communs : l'Irak, l'Iran et la Corée du Nord. Les réseaux terroristes doivent être détruits, mais pour y parvenir, il faut également faire table rase des régimes qui les abritent. C'est une mise en garde sans ambiguïté : soit ils « changent », soit ils s'exposent au déluge de feu qui a eu raison des talibans en quelques semaines.

Le raisonnement de Bush pèche par manque de cohérence : l'Iran n'a guère plus de points communs avec Ben Laden que la Corée du Nord. Même l'islam est antagoniste : le leader d'al-Qaida est sunnite, alors que l'Iran est à dominante chiite. En revanche, le discours présidentiel passe sous silence la formidable ambiguïté qui domine toute la politique de l'administration Bush, puisque les principaux soutiens d'al-Qaida sont les alliés les plus proches de Washington : l'Arabie Saoudite et le Pakistan.

À Téhéran, l'accusation de Bush fragilise encore la position du président réformateur Khatami. Le guide de la Révolution, Ali Khamenei, chef suprême du régime, confie qu'« il n'est pas surpris » et qu'il n'a « jamais fait confiance aux Américains ».

Les langues se délient. Kathami révèle qu'après l'annonce des attentats du 11 Septembre, il a soigneusement vérifié que le Hezbollah libanais n'était pas impliqué, avant d'adresser un message de sympathie à Washington. Les négociateurs présents à Genève soulignent que les demandes américaines étaient formulées d'un ton arrogant et parfois menaçant qui blessait leur fierté.

En 2002, la relation Iran-États-Unis fait penser à un double procès en sorcellerie : « axe du mal » contre « Grand Satan ». Aux États-Unis, en Iran et en Israël, les faucons ont œuvré pour faire échouer tout rapprochement. À Washington, le Pentagone est en première ligne. Le ministre adjoint, Paul Wolfowitz, et le numéro trois, Douglas Feith, laissent filtrer des informations selon lesquelles les Iraniens ont accueilli sur leur territoire des membres d'al-Qaida qui fuyaient l'offensive américaine en Afghanistan. En réalité, Téhéran a renforcé le contrôle à ses frontières et placé en détention plusieurs centaines de fugitifs dont l'identité a été transmise aux Nations unies. En 2002, ceux qui sont d'origine afghane seront remis au gouvernement de Kaboul et les citoyens saoudiens confiés aux autorités de Riyad. Il existe aussi un petit groupe de cadres importants de l'organisation terroriste, arrêtés après être entrés clandestinement en Iran par la province du Baluchistan. Téhéran compte les utiliser comme monnaie d'échange et, en attendant, cette douzaine d'hommes est gardée dans une zone isolée du nord-est de l'Iran, à proximité de la frontière afghane.

La pression sur l'Iran s'accentue

Le 3 janvier 2002, Israël accorde une publicité inhabituelle à la saisie en pleine mer d'un cargo, le *Karine A*, qui transporte une cargaison d'armes destinée à l'autorité palestinienne. Le navire, battant pavillon du royaume des Tonga, un îlot minuscule perdu au milieu du Pacifique, a été placé sous surveillance depuis plusieurs semaines. Au cours d'une réunion secrète à la fin de décembre 2001, le Premier ministre Ariel Sharon avait coordonné avec le ministre de la Défense, Shaul Mofaz, les détails de la future opération.

Selon les informations qu'Israël laissa filtrer après l'arraisonnement du navire, le *Karine A* était arrivé au début du mois de décembre 2001 dans le port iranien de l'île de Kish, où il avait été rejoint par un ferry transportant les armes à acheminer et des officiers du renseignement iranien.

Un des coordinateurs de l'opération, toujours selon Israël, était Imad Mughniyah, un chef du Hezbollah soupçonné d'être le responsable de l'attentat de 1983 qui tua 241 marines à Beyrouth, et du détournement d'un avion de la TWA survenu en 1985. Les Israéliens affirment qu'il était également derrière les attentats commis en 1992 contre l'ambassade d'Israël en Argentine, qui avaient fait 29 victimes, puis deux ans plus tard contre le centre de la communauté juive de Buenos Aires. Toujours selon Tel-Aviv, Mughniyah se serait rapproché d'al-Qaida, ce qui pour un responsable chiite du Hezbollah représente un grand écart pour le moins curieux [1].

Le chargement d'armes effectué, le *Karine A* quitte

---

1. Stacy Perman, « Business Innovation from Israel's Masters of Espionnage : The Intercept », *Financial Times*, 22 juillet 2005.

Kish pour Dubaï à la mi-décembre, puis, après une escale au Yémen pour réparer ses moteurs, cingle en direction des Territoires palestiniens.

Le ministre de la Défense israélien coordonne l'interception depuis un Boeing 707 qui survole la mer Rouge. Il vient d'annuler un voyage à Washington pour être présent cette nuit-là.

À 4 heures du matin, le 3 janvier, des commandos israéliens protégés par des hélicoptères Apache s'emparent du navire et neutralisent en huit minutes les treize hommes d'équipage. Pas un seul coup de feu n'a été tiré. Les cales du navire abritent 50 tonnes d'armes et d'explosifs fabriqués en Russie et en Iran, notamment des dizaines de roquettes Katioucha de 107 et 122 mm, des missiles antichars, des fusils d'assaut AK-47 et plus d'une tonne et demie d'explosifs C-4 pouvant alimenter des centaines d'attentats suicide [1].

La prise est belle, spectaculaire, et surtout elle survient au moment même où George W. Bush peaufine son discours sur l'état de l'Union qui aboutira à « l'axe du mal » et alors que les pourparlers entre Iraniens et Américains se poursuivent. Cette saisie est évidemment une pure coïncidence de calendrier. Elle désigne l'Iran comme le commanditaire et renforce l'idée d'un lien entre Téhéran et le terrorisme. La pression sur l'Iran s'accentue. En août 2002, Alireza Jafarzadeh, le porte-parole du Conseil national de la résistance iranienne, révèle l'existence d'un programme secret d'enrichissement de l'uranium sur le site de Natanz, puis la construction d'un réacteur à eau lourde sur le site d'Arak. La Russie et la Chine ont coopéré au développement du programme d'enrichissement de Natanz.

---

1. *Ibid.*

« *Il compare l'Iran à l'Allemagne nazie* »

Dick Cheney transmet l'information à George W. Bush, alors en vacances dans son ranch de Crawford. Un des collaborateurs du vice-président m'a confié : « Bush était stupéfait mais il ne pensait qu'aux préparatifs de l'intervention militaire contre l'Irak. Cheney, lui, agissait avec un coup d'avance et songeait déjà à l'Iran. » Mon interlocuteur est un homme d'une cinquantaine d'années, proche des néoconservateurs. Il me reçoit à son domicile, une villa dans le quartier résidentiel de Georgetown, après avoir annulé notre rendez-vous à deux reprises. Il répond parfois avec réticence. Je lui demande comment il voit son patron, le vice-président. « Je vous répondrai en vous disant comment il se voit : comme le stratège de cette administration. Il considère que l'usage de la force est la décision la plus difficile à prendre, pour un dirigeant, dans une société démocratique. Même si la gravité de la menace est parfaitement identifiée, la plupart des responsables préfèrent renoncer. C'est une attitude que Cheney regrette. Il compare l'Iran à l'Allemagne nazie en 1938 qui serait sur le point de se doter de l'arme nucléaire. Les révélations d'août 2002 sur leur programme clandestin l'ont conforté dans ses certitudes. "Après Bagdad, dit-il, nous ferons escale à Téhéran[1]." »

---

1. Propos recueillis par l'auteur, avril 2007.

10

Les révélations de Jafarzadeh, un homme habillé avec élégance, au visage barré d'une fine moustache, tombent à point nommé. Elles constituent le véritable coup d'envoi de la crise du nucléaire iranien dans laquelle nous sommes plongés aujourd'hui. Les sources de l'opposant semblent excellentes. En février 2003, le directeur de l'Agence internationale de l'énergie, Mohammed el-Baradei, se rend à Téhéran. Une visite totalement occultée par les préparatifs militaires contre l'Irak. Pourtant, le 9 février, le président iranien Khatami livre un aveu surprenant : son pays a secrètement commencé à construire deux usines destinées à l'enrichissement de l'uranium. « À des fins civiles », ajoute-t-il. Une précision qui fait sourire les experts. De retour au siège de l'AIEA à Vienne, El-Baradei précise qu'un des sites était pratiquement prêt à fonctionner, tandis que l'autre, beaucoup plus important, était encore en travaux.

Au cours des années suivantes, Jafarzadeh égrène les révélations avec une régularité de métronome. Entre-temps, il est devenu une figure incontournable de l'opposition iranienne et un commentateur apprécié sur la chaîne Fox News, possédée par le milliardaire Rupert Murdoch, qui soutient sans nuances la guerre en Irak et fait régner un véritable climat de chasse aux sorcières aux États-Unis. En avril 2004, il révèle que l'Iran développe, parallèlement au programme nucléaire civil, un programme nucléaire secret, sur lequel travaillent quatre cents experts et dont l'objectif est la fabrication d'armes atomiques. Si tel est le cas, les Iraniens ont appliqué scrupuleusement les conseils d'Abdel Kader Khan : la surveillance de l'AIEA rendant très difficile la conversion d'un programme civil en programme militaire, il est préférable de concevoir un programme d'enrichissement à but militaire entièrement séparé, qui du début à la fin restera totalement caché et dont la réalité pourra être niée.

Ces informations font oublier le parcours de Jafarzadeh. Jusqu'en 2003, il était le porte-parole de l'aile politique des Moudjahidin du peuple, une organisation connue pour sa violence et son fanatisme, et qui figure avec raison sur la liste des organisations terroristes dressée par le Département d'État américain. Je décris dans le chapitre suivant l'étrange alliance nouée entre ce mouvement, violemment antiaméricain, et les faucons de l'Administration Bush, partisans d'une intervention militaire en Iran.

Le responsable le plus haï des militaires

J'ai rencontré Michael Ledeen en 1984, alors que je travaillais pour le Woodrow Wilson Center, un centre de recherches à Washington. Nous avions une amie commune, Juliana Pilon, qui collaborait à l'époque à la fondation conservatrice Heritage. Ledeen, regard ironique, calvitie marquée et barbe imposante, occupe officiellement un poste de chercheur à l'American Enterprise Institute. Cette fondation était déjà l'antre des néoconservateurs.

J'ignore bien entendu à l'époque que Ledeen, qui me reçoit aimablement à son bureau ou à son domicile, en compagnie de son épouse Barbara, est au cœur de l'opération montée par Macfarlane, Oliver North et David Kimche pour vendre clandestinement des armes à l'Iran. Ledeen, faux modeste et véritable homme de l'ombre, exerce alors la fonction, imprécise, de consultant auprès du Conseil national de sécurité de la Maison Blanche. En disséquant par la suite l'affaire de l'Irangate, j'ai pu me rendre compte qu'il jouait un rôle central aux côtés de Kimche, ancien directeur adjoint du Mossad.

Les amitiés nouées permettent parfois de mieux déchiffrer les événements. À cette époque, un des amis de Ledeen, spécialiste du Moyen-Orient au Conseil national de sécurité, se nomme Douglas Feith.

Ce néoconservateur sera nommé en 2001 sous-secrétaire à la Défense et deviendra, en tant que numéro trois du Pentagone, le responsable le plus haï des militaires. C'est aussi le responsable politique qui affiche les positions les plus intransigeantes envers l'Irak et l'Iran. Sa trajectoire politique et ses engagements révèlent sa proximité avec la droite israélienne. En 1996, il rédigea avec un autre néoconservateur, Richard Perle, un rapport ultraconfidentiel intitulé *Clean Break* (Fracture nette), remis au Premier ministre israélien Nétanyahou, qui s'articulait autour de deux objectifs principaux, pensés dans l'intérêt d'Israël : démembrer l'Irak et neutraliser la Syrie. On peut notamment y lire : « Israël peut façonner son environnement stratégique en coopération avec la Turquie et la Jordanie, à travers l'affaiblissement de la Syrie. Cet effort peut passer par la destruction de Saddam Hussein en Irak – un objectif stratégique important en lui-même pour Israël – qui permettra ensuite de déjouer les ambitions de Damas. »

Feith est très proche de l'Organisation sioniste américaine (ZOA) où il prononce de nombreux discours. Cette organisation, aussi influente que radicale, récompensa son père, membre du Betar : un groupuscule fanatique fustigé par la quasi-totalité de la communauté juive mondiale.

Une véritable officine de désinformation

L'arrivée au pouvoir de George W. Bush marque le triomphe des néoconservateurs. Après le 11 Septembre, Douglas Feith crée au sein du Pentagone le bureau des plans spéciaux (Office of Special Plans), situé au cinquième étage du ministère de la Défense. Des bureaux paysagés bleus accueillent le groupe d'hommes, soigneusement sélectionnés par Feith, qui surnomment ce département : « la Cabale ». Tous partagent la même vision : la politique est avant tout l'école de la force... et de la désinformation. Les révélations qui filtrent peu à peu après le fiasco irakien mettront gravement en cause Feith et ce bureau pour avoir fabriqué des rapports entièrement faux sur la menace irakienne afin de pousser à l'entrée en guerre. À l'époque, Feith et son groupe agissaient en toute impunité comme une véritable officine de désinformation ; l'Irak ne constituait qu'une première étape et l'Iran, selon leurs mots, était aussi « sur l'établi ».

Michael Ledeen a été recruté par Feith en raison de leur amitié ancienne et de ses « compétences » sur l'Iran. Il a oublié sa promesse faite après le scandale de l'Irangate : « Ce fut horrible. Plus jamais je ne toucherai à l'Iran. »

Tout commence comme le remake, dix-sept ans plus tard, d'un vieux film d'espionnage interprété par les mêmes acteurs. En novembre 2001, Ledeen reçoit un appel de son vieux complice de l'Irangate, Manucher Ghorbanifar. Il qualifie d'« homme parmi les plus honnêtes, les plus cultivés et honorables qu'il ait jamais connus » ce personnage sur lequel la CIA a publié « une note de mise en garde », recommandant qu'aucune agence de renseignements ni aucun responsable américain n'ait le moindre rapport avec lui.

La relation avec un affabulateur comme Ghorbanifar illustre un trait révélateur du caractère de Ledeen : son inaptitude à tracer une frontière entre réalité et fiction.

Ledeen a grandi dans l'univers de Walt Disney. Son père, ingénieur, dessinait le système d'air conditionné des studios. « Tout au long de mon enfance, nous étions dans une annexe de l'univers Disney, a-t-il confié, et ma mère a servi de modèle pour le personnage de Blanche-Neige. Nous avons effectivement un portrait d'elle qui correspond trait pour trait au personnage du dessin animé [1]. »

L'appel de Ghorbanifar va permettre aux deux camarades de complot de renouer avec de nouvelles aventures. Comme toujours, l'Iranien prétend détenir des informations « cruciales » sur des plans iraniens visant à frapper les troupes américaines présentes sur le sol afghan. Ledeen transmet l'information à Stephen Hadley, un homme terne au visage sévère qui occupe les fonctions de responsable adjoint du Conseil national de sécurité de la Maison Blanche. L'adjoint de Condoleezza Rice et son collaborateur chargé du Moyen-Orient, Zalmay Khalilzad, se montrent vivement intéressés. Khalilzad, d'origine afghane, aujourd'hui ambassadeur à l'ONU après avoir été en poste à Kaboul, puis à Bagdad, a rédigé autrefois un mémoire sur le danger de prolifération nucléaire en prenant comme exemple l'Iran.

---

1. James Bamford, « Iran : the Next War », *Rolling Stone*, 24 juillet 2006.

Saddam Hussein réfugié en Iran

Les hommes clés de l'administration Bush se livrent à un jeu dangereux et irresponsable : ils utilisent comme source d'information des hommes douteux qui, en réalité, les manipulent : le chiite Ahmed Chalabi en Irak, Ghorbanifar à propos de l'Iran. Ledeen reçoit le feu vert de la Maison Blanche et, comme il le déclare à James Bamford : « Pas un seul membre de l'exécutif américain ne pouvait ignorer ce qui allait se passer[1]. » En décembre 2001, Ledeen atterrit à Rome à bord d'un jet officiel, accompagné de deux membres de la cellule de désinformation de Douglas Feith, Larry Franklin et Harold Rhode, surnommé le « théoricien du mouvement néoconservateur » ; ce dernier est un proche justement d'Ahmed Chalabi, qui l'alimente en fausses informations destinées à convaincre Washington d'entrer rapidement en guerre contre Bagdad.

Ils se rendent dans une « planque » en plein cœur de Rome, à deux pas de la piazza di Spagna, que leur a fournie Nico Pollari, le chef du renseignement militaire italien. Pollari, limogé depuis et traduit devant les tribunaux, a informé, quinze jours auparavant, l'administration Bush que Saddam Hussein venait d'acheter de l'uranium au Niger. Le renseignement, opportunément publié par le magazine italien *Panorama*, allait se révéler un des principaux faux utilisés par George W. Bush pour justifier l'intervention militaire en Irak. La planque est un appartement sans chauffage, entouré de cafés bruyants. Ghorbanifar a déployé sur la table des cartes détaillées de l'Irak, de la Syrie et de l'Iran. « Il nous a donné des informations sur les positions et les projets des terroristes

---

1. *Ibid.*

iraniens prêts à tuer des Américains [1] », confia Ledeen à Bamford. Il est apparemment le seul à croire ou à faire semblant de croire au sérieux de ces informations. « Cela ne menait nulle part », déclara plus tard Donald Rumsfeld.

Dans l'anonymat de cet appartement romain, les discussions portent sur la nécessité d'un changement de régime en Iran. Ghorbanifar propose, vieille obsession chez lui, de mettre la main sur l'argent dissimulé par Saddam Hussein pour provoquer un coup d'État à Téhéran. Il aurait même affirmé au cours de cette rencontre que le dictateur irakien était réfugié en Iran. Ces propos délirants rejoignent les obsessions de Ledeen. Il considère que Téhéran est le véritable centre du terrorisme mondial et il souhaite que les États-Unis attaquent en priorité l'Iran avant de se tourner vers l'Irak. Il déclarera quelques mois plus tard qu'une intervention militaire serait couronnée de succès sans avoir besoin de tirer un coup de feu, et que les Iraniens feraient chuter eux-mêmes le régime des mollahs.

L'imagination de Ghorbanifar se révèle sans limites et Ledeen continue de lui fournir une oreille complaisante et un relais efficace : l'Iranien prétend être informé d'un transfert d'uranium enrichi de l'Irak vers l'Iran, puis affirmera en 2003 que Téhéran est sur le point de faire exploser une bombe atomique.

En décembre 2001, les échanges entre ces esprits surchauffés, dans l'appartement glacial de la capitale italienne, révèlent au moins la double priorité des néoconservateurs : interrompre toute négociation avec Téhéran et faire de ce pays la cible prioritaire d'une intervention militaire. La seule divergence entre eux porte

---

1. *Ibid.*

sur le calendrier : faut-il attaquer l'Irak avant l'Iran, ou l'inverse ?

Pour parvenir à leurs fins, certains de ces hommes seront prêts à aller très loin, au mépris de toutes les règles éthiques.

teur de Feith prend un petit déjeuner avec Steve Rosen, un homme à la mine renfrognée, considéré comme un des lobbyistes les plus influents de Washington. Rosen dirige le département des affaires étrangères au sein de l'AIPAC (American Israel Public Affairs Committee), une puissante organisation de soutien à Israël. La troisième personne présente, Kerr Weissman, est en charge à l'AIPAC du dossier iranien.

Au cours du repas, dans cette salle de restaurant, un des lieux les plus en vue de la capitale fédérale « où les nez s'allongent et les oreilles traînent », selon la formule d'un humoriste, Franklin informe les deux hommes du contenu du document ayant trait à l'Iran, classé *Secret Defense*. Il en détaille chaque point, méticuleusement, en déplorant qu'il ait été rejeté par le président américain. Franklin propose tout simplement aux deux responsables de l'AIPAC d'utiliser l'influence considérable de leur organisation pour convaincre George W. Bush de déclencher une guerre contre l'Iran. Steve Rosen, devant un tel cadeau, rêve à haute voix, échafaude des plans pour faire engager Franklin au Conseil national de sécurité de la Maison Blanche, où il se retrouverait, selon ses propres mots, « épaule contre épaule avec le Président ». « Je vais faire de mon mieux », ajoute le responsable de l'AIPAC, qui se comporte en tous points comme un espion en train de « traiter » un nouvel agent. Franklin, en divulguant ce document, est désormais passible de trahison. Comme l'écrit James Bamford qui a enquêté sur cette affaire, « en travaillant ensemble, les deux hommes espéraient vendre aux États-Unis encore une autre guerre sanglante. À quelques kilomètres de là, les magnétophones digitaux de la section des services linguistiques du FBI enregistraient chaque mot[1]. »

---

1. James Bamford, *op. cit.*

Larry Franklin en effet est surveillé par les agents fédéraux qui le soupçonnent de vouloir transmettre des documents « hautement sensibles ». Mais les propos enregistrés au cours du repas confèrent à l'affaire un caractère de gravité encore plus grand.

Le dispositif d'écoute et de surveillance mis en place autour de Franklin, Rosen et Weissman est renforcé. Le 10 mars 2003, une semaine avant le déclenchement de l'invasion de l'Irak, Rosen et Weissman rencontrent des diplomates de l'ambassade d'Israël à Washington et leur remettent le projet intégral de directive présidentielle sur l'Iran, transmis par Franklin, ainsi que les comptes rendus de conversations entre le Président et ses proches collaborateurs, portant sur l'attitude à adopter envers Téhéran.

Rosen accentue la pression en transmettant au *Washington Post* des informations qui révèlent les pressions exercées sur George W. Bush pour qu'il s'engage dans une action militaire contre l'Iran. L'article, titré « Pressure Builds for President to Declare Strategy on Iran[1] », évoque Ledeen qui vient de collaborer avec Morris Amitay, ancien directeur exécutif de l'AIPAC, à la création de la Coalition pour la démocratie en Iran, un groupe de pression prônant le renversement de la République islamique.

Rosen met également Franklin en relation avec Naor Gilon, un diplomate israélien soupçonné par le FBI d'être un agent du renseignement. Les deux hommes se rencontrent à plusieurs reprises au cours du printemps 2003 et Gilon organise une rencontre entre le collaborateur de Douglas Feith et Uzi Arad, un ancien directeur du Mossad qui fut également le conseiller du Premier ministre

---

1. Michael Dobbs, « Pressure Builds for President to Declare Strategy on Iran », *Washington Post*, 15 juin 2003.

Benyamin Nétanyahou. Franklin propose à l'ancien chef du Mossad, comme lieu de rendez-vous... la cafétéria du Pentagone.

Des scénarios d'attaque contre l'Iran

Larry Franklin trahit par conviction. Il vit dans une modeste maison, en Virginie, et quitte chaque matin vers 5 heures son domicile pour effectuer les cent soixante kilomètres qui le séparent du Pentagone. Les nombreux renseignements et documents qu'il a transmis ont été envoyés en Israël mais permettent aussi à l'AIPAC de renforcer les pressions sur l'administration Bush pour la convaincre de la gravité de la menace nucléaire iranienne. L'AIPAC et le bureau des plans spéciaux mènent une véritable opération en tenaille.

Les blindés américains qui progressent désormais en direction de Bagdad ont franchi la frontière, en grande partie sur la foi des fausses informations fabriquées par Feith et son bureau, qui utilisent au même moment des méthodes et des arguments identiques à l'encontre de l'Iran.

L'Iran est diabolisé en employant exactement les arguments qui ont été utilisés contre l'Irak. Au début de mai 2003, les planificateurs de l'US Air Force reçoivent l'ordre d'élaborer des scénarios d'attaque contre l'Iran et de dresser la liste des cibles « potentielles » à travers les pays. Plusieurs milliers sont recensées. Cette analyse porte le nom de TIRANNT (Theater Iran Near Term[1]). Quelques mois plus tard, des manœuvres sont organisées prévoyant le débarquement de marines dans un pays reli-

---

1. Michel Chossudovsky, art. cité.

gieux, révolutionnaire et pétrolier possédant des gardiens de la Révolution et « baptisé » Karona. Ces opérations militaires se déroulent alors même que l'Iran adresse à Washington de nouvelles propositions d'ouverture.

En novembre 2003, Rumsfeld active le projet Conplan 8022, résultat d'une directive présidentielle signée par Bush en janvier 2003. Conplan 8022 prévoit l'usage rapide de capacités conventionnelles, mais aussi nucléaires, pour détruire « préventivement si nécessaire des cibles à frapper en priorité » en n'importe quel point du monde.

Au début de l'année 2004, Rumsfeld commande une autre étude, baptisée BMDI (Ballistic Missile Defence in Iran) dont l'objet est d'évaluer l'état des forces iraniennes, notamment les systèmes de missiles et les moyens de les neutraliser.

En juin 2004, le chef du Pentagone donne l'ordre au Stratcom, basé à Omaha dans le Nebraska, d'activer le plan 8022 qui prévoit notamment des frappes globales contre l'Iran. La stratégie préventive adoptée par George W. Bush et son équipe est maintenant opérationnelle. Les bombardiers à longue portée, les sous-marins stratégiques équipés de missiles balistiques intercontinentaux sont désormais placés en état d'alerte, dans l'attente d'un ordre présidentiel. Pour la première fois dans l'Histoire, un pouvoir démocratiquement élu est prêt à utiliser des armes nucléaires contre un pays qui ne possède pas encore l'arme atomique et ne le menace pas directement.

L'usage d'armes nucléaires tactiques

La nouvelle doctrine nucléaire américaine se développe parallèlement à celle de l'Iran, comme si le repoussoir représenté par Téhéran était nécessaire pour l'imposer.

Les plans élaborés lors de la guerre froide ont été réactualisés et, en 2004, le mot *Russie* est remplacé par *adversaire*. Le Pentagone modifie ses plans de frappe nucléaire pour s'adapter aux nouvelles orientations présidentielles.

L'arme atomique compte de nombreux adeptes au sein de l'administration Bush. Juste avant leur entrée en fonctions, Stephen Hadley, le chef du Conseil national de sécurité de la Maison Blanche, Steve Cambone, conseiller spécial de Donald Rumsfeld, et Robert Joseph, comble de l'ironie, sous-secrétaire chargé du contrôle des armements, participent à un groupe d'études recommandant l'usage d'armes nucléaires tactiques comme élément essentiel de l'arsenal militaire des États-Unis. Le nucléaire a toujours été considéré par tous les experts comme l'arme de l'ultime recours. Son emploi contre l'Iran constituerait un bouleversement majeur.

La chute du régime de Saddam Hussein et l'occupation militaire de l'Irak sont présentées comme les victoires de la démocratie. Au même moment, dans le plus grand secret, comme l'écrit James Bamford, « le Pentagone rapprochait le pays d'une guerre avec l'Iran[1] ».

Larry Franklin est arrêté par le FBI en mai 2004 et confronté aux enregistrements recueillis. Les charges sont accablantes et Franklin accepte de coopérer. Le 4 août 2005, Rosen et Weissman sont à leur tour mis en examen.

---

1. Propos recueillis par l'auteur.

Le 20 janvier 2006, Franklin, qui plaide coupable, est condamné à douze ans et sept mois de prison. Dans l'espoir de voir sa peine réduite, il accepte de témoigner contre les responsables de l'AIPAC. Il est, à ce jour, le seul membre de l'équipe de Douglas Feith à avoir été inquiété.

Bagdad, nouvelle « ligne de front » de Téhéran

Entre 2001 et 2004, les néoconservateurs vont oublier l'adage : « Celui qui joue avec le feu, souvent le feu le consume. »

Téhéran a anticipé l'intervention militaire américaine en Irak. Des officiers du renseignement iranien rencontrent en octobre 2001, à trente kilomètres d'Irbil, les principaux responsables kurdes, notamment Massoud Barzani. Au début du mois de décembre, ils confèrent longuement avec les chefs des principales tribus chiites du pays. Le 10 décembre, Téhéran infiltre en Irak des unités du corps Badr qui dépendent des forces d'élite de la garde républicaine iranienne. Ces unités placées sous le commandement du général Mhamde, un officier du renseignement militaire iranien, se sont vu assigner plusieurs missions : sabotage dans le sud du pays, essentiellement dans les provinces de Bassora et Maysan, soutien à l'offensive américaine et mise en place de réseaux de renseignements. L'objectif, après la victoire américaine dont personne ne doute à Téhéran, est de s'assurer une position stratégique en Irak, à travers ses services secrets et en contrôlant les mouvements politiques chiites.

Au début de l'année 2004, un responsable de la garde républicaine confie que l'Iran possède deux brigades stationnées en Irak et contrôle plusieurs milices, avec pour objectif d'assurer la sécurité de l'Iran. Pour Téhéran, Bagdad tombé aux mains des Américains est devenu la nouvelle ligne de front.

La NSA possède les codes utilisés par Téhéran

À l'époque, le renseignement américain est plongé dans un coma qui paraît à beaucoup irréversible. Les attentats du 11 Septembre ont révélé au grand jour l'inefficacité et l'incompétence qui rongent ces énormes organisations bureaucratiques. Reuel Marc Gerecht, un responsable des opérations clandestines à la CIA, apporte un témoignage accablant : « Pas un seul chef de la section Iran, pendant les huit années où j'ai travaillé sur ce pays, ne parlait ou lisait le farsi. En réalité, pas un seul responsable de la division Moyen-Orient ne connaissait l'arabe, le farsi ou le turc. Il y en avait juste un qui pouvait se débrouiller en français. »

Pourtant, au milieu de cette indigence, un miracle se prolonge : la NSA (National Security Agency), la plus puissante des agences de renseignements, possède depuis plusieurs années les codes utilisés par Téhéran pour crypter les messages envoyés à ses ambassades. Un atout fantastique qui permet à Washington d'être informé sur les infiltrations d'agents et de troupes iraniennes en Irak, et les relais sur lesquels ils s'appuient à l'intérieur de ce pays. Les Américains ont le sentiment grisant d'évoluer dans les coulisses du pouvoir iranien. Parfois, lors du briefing quotidien qu'il présente chaque matin au Président, à 7 heures, George Tenet, le directeur de la CIA, aime à citer le passage d'un rapport particulièrement croustillant ou inquiétant. « Tenet est un flagorneur, estime un collaborateur de la Maison Blanche présent à certaines réunions. La CIA n'avait aucune information à fournir, alors il pillait la NSA. En agissant ainsi, il pensait réveiller le Président mieux qu'avec un café serré, tout en lui martelant le même message : "Monsieur le Président, regardez comme vous avez bien fait de ne pas me virer[1]." »

La NSA éprouve l'impression grisante d'être au balcon et d'observer en contrebas les Iraniens qui s'agitent et complotent dans les coulisses du pouvoir à Bagdad. Un véritable conte de fées qui prend fin un jour de mai 2004. Ce jour-là, la NSA intercepte un ultime message en provenance de l'ambassade d'Iran dans la capitale irakienne. Le responsable des services de sécurité de l'ambassade adresse un rapport à Téhéran dont chaque ligne ressemble pour les Américains à la flamme d'une bougie qui s'éteint peu à peu définitivement. L'agent iranien révèle qu'il a appris, d'un informateur bien placé, que les Américains interceptent et décodent tous leurs télégrammes. Il suggère d'interrompre immédiatement tout envoi jusqu'à l'élaboration d'un nouveau système de codage.

Le coup est d'autant plus rude que les responsables américains espéraient obtenir de précieuses informations sur les soutiens apportés par Téhéran aux insurgés chiites en Irak et sur les progrès de leur programme nucléaire.

---

1. Propos recueillis par l'auteur.

12

Les soupçons vont se porter assez rapidement sur un personnage vêtu d'un costume gris assis le 20 janvier 2004 juste derrière Laura Bush alors que le Président prononçait son traditionnel discours sur l'état de l'Union. Le 43ᵉ président des États-Unis célébrait le « succès » de la « guerre préventive » menée contre l'Irak ; une intervention militaire qui couronnait dix années de manœuvres et de manipulations sans scrupule accomplies par l'homme assis ce soir-là à la place d'honneur.

Le parcours d'Ahmed Chalabi se révèle encore beaucoup plus tortueux que ne le laisse penser sa biographie officielle. Ce membre d'une riche famille chiite a fui l'Irak à l'âge de 13 ans, en 1958, lors du renversement de la monarchie par un régime militaire. Il a étudié les mathématiques à l'université de Chicago, rencontré le néoconservateur Richard Perle, puis créé dans les années 1980 la Petra Bank, troisième établissement bancaire de Jordanie, une réussite qui a tourné court. Accusé de fraude bancaire, détournement de fonds et manipulation sur les monnaies, il s'est enfui du pays juste avant que les autorités jordaniennes ne l'arrêtent. Jugé par contumace, il fut condamné en 1992 à plus de vingt ans de travail forcé.

Entrepreneur-né, Chalabi rebondit en créant la même année, avec l'aide de la CIA, le Congrès national irakien, regroupant toutes les tendances de l'opposition en exil. L'INC n'est qu'une « ombrelle », pour les plus aimables de ses détracteurs, réunissant des hommes ou des groupes qui n'ont en commun que leur haine à l'encontre de Saddam et l'animosité qu'ils éprouvent les uns envers les autres. La CIA encadre et finance, selon la formule du général Anthony Zini, « un groupe de types en costume de soie avec des Rolex au poignet, dressant des plans de guerre irréalistes ».

Au fil des années, la CIA et le Département d'État vont perdre toute confiance en Chalabi. Ils ont eu largement le temps de constater que ses informations n'ont aucune fiabilité, et que la gestion des crédits octroyés est d'une opacité douteuse. Le Département d'État suspend en 2002 ses versements, Chalabi et le Congrès national irakien ne pouvant justifier de l'utilisation de 578 000 dollars.

« *Plus question de marchandage dans le souk* »

L'opposant irakien est sauvé par l'arrivée au pouvoir de George W. Bush. Il entretient d'excellents rapports avec les néoconservateurs. L'un d'entre eux, Harold Rhode, collaborateur de Douglas Feith au Pentagone, voit en Chalabi le « George Washington irakien » et Paul Wolfowitz compare le soutien à l'INC à l'aide importante que les États-Unis apportaient aux Contras, ces rebelles qui luttaient au Nicaragua contre le régime sandiniste.

Une comparaison qui n'a aucun sens. Alors que les Contras formaient une guérilla, l'INC n'est, selon un de ses anciens responsables, qu'« un groupe d'hommes employés par les Américains ». Peu importe, Chalabi, rejeté par le Département d'État, coopère désormais avec le Pentagone, et plus précisément avec Douglas Feith et son bureau des plans spéciaux.

Les néoconservateurs ont pris le contrôle du ministère de la Défense et font régner dans les services un véritable climat d'intimidation. Les tièdes, les sceptiques, tous ceux qui n'adhèrent pas totalement à la croisade anti-Saddam lancée par Paul Wolfowitz, Douglas Feith et leurs collaborateurs, sont brutalement écartés. Harold Rhode se charge de traquer ces opposants.

Ce spécialiste de l'Islam a pratiquement fait toute sa carrière au Pentagone où il a longtemps travaillé avec Andrew Marshall, un personnage de légende, âgé aujourd'hui de 83 ans, chargé depuis 1973 d'identifier les futures menaces pour la sécurité nationale américaine. La longévité exceptionnelle de Marshall lui a permis de traverser toutes les époques, de la guerre froide à l'occupation de l'Irak, en passant par la détente et l'effondrement de l'Empire communiste. On le surnomme « Yoda », en référence au personnage de *La Guerre des étoiles*, et Harold Rhode est un de ses « Jedis ». Rhode parle couramment l'hébreu, l'arabe, le turc et le farsi, mais est dépourvu de toute psychologie. C'est un idéologue arrogant et brutal qui lance à un diplomate arabe important qu'il reçoit à son bureau : « Désormais, plus question de marchandage dans le souk. Vous allez vous asseoir et faire attention quand on vous parle. »

Trois cents millions de dollars

Feith et Rhode accueillent, fascinés, la moindre « révélation » fournie par Ahmed Chalabi. Le président du Congrès national irakien évoque la possession par Saddam d'armes nucléaires, biologiques et chimiques, et souligne également ses liens avec les réseaux terroristes d'al-Qaida. Il fait venir au Pentagone trois « transfuges » irakiens. Le premier affirme posséder des informations sur le programme d'armes biologiques irakien, mais ne peut fournir aucune preuve ; le deuxième prétend tout savoir sur les laboratoires mobiles qui seraient utilisés par Bagdad pour fabriquer des armes de destruction massive, mais sans apporter le moindre élément concret ; le même flou entoure les propos du troisième « témoin » concernant le programme nucléaire de Bagdad[1]. Chalabi déclare détenir la preuve du soutien irakien à al-Qaida et ajoute : « Nous avons donné les noms [au Pentagone] des hommes qui font le lien. » Toutes ces pistes se révèlent sans fondement, dépourvues de toute crédibilité, et pourtant, au lieu de les écarter, Feith et son bureau des plans spéciaux vont les transformer en preuves irréfutables du danger incarné par Saddam.

Six mois après la fin des combats, les États-Unis auront déjà dépensé 300 millions de dollars pour essayer de localiser les fameuses armes de destruction massive, et George W. Bush réclame une rallonge de 600 millions pour poursuivre les recherches. Sur le terrain, 1 400 inspecteurs américains quadrillent en permanence le pays à la recherche d'un arsenal introuvable.

Dans ce climat morose et alors que l'insurrection commence à prendre de l'ampleur sur le terrain, l'enquête sur les codes iraniens conduit les responsables du FBI à de curieuses découvertes. Chalabi séjourne fréquemment à Téhéran, où il possède une luxueuse villa, et entretient des relations étroites avec les hauts dirigeants iraniens. Plus troublant encore, le « George Washington irakien » emploie comme chef du renseignement de son mouvement un certain Aras Karim, soupçonné d'être un agent des services de renseignements iraniens. Ils

---

1. Robert Dreyfuss et Jason Vest, « The Lie Factory », *Mother Jones*, janvier-février 2004.

découvrent enfin que Chalabi, le président du Conseil national irakien a, durant la période qui a précédé l'entrée en guerre, coordonné l'envoi de « défecteurs » auprès des services de renseignements français, allemand, espagnol, italien, danois, anglais, suédois.

Ces hommes porteurs d'informations alarmantes sur les programmes d'armes de destruction massive irakiens tenaient tous le même discours. Une manière habile d'intoxiquer les Occidentaux. Leurs témoignages se référaient tous aux mêmes sources, ce qui permettait d'éviter les contradictions lorsque les différents services de renseignements procédaient à des recoupements.

« Chalabi aurait averti l'Iran »

Le 20 mai, des forces américaines accompagnées de membres de la police irakienne encerclent et fouillent le domicile puis les bureaux de Chalabi à Bagdad. Le responsable chiite vient de quitter le pays pour Téhéran et clame son innocence. Pourtant, selon une information divulguée par la chaîne de télévision CBS, « Chalabi aurait averti l'Iran que les codes avaient été brisés en précisant qu'il avait obtenu l'information d'un Américain non identifié ». Il aurait ajouté que l'homme était « ivre » quand il lui fit cette confidence [1].

Qui a transmis les codes à Chalabi ? Seul un petit nombre de responsables civils du Pentagone en connaissaient l'existence. Certains d'entre eux sont soumis au détecteur de mensonge. Sans résultat.

Un des responsables du FBI qui a enquêté sur ce dossier est catégorique et amer : « Je suis convaincu que

---

1. Jim Stewart, « Polygraph Tests in Chalabi Probe », CBS News, 3 juin 2004.

Chalabi est depuis le début un agent iranien, dont l'objectif était de nous pousser à la guerre pour renverser Saddam, mais surtout pour installer dans ce pays un pouvoir chiite pro-iranien dont il aurait peut-être pris la tête. Malgré les charges qui pèsent contre lui, nous n'avons toujours pas le droit de l'interroger. Quand il est revenu aux États-Unis, le ministère de la Justice nous a informés qu'il était placé sous la protection du Département d'État durant tout son séjour, et qu'il nous était donc interdit de le rencontrer et de le questionner. »

Pour Feith et son groupe, cette affaire constitue un véritable cauchemar : eux qui ont cru que Chalabi, l'homme décrit par Bush comme un « allié fiable », était une marionnette entre leurs mains, découvrent, selon James Bamford, « qu'ils viennent juste de déclencher une guerre afin de mettre au pouvoir un agent travaillant pour leur ennemi mortel, l'Iran[1] ». Un autre objectif caressé par Feith s'évanouit en même temps que ses illusions : il voulait faire de l'INC, « le mouvement de Chalabi, l'ossature du futur service de renseignements irakien, et versait chaque mois à l'opposant 340 000 dollars pour les "renseignements obtenus" ».

« Pas de négociations avec l'Iran »

Ce constat humiliant ne diminue pas pour autant la pression exercée par les faucons ; une pression qui écarte toute ébauche d'ouverture, comme celle proposée en mai 2003 par Téhéran. Téhéran fait parvenir par fax un texte de deux pages aux dirigeants américains proposant

---

1. James Bamford, *op. cit.*

une grande négociation pour résoudre l'ensemble des différends existant entre les États-Unis et l'Iran. Son contenu a été approuvé par toutes les instances dirigeantes du pays, y compris le guide de la Révolution, Ali Khamenei. J'ai eu entre les mains ce texte, étonnant par l'ampleur des concessions qu'il formule. L'Iran propose notamment « un soutien actif pour la stabilisation de l'Irak », évoque la fin de « toute aide matérielle aux groupes d'opposition palestiniens », s'engage à faire pression sur le Hamas « pour qu'il stoppe les actions violentes contre les civils à l'intérieur d'Israël ». Il suggère également de transformer le Hezbollah « en une simple organisation politique libanaise » et approuve l'initiative saoudienne visant à une solution du conflit israélo-palestinien et à la création de deux États. Le texte contient surtout un engagement « de pleine transparence » en ce qui concerne le programme nucléaire iranien, pour garantir aux États-Unis que l'Iran ne développera pas d'armes nucléaires [1].

Cette proposition a été transmise par l'intermédiaire de l'ambassadeur suisse à Téhéran, Tim Guldimann. L'administration Bush, au lieu de réagir favorablement à cette ouverture, reproche violemment aux autorités helvétiques d'avoir autorisé leur diplomate à outrepasser son rôle. Berne est choqué, tandis que Washington laisse transparaître son embarras. Les responsables américains prennent leurs distances et tentent de s'exonérer de toute responsabilité. Condoleezza Rice et Rumsfeld prétendent n'avoir jamais lu la proposition, tandis que Colin Powell et son adjoint Richard Armitage estiment qu'il est diffi-

---

1. Nicholas D. Kristof, « Diplomacy at its Worst », *New York Times*, 12 mai 2007.

cile de « démêler [dans ce texte] ce qui émane vraiment des Iraniens de ce qui vient de l'ambassadeur suisse[1] ».

En vérité, George W. Bush n'a aucune envie d'engager des négociations avec un régime dont il considère qu'il doit être renversé. Au cours d'une discussion récente avec un intellectuel conservateur, il a rejeté la formule de l'écrivain Arthur Koestler pour qui « l'homme est une bataille permanente entre le noir et de nombreuses nuances de gris ». Le Président a répliqué : « Nous sommes engagés dans une guerre entre le mal absolu et de bons principes appliqués par des hommes imparfaits[2]. » Sa réponse illustre parfaitement sa psychologie.

Le vice-président Cheney se charge de siffler la fin de partie en déclarant sèchement : « Pas de négociations avec l'Iran. Ce texte n'apporte rien de nouveau. » Un refus légitimé quelques jours plus tard par l'explosion de trois complexes d'habitation en Arabie Saoudite. Vingt-neuf morts sont extraits des décombres, dont sept Américains. Washington pointe le doigt en direction de Téhéran, prétendant que le commanditaire de l'attentat est un responsable d'al-Qaida détenu en Iran. Une accusation qui ne sera jamais étayée par la moindre preuve.

---

1. « The Hidden War with Iran », art. cité.
2. Irwing M. Stelzer, *The Weekly Standard*, art. cité.

13

Pour abattre le régime des mollahs, l'administration Bush décide non pas de dîner avec le diable, mais de s'inviter à sa table, en s'alliant à un groupe inscrit depuis 1997 par le Département d'État sur la liste des organisations terroristes. Ses positions réelles et son idéologie profonde sont aussi profondément hostiles aux États-Unis et à l'Occident que celles de la République islamique, mais ses dirigeants, manipulateurs cyniques, animés d'une logique de survie, passent des alliances avec les pires ennemis du régime islamique pour prolonger leur existence. Michael Rubin qualifie le MEK (Moudjahidin du peuple) de « monstres de la gauche [1] », une étiquette qui caractérise parfaitement cette quasi-secte qui mêle depuis sa création terrorisme, autocratie, islamisme et marxisme.

Né sur les décombres du mouvement réformiste prôné dans les années 1960 par le leader du Bazar, Mehdi Bazargan, le MEK est créé par un groupe d'étudiants, dont Massoud Radjavi, qui prétendent que Dieu a non seulement créé le monde mais qu'il prône une évolution historique qui aboutira à une société sans classes, supplantant les inégalités capitalistes. Leur théorie est un étrange « syncrétisme » où marxisme et islam coexistent

---

1. Michael Rubin, *Monsters of the Left Mujahidin al-Khalq*, The Progressive Conservative, USA, volume 8, issue 12, 13 janvier 2006.

dans le même rejet du clergé conservateur. Pour eux, les oulémas chiites, comme les sunnites, ont échoué à comprendre la véritable essence du Coran et son dynamisme. Massoud Radjavi, qui s'affirme rapidement comme le seul leader, réinterprète la religion pour justifier le terrorisme. Pour lui, la mort au combat ou lors d'un attentat se rattache à la tradition chiite de la glorification du martyre. Un principe repris depuis par tous les groupes terroristes actuels, notamment le Hezbollah et le Hamas, pour justifier les attentats suicide.

Un dictateur qui n'a jamais été au pouvoir

Le MEK, engagé dans une lutte sans merci contre le régime du Shah, multiplie les assassinats et les attentats contre les intérêts américains en Iran.

En 1979, le mouvement est un des artisans de la prise en otage des diplomates américains en poste à Téhéran. Au même moment, il soutient l'invasion soviétique de l'Afghanistan et s'oppose à la résistance des moudjahidin afghans. Réorganisé par Radjavi, le MEK fonctionne désormais comme un parti communiste, d'inspiration trotskiste, avec son comité central et son bureau politique, des organisations de propagande et de jeunesse qui gravitent autour pour recruter de nouveaux membres.

Moustache à la Staline, Radjavi n'impose pas le centralisme démocratique mais une autorité et une hiérarchie aussi rigoureuses qui font de lui l'unique détenteur du pouvoir.

Pour le chef des moudjahidin, l'arrivée au pouvoir de Khomeiny marque le triomphe du clergé ultraconservateur auquel il s'est toujours opposé. Pour le guide de la Révolution, le mélange de marxisme et d'islam du MEK constitue une hérésie intolérable. À la tête d'une délégation, Radjavi est reçu dans la ville sainte de Qom par l'ayatollah Khomeiny qui écarte sèchement ses offres de services et lui administre d'un ton glacial une leçon sur ce qu'est le véritable islam.

La rupture est dès lors consommée. Les moudjahidin sont qualifiés par les proches de Khomeiny d'« hypocrites » et d'« incroyants », une escalade verbale qui se double d'un affrontement marqué par une violence inouïe, oubliée aujourd'hui. Ses sympathisants, taxés d'« ennemis de Dieu », sont exécutés en grand nombre. Le directeur de la prison Ervin, le plus grand établissement pénitentiaire de Téhéran, se vante des innombrables exécutions sommaires d'adolescents. Aux morts qui se comptent par milliers, répondent les assassinats et les attentats que le MEK revendique : 10 000 victimes entre 1981 et 1982.

Le 29 juillet 1981, Radjavi, accompagné de l'ex-président de la République Bani Sadr, fuit l'Iran à bord d'un appareil de l'armée de l'air qui se pose sur la base militaire d'Évreux. Radjavi trouve refuge à Auvers-sur-Oise où réside son frère médecin, à quelques centaines de mètres de l'auberge Ravoux où mourut Vincent Van Gogh. Il y installe son quartier général et le transforme en un camp retranché qui existe encore aujourd'hui.

Pour continuer d'exister, ce dictateur qui n'a jamais été au pouvoir et règne sur un groupe affaibli offre ses services au pire ennemi de son pays : Saddam Hussein. Les moudjahidin deviennent les supplétifs de l'armée irakienne dans la guerre sanglante en cours contre Téhéran. Toutes les tendances de l'opinion iranienne se rejoignent sur un point : la haine et le mépris envers les Moudjahidin du peuple, qualifiés de « traîtres » et de « terroristes ».

« Les tuer avec des tanks »

En 1991, au lendemain de la défaite de Saddam Hussein, l'avenir de l'Irak est l'objet d'âpres discussions au sein du petit groupe de conseillers réunis autour de Bush père. Robert Gates, déjà lui, prépare plusieurs scénarios. L'un d'eux envisage la création d'un mini-État dans le sud de l'Irak à dominante chiite. Gates souhaite y créer une armée sur le modèle du Sud-Liban, où Israël conserve un glacis et finance une milice. Washington multiplie les appels au soulèvement des chiites et des Kurdes. Un calcul qui repose sur deux certitudes : Saddam Hussein, dont les jours sont comptés, confronté à une défaite militaire aussi humiliante, ne sera pas en mesure de répliquer à un soulèvement.

Un message de soutien, suffisamment ambigu pour pouvoir être démenti à la première occasion, est envoyé aux leaders kurdes iraniens. Au même moment, des experts militaires américains franchissent la frontière turque et gagnent le Kurdistan.

Bush et son entourage sont stupéfaits lorsque Saddam Hussein réprime avec une extrême violence la rébellion chiite, puis celle des Kurdes. « Ils n'avaient plus de scénario, me confia un collaborateur, à l'époque, de Dick Cheney au Pentagone. Je me rappelle que nous demandions aux services de renseignements : mais quelles sont ces unités de la garde républicaine qui répriment l'insurrection ? Ils étaient incapables de nous répondre. » Et pour cause : les soldats revêtus des uniformes de cette unité d'élite choyée par Saddam, qui assassinent des milliers de civils kurdes et d'opposants chiites réfugiés dans les marais au sud de Bassora, sont des Moudjahidin du peuple. Selon le fils du dirigeant kurde Jalal Talabani, aujourd'hui président de l'Irak, « jusqu'à la chute du régime, il [le MEK] faisait partie intégrante du pouvoir militaire irakien, lourdement impliqué dans l'anéantissement du pouvoir kurde en 1991 [1] ».

Le *New York Times* publie le témoignage, sur ces événements, d'un ancien garde du corps de Radjavi et de sa seconde épouse, Maryam : « On nous a expliqué que si ces révoltes parvenaient à renverser Saddam Hussein, ce serait la fin de notre mouvement... Maryam Radjavi nous a conseillé de les tuer avec des tanks afin de garder nos balles pour d'autres opérations [2]. »

Des manipulateurs hors pair

Il existe des « États voyous » mais aussi des mouvements dits « révolutionnaires » qui le sont tout autant : les FARC en Colombie et le MEK entrent dans cette catégorie.

Massoud Radjavi et sa seconde épouse, Maryam, règnent sur leur mouvement en despotes : les membres ne sont pas autorisés à lire d'autres lectures que celles du MEK, vivent en commun, sont astreints au célibat, doivent renoncer à la sexualité et participent à des séances régulières d'autocritique.

En 1985, au terme de leur mariage qui doit marquer, selon eux, le coup d'envoi d'une « Révolution idéologique permanente », les Radjavi contraignent les quelques couples mariés à divorcer pour mieux se consacrer physiquement et mentalement au culte de la personnalité qu'ils ont créé.

Manipulateurs hors pair, ils ont totalement réussi, à l'extérieur, à occulter ce comportement de chefs de secte

---

1. Michael Rubin, *op. cit.*
2. Elaine Scolino, « La face cachée des moudjahidin », *New York Times / Courrier International*, 10 juillet 2003.

et leur passé terroriste, et compris à quel point les démocraties sont naïves et dépourvues de mémoire. Alors, ils font le siège des Parlements européens, obtiennent en 1986 que 3 000 parlementaires, notamment en France, signent une pétition en leur faveur ; opération rééditée en 1992 aux États-Unis où 1 500 membres et collaborateurs du Congrès apportent, dans une déclaration conjointe, « leur soutien au Conseil national de la résistance [l'aile politique du MEK] en tant qu'alternative démocratique au régime de Khomeiny ». Ils envoient des délégations auprès du parti travailliste britannique, des partis communistes italien et grec, gagnent la bienveillance de nombreuses organisations des droits de l'homme et d'universitaires réputés. Tous ces gens semblent avoir oublié que « l'ennemi d'un adversaire » n'est pas nécessairement un ami. Michael Rubin, spécialiste de l'Iran à l'American Enterprise Institute, proche pourtant des néoconservateurs, témoigne d'une véritable aversion pour le mouvement : « À travers les États-Unis, écrit-il, les membres du MEK confient aux membres du Congrès, à leurs équipes et à d'autres responsables politiques ce qu'ils veulent entendre : le MEK est le seul mouvement d'opposition capable d'évincer la République islamique, impopulaire et répressive. Ils sont habiles. Les membres du Congrès et les commentateurs politiques reçoivent à Noël des paniers remplis de noisettes et autres douceurs. Habillés avec soin, parlant avec recherche, leurs représentants approchent les écrivains, politiciens et experts critiques envers le régime iranien [1]. »

---

1. Michael Rubin, *op. cit.*

Quatre points non négociables

Téhéran ne cesse de réclamer à Paris l'extradition des dirigeants des moudjahidin et l'interdiction de leurs activités sur le sol français. Selon une étude sur les relations entre la France et l'Iran, publiée en 2006 : « Pour voir ses exigences prises en considération, l'Iran a choisi de mettre la pression sur la France pour que celle-ci accepte d'expulser le chef des moudjahidin et de régler le contentieux sur Eurodif (le partenariat franco-iranien sur le nucléaire civil)[1]. » Dans cette perspective, des prises d'otages au Liban et plusieurs attentats seront organisés par l'Iran. « Au début du mois de décembre 1985, écrit Dominique Lorentz, les Iraniens réveillèrent donc le président Mitterrand par un double attentat. Le 7 décembre, deux bombes explosent simultanément aux Galeries Lafayette et au Printemps[2]. »

Roland Dumas, rencontré à son domicile parisien de l'île Saint-Louis, me parle d'abord de sa première visite en Iran : « C'était en 1951, je travaillais alors pour un petit journal et j'avais un problème de peau qui m'avait conduit à laisser pousser ma barbe. Mossadegh, alors au pouvoir, m'avait pris en sympathie. » La parenthèse nostalgique refermée, il évoque les quatre points non négociables avancés en 1986 par François Mitterrand, sur lesquels il était hors de question d'engager des pourparlers avec l'Iran : « Refus de verser une rançon pour les otages détenus, de remettre en question les contrats d'armement passés avec l'Irak ou de livrer des armes à l'Iran. Enfin, hors de question d'expulser des réfugiés politiques

---

1. *Cahiers d'études sur la Méditerranée orientale et le monde turco-iranien*, Cemoti, n° 41, janvier-juin 2006.

2. Dominique Lorentz, *Secret atomique*, Les Arènes, 2002.

iraniens, comme Massoud Radjavi ou l'ancien président Bani Sadr[1]. »

La reine des abeilles

Pourtant, quelques mois plus tard, Massoud Radjavi sera expulsé vers l'Irak par Jacques Chirac, qui vient d'arriver à la tête d'un gouvernement de cohabitation. Les Iraniens se réjouissent, à tort, d'une telle décision. Radjavi devient l'allié de leurs pires ennemis et sera l'exécuteur des basses œuvres de Saddam. Les 7 000 à 8 000 hommes, lourdement armés, dont il dispose en territoire irakien assurent la répression interne au profit du régime baasiste, mais sont également infiltrés en Iran pour commettre des attentats, des opérations de sabotage ou des assassinats ciblés.

En 1987, le ministre de l'Intérieur, Charles Pasqua, annonce l'expulsion d'opposants iraniens, en majorité des moudjahidin. La décision provoque une levée de boucliers. Le Haut-Commissariat pour les réfugiés s'inquiète, la Ligue des droits de l'homme proteste. Jack Lang s'exclame : « Honte à Pasqua. Honte au gouvernement Chirac qui, par ce geste indigne, renie le droit d'asile et pactise avec la dictature de Khomeiny. » Lionel Jospin souligne l'« expulsion brutale ». La réponse de Charles Pasqua est à la fois ironique et précise : « C'est votre droit... de vous déclarer solidaires des Moudjahidin du peuple qui, aujourd'hui, combattent le régime de Khomeiny comme ils l'ont aidé hier à prendre le pouvoir. Vous aurez du mal à les présenter comme des démocrates authentiques et on peut imaginer quel régime s'instaurerait en Iran s'ils prenaient le pouvoir. » Seul bémol à cette mise au point :

---

1. Entretien avec l'auteur, juin 2007

en juillet 1985, Charles Pasqua a signé un texte de soutien aux moudjahidin...

Le mouvement, qui a pourtant si peu de goût pour la démocratie, va orchestrer une grande campagne de protestation à travers l'Europe et les États-Unis, avec l'aide de la presse qui témoigne en cette occasion d'un singulier aveuglement. Des pressions payantes. Paris accepte le retour de sept des expulsés.

Le 17 juin 2003, 1 300 policiers encerclent puis donnent l'assaut au quartier général de l'organisation à Auvers-sur-Oise. Cent soixante-cinq membres et responsables sont arrêtés, dont la présidente, Maryam Radjavi. En geste de protestation, dix moudjahidin s'immolent par le feu ; deux succombent à leurs blessures. Maryam Radjavi, tailleur Chanel, foulard en permanence autour du cou, est libérée.

Selon une analyse des *Cahiers d'études sur la Méditerranée orientale et le monde turco-iranien*, « cette opération sans précédent peut marquer une phase nouvelle dans les relations irano-européennes caractérisées, d'une part, par la pression qu'exerce l'Europe sur l'Iran au sujet de son programme nucléaire, pour ne pas donner de prétexte à l'Amérique qui envisage un changement de régime en Iran si ce dernier refuse de collaborer avec l'AIEA ; d'autre part, l'Union européenne, dans la continuité de ses approches précédentes au sujet de l'Iran, qui consistent à soutenir les "réformistes", veut écarter les options qui peuvent contribuer à la déstabilisation de la scène politique en Iran. Dans cette perspective, étant donné que les Moudjahidin du peuple, en tant qu'organisation bien structurée, peuvent jouer un rôle dans la déstabilisation de la République islamique, la France a procédé à cette opération pour limiter l'action de cette organisation sur

le sol français [...]. Quant à la justification de cette opération par le gouvernement français, elle fut exprimée par
le ministre de l'Intérieur, Nicolas Sarkozy : "Les moudjahidin voulaient faire de la France leur base arrière, nous
ne pouvions l'accepter" [1] ».

L'explication est un peu courte. Depuis de longues
années, le mouvement utilise la France comme base
arrière. Et, à Auvers-sur-Oise, derrière les hauts murs et
les miradors qui protègent son quartier général, Maryam
Radjavi continue de régner sur l'organisation comme une
reine des abeilles sur son royaume. 2003 est une excellente année pour le MEK. La chute de Saddam va lui
fournir un autre protecteur : les États-Unis.

---

1. *Cemoti*, janvier-juin 2006, art. cité.

Paul Wolfowitz et Douglas Feith qui voient dans cette organisation l'instrument idéal pour la politique qu'ils souhaitent mener contre l'Iran. Le groupuscule islamo-gauchiste offre un autre atout : il paraît crédible. Son porte-parole à Washington, Jafarzadeh, qui prendra ses distances à la fin de 2003, est l'homme qui a fourni les révélations sur le programme nucléaire iranien.

Le 10 mai 2003, le général Ray Odierno, commandant de la 4e division d'infanterie stationnée en Irak, déclare : « Je voudrais dire que toute organisation qui remet son équipement aux forces de la Coalition coopère avec nous, et je crois que ceci devrait conduire à réexaminer s'ils sont toujours une organisation terroriste ou non. » Une déclaration bien peu réfléchie, qui révèle l'état d'esprit de plusieurs responsables militaires.

Michael Ledeen a beau dire : « Je ne suis pas homme à approcher à moins de trois cents kilomètres du MEK, ces gens ne sont pas soutenus, ils n'ont aucune légitimité », il sait parfaitement que c'est faux. Les moudjahidin sont choyés, courtisés et Washington est devenu politiquement pour eux un véritable cocon.

Un groupe terroriste n'est pas nécessairement illégal

Juste après la réélection de George W. Bush, le vice-président Cheney déclare le 20 janvier 2005 sur CBS : « Si vous dressez une liste des zones potentielles à problèmes, l'Iran arrive juste en tête. » À la même époque, il demande au directeur de la CIA de réfléchir au moyen d'intégrer les forces des moudjahidin à l'agence de renseignements, pour des opérations de sabotages et d'assassinats menées à l'intérieur de l'Iran.

Maryam Radjavi et son mouvement, qui ont assassiné dans le passé plusieurs Américains et servi de supplétifs à Saddam, sont devenus une arme aux mains des faucons qui entourent le président américain. Seul obstacle de taille à une coopération ouverte entre le MEK et l'administration américaine : l'organisation figure depuis 1997 sur la liste des organisations terroristes dressée par le Département d'État. Un classement qui curieusement ne lui interdit pas d'avoir un bureau et des activités dans la capitale américaine. John Ashcroft, ministre ultraconservateur de la Justice, soutient activement le mouvement et un de ses collaborateurs explique cette ambiguïté juridique en déclarant : « Le simple fait qu'un groupe soit désigné comme une organisation terroriste étrangère ne le rend pas nécessairement illégal[1]. » Un ange passe. L'organisation est également inscrite sur les registres du ministère de la Justice, en tant que... lobbyiste, une activité où elle excelle.

En janvier 2005, un ancien collaborateur de Ronald Reagan, Raymond Tanter, crée l'Iran Policy Committee, composé d'« anciens officiels de la Maison Blanche, du Département d'État, du Pentagone, des agences de renseignements, des centres de recherches et universités ». Et, omet-il de préciser, de plusieurs représentants importants des industries d'armement. Pour les membres de l'IPC, « l'Iran constitue la principale menace contre les États-Unis et leurs alliés ». Depuis sa création, l'Iran Policy Committee fait pression sur l'Administration pour qu'elle retire le MEK de la liste des groupes terroristes[2] et que

---

1. « Iran's Terrorist Group Final Support on Hill », *The Hill*, 2 avril 2003.
Ashcroft Bagdad connection, Michael Isikoff, *Newsweek*, 26 septembre 2002.
2. Michael Moran, « Can Terrorists be Turned into Allies ? » MSNBC.com, 9 mai 2005.

« ces combattants de la liberté (*sic*) soient au cœur de la stratégie suivie pour provoquer un changement de régime en Iran ». Au cours d'une conférence de presse tenue le 21 novembre 2005, Tanter déclare : « Une des options militaires est le Robust Nuclear Earth Penetrator [une bombe nucléaire tactique de grosse taille] qui peut avoir la capacité de détruire efficacement des cibles profondément enfouies. Ces bombes peuvent détruire des tunnels et autres installations souterraines. » Après cette entrée en matière radicale, il ajoute : « La communauté internationale devrait réaliser qu'il n'existe qu'un seul groupe qui fasse peur au régime de Téhéran : les Moudjahidin du peuple et le Conseil national de la résistance iranien, la coalition politique à laquelle appartient le MEK [...]. Ce ne sont pas seulement les meilleures sources de renseignements sur les violations potentielles par l'Iran des règles de non-prolifération ; ce sont aussi de possibles alliés de l'Occident qui apporteront un changement de régime à Téhéran[1]. »

Le « choc croissant des civilisations »

La démarche de Tanter est appuyée par Tom Tancredo, représentant du Colorado à la Chambre des représentants. L'homme s'est taillé une réputation en prônant la déportation massive des travailleurs clandestins présents sur le sol des États-Unis, la construction de murs le long des frontières du pays, et la nécessité pour les États-Unis de s'engager dans le « choc croissant des civilisations ». « Je crois, dit-il, que nous ne combattons pas seulement un petit groupe qui a pris en otage une religion, mais une

---

1. Raymond Tanter, « Press Briefing », National Press Club, Washington, 21 novembre 2005.

civilisation résolue à nous détruire : l'islam radical. L'islam radical est l'ennemi de la chrétienté depuis des siècles[1]. » Il a créé, également en 2005, le « Rassemblement pour la démocratie et la Ligue des droits de l'homme en Iran ». Il décrit Maryam Radjavi comme « très charismatique ; elle croit en les droits de la femme, elle croit à la démocratie en Iran. Je soutiens ses efforts. Je comprends que les États-Unis les qualifient d'organisation terroriste, mais vous devez comprendre qu'ils ont été considérés comme tels après que l'administration Clinton a cherché à aboutir à une détente avec l'Iran, avec les mollahs ; ceux-ci ont formulé une seule exigence : que les moudjahidin soient placés sur la liste des organisations terroristes, ce qui a été fait pour des raisons politiques, et nullement parce qu'ils constituent une menace pour les États-Unis[2] ».

« *Merci, sœur Maryam* »

Au début de mai 2005, le MEK organise une grande manifestation à Washington, au Constitution Hall, pour obtenir d'être reconnu comme le représentant légitime de la résistance. Plusieurs membres du Congrès sont présents. Plusieurs orateurs prennent la parole, dont le capitaine Vivian Gembara de la 4e division d'infanterie, une juriste qui a négocié le désarmement des moudjahidin en Irak. Elle est la fille d'un officier des Forces spéciales qui fut une véritable légende durant la guerre du Viêtnam : « C'est tout simplement imprudent, déclare-t-elle, de continuer à exclure le MEK, alors que nous devons

---

1. Tom Tancredo, « Christian Crusades, Cultural Nationalist and Iran Freedom Fighter », *International Relations Center*, 24 mai 2006.
2. *Ibid.*

faire face à une menace effrayante et beaucoup plus importante en Iran. »

Le 20 octobre 2005, Maryam Radjavi prend la parole au cœur même du Congrès des États-Unis. La présidente autoproclamée de l'Iran s'exprime au Capitole par vidéo, en direct d'Auvers-sur-Oise. Cette femme de 51 ans accueille avec un sourire humble les applaudissements nourris qui ponctuent son apparition. Au terme de son intervention, la représentante démocrate du Texas, Sheila Jackson, lance avec émotion : « Merci, sœur Maryam [1]. »

La posture du « combattant de la liberté » est un créneau efficace en termes d'image... En leur temps, Jonas Savimbi en Angola et Massoud en Afghanistan l'ont pratiquée avec succès, obtenant aide financière et armement.

Maryam Radjavi promet exactement ce que ses sympathisants souhaitent entendre. En janvier 2005, elle s'engage à organiser des « élections libres et honnêtes dans les six mois qui suivent le changement de régime, à élire une assemblée constituante, à remettre le soin de diriger les affaires aux représentants élus par le peuple ». Une déclaration admirable que contredit pourtant le rapport publié au même moment par l'organisation des droits de l'homme, « Human Rights Watch ». Vingt-huit pages accablantes qui portent en titre : « No Exit : Human Rights abuser inside the MEK Camp [2] ». Selon Joe Storck, le directeur à Washington de la division Moyen-Orient de l'organisation : « Le gouvernement iranien détient un record épouvantable en matière de droits de l'homme, mais ce serait une énorme erreur de soutenir un groupe d'opposition qui est responsable d'abus pour ce qui touche aux droits de l'homme. »

---

1. Michael Rubin, *op. cit.*
2. « Human Rights Watch », rapport de mai 2005, New York.

Le rapport repose sur les témoignages de douze anciens moudjahidin, recueillis entre février et mai 2005. Ils évoquent l'usage de la torture, les mauvais traitements et la mise en détention solitaire après qu'ils ont critiqué les méthodes non démocratiques du mouvement et manifesté leur souhait de le quitter. Deux d'entre eux déclarent avoir été les témoins de la mort de deux prisonniers au cours des interrogatoires. Le MEK, révèlent-ils, a installé dans ses camps irakiens des prisons spéciales où sont détenus les dissidents. Un des témoins déclare avoir été emprisonné huit ans et demi dans ces conditions, un autre cinq ans. Quatre autres, accusés d'opinions déviantes, affirment avoir été sévèrement torturés et contraints à signer de fausses confessions où ils reconnaissaient entretenir des liens avec des agents des services de renseignements iraniens. Trois anciens moudjahidin ont assisté à la mort de Parviz Ahmadi, le commandant d'une unité, décédé en février 1995 après avoir été violemment frappé. Sa mort ne sera annoncée que trois ans plus tard, dans le journal de l'organisation, *Mojahed*, qui le qualifie de « martyr » assassiné par les services iraniens.

Tous les témoignages, enfin, expriment la même évidence : les Moudjahidin du peuple ne sont pas un mouvement politique mais une secte vouée au culte de la personnalité du couple dirigeant.

Le rapport, à peine mentionné dans la presse, passe pratiquement inaperçu. Il faut dire qu'il règne alors à Washington un climat aussi outrancier que celui qui prévalait en 2002-2003 durant les préparatifs militaires contre l'Irak.

« La CIA attire trop la foudre »

À l'automne 2004, alors qu'il fait campagne pour sa réélection, arrachée de justesse, George W. Bush déclare à la chaîne d'information Fox News, qui lui fournit un soutien complaisant : « L'Iran ne sera jamais autorisé à posséder l'arme nucléaire[1]. » En février 2005, dans son discours solennel sur l'état de l'Union qui exprime les grandes orientations politiques, il revient longuement sur l'Iran qui « demeure aujourd'hui le principal État au monde finançant le terrorisme, poursuivant un programme de développement d'armes nucléaires, tout en privant son peuple de liberté[2] [...] ». Peu auparavant, le 6 janvier, l'Iran Freedom Support Act, destiné à soutenir une transition vers la démocratie en Iran, est introduit à la Chambre des représentants. Il sera adopté un mois plus tard par le Sénat. Il permet le financement des groupes d'opposition. Au premier rang desquels le MEK, le seul à posséder une structure opérationnelle.

En coulisses, les Moudjahidin du peuple sont une source d'affrontements entre le Département d'État et le Pentagone. Un témoin de ce bras de fer résume la situation : « Les militaires les considèrent comme des potes et les diplomates comme des terroristes[3]. » Condi Rice reproche à Rumsfeld d'utiliser secrètement les moudjahidin pour des opérations clandestines. Les informations de la secrétaire d'État sont exactes. Ils sont devenus les « Contras iraniens », utilisés dans la plus totale illégalité par le Pentagone et la DIA, les services secrets militaires, pour des activités de guérilla à l'intérieur de l'Iran. La

---

1. Entretien avec Bill O'Reilly, 28 septembre 2004.
2. « State of the Union Speech », 3 février 2005.
3. Propos recueillis par l'auteur, avril 2007.

CIA est tenue totalement à l'écart. « Parce qu'elle attire trop la foudre, me déclare un de ses responsables, c'est-à-dire la curiosité et la méfiance du Congrès[1]. »

« *Notre politique n'a pas changé* »

Il n'existe aucune directive présidentielle autorisant de telles opérations. Ce qui permet, en théorie, de court-circuiter d'éventuelles enquêtes menées par le Sénat et la Chambre des représentants. Des camps, contrôlés par les Forces spéciales et installés dans les zones arides qui bordent la frontière iranienne, servent à l'encadrement et à la formation des moudjahidin pour des opérations de sabotages et d'assassinats à l'intérieur de l'Iran.

Un seul homme a la haute main sur toutes ces opérations clandestines : le sous-secrétaire à la Défense chargé du renseignement, Stephen Cambone, un néoconservateur que beaucoup considèrent comme le véritable bras droit de Rumsfeld. Un homme « de l'ombre », selon un de ses collaborateurs, littéralement fasciné par le potentiel que représente le MEK : en termes de renseignements sur le programme nucléaire iranien, mais aussi parce qu'il est le seul à pouvoir mener des actions terroristes capables d'inquiéter les dirigeants de Téhéran. Cambone a également négocié avec les responsables pakistanais et obtenu le feu vert du président Mucharraf pour que les moudjahidin puissent opérer depuis la province du Baluchistan.

Interrogé par un journaliste au cours du point de presse quotidien, le porte-parole de la Maison Blanche, Scott McClellan, nie toute implication de l'Administration.

« — De nombreux rapports, demande un journaliste,

---

1. Propos recueillis par l'auteur, mars 2007.

révèlent des opérations de basse intensité menées à l'intérieur de l'Iran, à partir de trois zones différentes. Le PKK
[mouvement indépendantiste kurde] sur la frontière de
l'Irak, le MEK à la frontière sud de l'Irak et également
certaines opérations provenant du Baluchistan. Les États-
Unis ont-ils une politique ? Il existe aussi des rapports
dont je sais que vous ne les commenterez pas, sur de
possibles opérations menées par des Forces spéciales en
Iran.

« — Nos politiques à l'égard de ces organisations
n'ont pas changé, réplique le porte-parole de la Maison
Blanche [...]. Nous les considérons toujours comme des
organisations terroristes.

« — Et nous n'aurions jamais coopéré avec eux, en
termes de... ?

« — Notre politique n'a pas changé », coupe
McClellan [1].

Auvers-sur-Oise, avril 2007. L'homme qui nous rejoint
dans le jardin de cette propriété, située à deux cents
mètres de la place de la Mairie, est un proche collaborateur de Maryam Radjavi... La quarantaine, fine moustache, lunettes imposantes, il oppose à mes questions les
mêmes dénégations que le porte-parole de la Maison
Blanche : « Nous n'avons aucun contact avec les États-
Unis et nous ne menons pas, avec leur aide, d'opérations
à l'intérieur de l'Iran. » Il affiche le même sourire contrit
à chaque nouvelle interrogation. « Non, nous ne recevons
aucune assistance financière de Washington. » Une opération militaire américaine en Iran ? Ses doigts effleurent
l'anse de la tasse de café posée devant lui : « Notre position est très claire : nous sommes contre toute intervention étrangère, je dis bien toute [2]... »

---

1. Maison Blanche, conférence de presse, 3 mai 2006.
2. Propos recueillis par l'auteur, avril 2007.

15

J'ai rencontré l'amiral Stanford Turner au début 1981, juste après son départ de la CIA. Il habitait, dans une banlieue de Washington, une maison neuve à la façade en bois, identique à toutes celles construites sur le même lotissement. La poignée de main énergique, le regard qui se plante littéralement dans vos yeux évoquaient davantage l'ancien militaire que le directeur d'une agence de renseignements. En réalité, Turner comme Jimmy Carter, le Président qui l'avait nommé à ce poste, détestait le monde du renseignement et ses pratiques. Carter l'avait choisi, non pour réformer la CIA, mais pour moraliser ses activités. Une tâche qui confinait à l'absurde.

Turner avait relevé le défi et s'était comporté en véritable « ange exterminateur ». L'agence sortait d'un des pires scandales de son histoire et pour cet homme profondément religieux, pétri de principes moraux, ces dérives découlaient du « facteur humain ». Substituer l'espionnage électronique aux renseignements obtenus par des agents sur le terrain permettait, selon lui, d'obtenir des informations plus fiables en éliminant tout risque d'abus et de scandales. Le personnage chaleureux qui m'a reçu, vêtu d'un pull et d'un jean, rendit littéralement « aveugle » la CIA et démoralisa totalement son personnel. Désormais, les satellites de reconnaissance remplaçaient les missions clandestines. L'arrivée au pouvoir de

Ronald Reagan et de William Casey contribua à inverser cette tendance, mais le mal était fait.

La mort clinique des agences de renseignements

Les seize agences de renseignements américaines reçoivent un budget annuel total de 40 milliards de dollars, mais la CIA, la plus connue de toutes, ne perçoit que le dixième de cette somme, illustration d'un déclin amorcé depuis plus de trente ans.

Le hall d'entrée du quartier général, à Langley, à proximité de Washington, est décoré d'étoiles noires dont chacune représente un agent tué en mission durant la guerre froide. Voilà pour la mythologie. La réalité est moins glorieuse : l'agence durant toutes ces années n'a pas été en mesure de recruter un seul agent soviétique, même de niveau moyen. Tous les informateurs de la CIA étaient des volontaires, ce qui permit de l'infiltrer et de la désinformer. Tous les officiers travaillant sur Cuba, y compris la chef du service, se sont révélés être des agents doubles, et les trois responsables de l'Allemagne de l'Est collaboraient en réalité à la Stasi (les services secrets est-allemands). Aldrich Ames, un alcoolique placé à la tête des opérations soviétiques, vendait ses secrets au KGB. *The Economist* évoque l'Afrique où les agents américains « payaient pour une information recueillie gratuitement au cours d'un déjeuner par les diplomates ». Le magazine souligne également l'« échec à prédire l'invasion de l'Afghanistan par les Soviétiques, en 1979, et l'effondrement de l'URSS une décennie plus tard [1] ».

En 1998, les responsables du renseignement américain seront pris par surprise quand l'Inde testera une bombe

---

1. « Intelligence Reform », *The Economist*, 19 mars 2005.

atomique, et ils conseilleront à Bill Clinton de frapper une des rares usines produisant des médicaments au Soudan, en affirmant, de façon absurde, qu'elle fabrique des gaz toxiques. L'année suivante, à la suite d'un renseignement erroné transmis par la CIA, un avion américain bombarde l'ambassade de Chine à Belgrade. Les lacunes béantes lors des attentats du 11 Septembre, puis les fausses informations recueillies sur les supposées armes de destruction massive en Irak, qui ont justifié l'entrée en guerre, signent l'acte de décès des services de renseignements américains.

Pourtant, la NSA, avec ses 38 000 employés, linguistes, briseurs de codes, intercepteurs de haute volée, est désormais sur le point, selon la formule de James Bamford, d'« atteindre son objectif ultime qui est d'intercepter et de passer au crible chaque syllabe et murmure, et de zapper des États-Unis en n'importe quel point du monde [1] ».

En 1997, les grandes oreilles de la NSA, à travers son relais britannique, le GCHQ [2], interceptent la conversation d'un responsable commercial travaillant pour une petite entreprise installée dans la banlieue de Toulouse. Les propos évoquent l'ouverture, par le ministère de la Défense iranien, d'une lettre de crédit de 1,1 million de dollars destinés à la compagnie française Microturbo. Les responsables de la NSA en concluent que l'Iran est en train d'acquérir auprès de Microturbo un moteur pour équiper le missile anti-navire C-802, frappé d'embargo. Les fax et les communications téléphoniques échangés entre Toulouse et Téhéran, immédiatement interceptés

---

1. James Bamford, *op. cit.*
2. Centre d'écoute installé à Cheltenham, à cent kilomètres de Londres, et relais de la NSA. Le GCHQ, placé directement sous l'autorité du Premier Ministre, a pour mission d'intercepter toutes les conversations sur le territoire européen, par téléphone, fax ou mail.

par le GCHQ, installé à cent kilomètres à l'ouest de Londres, sont répercutés, non seulement auprès de la NSA, mais également au MI6, le service secret britannique, et à ses homologues canadien et australien. La NSA transmet le contenu de la conversation du responsable commercial toulousain à la CIA qui le diffuse auprès de plusieurs de ses antennes, notamment à Bonn et Paris. Désormais, plusieurs centaines de personnes sont informées d'un dossier qui ne contient aucune preuve, simplement une interrogation : la société Microturbo se prépare-t-elle à expédier un moteur de missile à Téhéran ? Washington intervient auprès du gouvernement français pour le presser d'agir. Des inspecteurs montent à bord du navire qui transporte le chargement, juste avant qu'il n'appareille pour l'Iran. Mais les caisses ne contiennent aucune pièce sensible et interdite à l'exportation, seulement des générateurs parfaitement autorisés.

L'agence aveugle et sourde

La technologie transforme la collecte ou l'envoi de renseignements à l'étranger en une routine insipide. Autrefois, contacter un agent travaillant en territoire ennemi constituait une opération dangereuse, exigeant une longue et minutieuse préparation, et surtout une vigilance qui fit défaut en mars 2004 à l'officier de la CIA chargé à Langley des communications avec les agents opérant en territoire iranien. Ce jour-là, en pressant par inadvertance sur le mauvais bouton de son ordinateur, l'officier condamne à la torture et à la mort des dizaines d'hommes et prive, à un moment crucial, les États-Unis de toute information précise sur l'Iran.

La CIA communique depuis plusieurs années avec ses agents en leur faisant parvenir des courriers cryptés qu'ils déchiffrent grâce aux minuscules appareils de réception dont ils sont équipés. En procédant ce jour-là au dernier envoi, l'officier à Langley commet une erreur de manipulation et expédie à l'agent iranien toutes les informations concernant l'ensemble du réseau implanté à travers le pays, ce qui permet d'identifier pratiquement tous les agents de la CIA travaillant en Iran.

Le directeur de l'agence, Porter Goss, et ses adjoints ne vont pas tarder à découvrir l'ampleur du désastre. L'homme qui a reçu les informations est en réalité un agent double qui prévient immédiatement les services de sécurité. Le réseau est démantelé en quarante-huit heures et ses membres jetés en prison, torturés et probablement exécutés. Depuis, la CIA se révèle incapable d'obtenir le moindre renseignement consistant sur l'Iran. En appuyant par mégarde sur cette touche, l'officier a rendu l'agence aveugle et sourde.

Au début de l'année 2005, Bush interroge longuement Porter Goss sur l'Iran. Les réponses du directeur de la CIA, un vieil ami de la famille Bush, sont nettement plus courtes que les questions du Président. Bush, Cheney et leurs proches collaborateurs affirment que l'Iran ne tardera pas à posséder l'arme atomique, et l'hôte de la Maison Blanche attend de Goss que la CIA l'aide à étayer ses déclarations. Le directeur lui avoue, embarrassé, que l'agence n'a pas la moindre idée du temps qu'il faudrait à l'Iran pour devenir une puissance nucléaire.

Une arme atomique dans cinq ans, puis dans dix ans

Les responsables du renseignement que j'ai rencontrés sont frappés du « syndrome Colin Powell » et dissimulent désormais leur ignorance derrière l'argument de la prudence : l'Iran, selon eux, est une cible très difficile à appréhender en termes de renseignements, et il faut à tout prix éviter l'humiliation vécue par l'ancien secrétaire d'État, brandissant devant le Conseil de sécurité de l'ONU des photos satellites et le compte rendu de communications interceptées comme autant de preuves de la possession d'armes de destruction massive par l'Irak. Une autre donnée, soigneusement occultée, explique cette crise du renseignement : plus de 50 % des analystes travaillant pour les agences ont moins de cinq ans d'expérience. La CIA, confrontée pourtant à de nouvelles missions, ne possède que 1 200 agents à l'étranger, la moitié d'entre eux étant en poste à Bagdad[1]. Sur ce nombre, 11 seulement parlent l'arabe, mais restent confinés à la zone verte (où sont regroupés les ambassades, les ministères et les QG américains), condamnés à interroger des interprètes irakiens.

J'ai eu entre les mains plusieurs rapports du National Intelligence Estimates, évaluant les progrès du programme nucléaire iranien. Le premier, rédigé en 1995, estime que Téhéran sera en mesure de fabriquer une arme atomique au cours des cinq prochaines années. Je suis surpris de découvrir que les rapports suivants reprennent exactement la même évaluation fictive de cinq ans, avec une régularité toute bureaucratique, sans l'étayer de la moindre information nouvelle. Le dernier rapport que j'ai pu consulter, publié en 2005, éloigne encore davantage l'échéance, estimant que l'Iran ne sera en mesure de produire une quantité suffisante d'uranium enrichi que « dans la première moitié de la prochaine décennie[2] ». Le spectre ainsi élargi permet de justifier une plus grande marge d'erreur.

---

1. « Intelligence Reform », art. cit.
2. National Intelligence Estimates, *National Intelligence Council*, 1er juin 2005, Washington DC.

Quand ils évoquent l'Iran, les chefs des services de renseignements adoptent un langage qui fait penser par son sens de la litote et de l'esquive à celui des diplomates. Témoignant en février 2007 devant la Commission des forces armées du Sénat, le lieutenant général Michael Maples, chef de la DIA (Defence Intelligence Agency), affirme : « Avec un haut niveau de confiance, la DIA estime que l'Iran reste déterminé à développer des armes nucléaires. » Le texte du rapport de 2005 que j'ai lu évoque des « indicateurs crédibles provenant de la communauté du renseignement selon lesquels l'armée iranienne mène un travail clandestin [1] ». Mais ces sources ajoutent qu'il n'existe aucune information liant directement ces projets à un programme d'armes nucléaires.

« Si peu sur l'Iran que c'en est dérangeant »

La Commission, créée par George W. Bush pour enquêter sur les déficiences des services de renseignements à propos des armes de destruction massive en Irak, s'est plainte dans son rapport final que les services américains en sachent « si peu sur l'Iran que c'en est dérangeant ».

Les quelques informations obtenues jusqu'en 2005 sur le programme nucléaire proviennent d'images satellites, de communications interceptées et surtout des rapports des inspecteurs de l'ONU qui enquêtèrent pendant deux années sur le terrain. Ils ont découvert les équipements utilisés pour la conversion et l'enrichissement de l'uranium, matériel acheté illicitement au Pakistan, et enfin les résultats des tests de plutonium. Des éléments qui constituent de sérieuses présomptions mais n'admi-

---

1. *Ibid.*

nistrent pas la preuve que l'Iran poursuit un programme nucléaire militaire.

Même Robert Joseph, le sous-secrétaire d'État chargé du contrôle des armements, un néoconservateur partisan d'une épreuve de force avec Téhéran, formule en 2005 une réponse embarrassée lorsqu'on lui demande si l'Iran est engagé dans un effort nucléaire militaire. « Je ne sais pas vraiment quoi répondre à cela, parce que nous n'en avons pas une information ou une compréhension parfaite. Mais les rapports sur l'Iran, plus ce que les dirigeants iraniens ont dit... nous conduisent à conclure que nous devons être hautement sceptiques[1]. »

Pourtant en janvier 2005, quelques mois plus tôt, le vice-président Cheney suggérait que les progrès iraniens dans le nucléaire militaire sont si rapides et menaçants qu'ils pourraient conduire Israël à attaquer les installations iraniennes comme ils l'avaient fait vingt-trois ans plus tôt en Irak[2].

Une partie de bras de fer avec Cheney

Des rumeurs courent depuis un an et demi sur l'aggravation de l'état de santé d'Ali Khamenei, le guide de la Révolution. Sa disparition peut déclencher une guerre de succession. Il faudra son apparition à la télévision iranienne, le 4 janvier 2007, amaigri et épuisé, pour que les services de renseignements américains prennent conscience de la gravité de son état. Patrick Clawson, directeur adjoint de la recherche pour le Moyen-Orient au

---

1. Robert Joseph, conférence de presse, Washington, juin 2005 ; Dafna Linzer, « US Intelligence Review Contrasts with Administration Statements », *Washington Post*, 2 août 2005.
2. MSNBC, « Imus in the Morning », 20 janvier 2005 ; David Sanger, « Cheney Says Israel might "act first" on Iran », *New York Times*, 21 janvier.

Washington Institute, en tire une conclusion désabusée : « Personne ne savait que Khomeiny était malade ; tout le monde ignorait que le Shah était malade. Et je ne pense pas que nous apprendrons quoi que ce soit sur Khamenei jusqu'à l'annonce de sa mort. »

Au début du mois de janvier 2007, John Negroponte quitte son poste de directeur du renseignement pour devenir le bras droit de Condoleezza Rice au Département d'État. Ce diplomate de carrière, pur produit de l'Establishment de la côte Est, est un excellent professionnel qui a accepté au fil d'une longue carrière les nominations les plus délicates comme le poste d'ambassadeur à Bagdad. Depuis plus de huit mois, il livre une véritable partie de bras de fer avec le vice-président Dick Cheney et son entourage.

Le vice-président insiste pour que Negroponte réévalue à la hausse la menace iranienne. Le Pentagone a créé en mars 2006 une direction Iran, qui coordonne les opérations clandestines conduites avec l'aide du MEK à l'intérieur du pays. Des agissements menés dans le plus grand secret, échappant au contrôle du Congrès, et qui ressemblent fort au soutien apporté dans les années 1980 aux rebelles Contras du Nicaragua. Negroponte, à l'époque, était ambassadeur au Honduras voisin et ce souvenir est suffisamment vivace pour l'inquiéter et l'inciter à démissionner de son poste de directeur du renseignement.

Il est immédiatement remplacé par le vice-amiral Mike McConnell, une nomination qualifiée par Vincent Cannistraro, ancien chef des opérations et des analyses au centre de contre-terrorisme de la CIA, de « désastre ». L'amiral, de l'avis général, est un homme accommodant et une « créature » du vice-président Cheney dont il fut le collaborateur, dans les années 1980-1990, au Pentagone.

Le poste a été créé en 2005 pour centraliser toutes les informations provenant des seize agences de renseignements américaines, notamment le FBI, la CIA, la DIA et la NSA.

En octobre 2006, Negroponte avait été reçu par George W. Bush dans le bureau ovale de la Maison Blanche, en présence du vice-président Cheney. Cette rencontre scella probablement son sort. Devant un Cheney renfrogné et un Bush silencieux, Negroponte expliqua que les quelques informations en sa possession faisaient état d'« erreurs techniques » survenues dans le déroulement du programme nucléaire iranien, qui retardaient sa mise en application. Il conclut, dans un silence glacial, en déclarant que ce dossier « ne revêtait aucun caractère d'urgence ».

La CIA donne la bombe atomique à l'Iran

« La guerre contre le terrorisme » est devenue un slogan parfait pour mobiliser et désinformer l'opinion, mais aussi accroître la surveillance intérieure. Negroponte avait rejeté la requête de Cheney qui souhaitait une augmentation des interceptions et mises sur écoute effectuées par la NSA sur le territoire américain. La nomination de McConnell ouvre désormais une brèche. L'amiral a dirigé la NSA, puis rejoint Booz Allen Hamilton, un puissant groupe de défense et de renseignements, implanté sur tous les continents, considéré comme un des plus importants contractants du Pentagone. La firme compte parmi ses dirigeants plusieurs anciens hauts responsables de la CIA et de la NSA, et milite depuis plusieurs années pour que le monde des affaires fournisse plus d'« informations sensibles » aux agences de renseignements. En 2004, McConnell avait également rejoint le conseil de direction de Compu Dyne Coy, une compagnie qui fabrique des systèmes de sécurité et espère obtenir de fructueux contrats gouvernementaux dans les domaines de « la surveillance et de l'interception », un secteur qu'elle considère comme en pleine expansion.

La CIA, la NSA et la Maison Blanche partagent surtout un lourd secret de famille, honteux, inavouable, dont les détails ont fini par filtrer : la CIA a livré les plans de la bombe atomique à l'Iran.

La chute de l'Union soviétique en 1991 provoque le désarroi des services de renseignements américains. La lutte contre le communisme justifiait leur existence, même si les résultats obtenus se révélaient souvent décevants. Il s'agissait au fond d'un jeu à somme nulle qui permettait aux lourdes bureaucraties du renseignement de justifier et prolonger leur inertie. La désintégration de l'URSS, la montée du terrorisme et l'apparition de nouveaux États désireux d'acquérir l'arme atomique les confrontent à des environnements mouvants, incertains, dépourvus de tout repère et sur lesquels ils n'ont aucune prise.

Durant les quarante-cinq années de confrontation Est-Ouest, la CIA, comme je viens de l'indiquer, n'a jamais réussi à débaucher un agent soviétique. En Iran, le réseau qu'elle possédait et qu'elle réussit si magistralement à faire disparaître en 2004 ne fournissait que des renseignements « à la marge » sur le programme nucléaire. Les agents n'étaient pas suffisamment proches du pouvoir pour avoir accès à des informations fiables. Cette impuissance découlait également du fait que la CIA, comme d'ailleurs les autres agences de renseignements, avait longtemps négligé l'Iran. Elle ne possédait ni les experts ni la méthode pour « pénétrer » le programme nucléaire. D'où l'idée, née en 2000, de lancer l'« opération Merlin ».

Pour mettre un terme au programme nucléaire de

l'Iran, l'agence décide de faire parvenir à Téhéran les plans d'une bombe atomique, dans lesquels seraient glissées des erreurs. Les experts iraniens, pensent-ils, n'y verront que du feu, se lanceront dans la fabrication de la bombe en s'appuyant sur ces plans « piégés », et l'échec qui s'ensuivra retardera de plusieurs années l'élaboration du programme.

La CIA possédait les véritables plans de l'arme nucléaire soviétique et demanda aux scientifiques d'un laboratoire militaire d'y introduire des erreurs importantes mais suffisamment bien dissimulées pour échapper à tout contrôle. L'opération se révéla être un fiasco absolu. James Risen a enquêté sur ce dossier et décrit le déroulement de l'opération : un ingénieur atomiste russe, passé à l'Ouest depuis plusieurs années, fut recruté et on lui demanda de se faire passer pour un scientifique cupide et sans emploi, prêt à vendre les plans de la bombe au plus offrant. Lorsqu'on lui remit les plans, il déclara, après un bref examen : « Ce n'est pas exact, il y a une erreur. » Aucun responsable de la CIA présent ne parut surpris de sa réaction mais personne ne lui répondit. Son officier traitant déclara ensuite à son supérieur : « – Il n'était pas censé le savoir. Il ne devait pas s'apercevoir d'une erreur dans les plans. – Ne vous inquiétez pas, lui répondit calmement son interlocuteur, cela n'a aucune importance[1]. »

Le Russe fut envoyé à Vienne, avec pour mission de remettre en main propre les documents à la mission iranienne auprès de l'Agence internationale de l'énergie. Affolé, il déposa l'enveloppe dans la boîte aux lettres, sans rencontrer quiconque, en y joignant une lettre où il informait les Iraniens qu'il existait une erreur dans les documents et qu'il se proposait de les aider à la résoudre.

---

1. James Risen, *State of War*, Free Press, 2006 ; édition française : *Etat de guerre*, Albin Michel, 2006.

La CIA avait agi avec une immense légèreté, en ne contrôlant pas suffisamment l'élaboration des plans truqués et le déplacement du scientifique russe, qui s'était retrouvé à Vienne, livré à lui-même. Surtout, elle avait fait l'impasse sur un point crucial : si l'ingénieur avait pu découvrir les erreurs glissées, ses homologues iraniens qui coopéraient étroitement à l'époque avec les Russes pouvaient y parvenir aussi facilement. Les plans corrigés permettaient même à Téhéran de combler son retard et de progresser à grands pas. Risen rapporte l'opinion qu'il a recueillie auprès de savants atomistes : « Les Iraniens pouvaient tirer des informations importantes de ces plans, même en ignorant les erreurs [1]. »

L'« opération Merlin », lancée en 2000 sous Bill Clinton, se poursuivit sous la présidence Bush. L'affaire, infiniment scabreuse, fait partie de ces dossiers que les responsables souhaitent ne jamais voir exhumés. Même si la responsabilité directe en incombe à la CIA, il est extravagant pour l'actuel président américain de devoir admettre qu'il a facilité les avancées nucléaires d'un pays qu'il s'emploie à présenter aujourd'hui comme la plus grande menace pesant sur le monde.

---

1. *Ibid.*

16

« Le lien entre la Corée du Nord et l'Iran pour la fourniture de technologies concernant les missiles balistiques est très fort, mais je ne peux pas commenter ces faits dans le domaine nucléaire[1]. » Moins l'information existe et plus les affirmations sont formulées de façon péremptoire. À ce jeu, Robert Joseph est un virtuose. L'apparition au premier plan de ce personnage discret, presque effacé, assistant de Bush à la Sécurité nationale, remonte à 2003 : ce fut lui qui insista, malgré les réticences de la CIA, pour que soient insérés dans le discours sur l'état de l'Union que Bush prononça en janvier les seize mots qui évoquaient l'achat d'uranium au Niger par Saddam Hussein ; une information dont il savait qu'elle était fausse. Au lieu d'être démis, il fut promu[2]. Ce proche de Paul Wolfowitz, Richard Perle et Lewis « Scooter » Libby, le directeur de cabinet de Cheney qui vient d'être condamné, est l'artisan du concept de « contre-prolifération » au cœur de la stratégie de sécurité nationale élaborée par l'administration Bush. Il a créé et dirigé à la National Defence University un centre qui travaille sur ce sujet. Il définit la « contre-prolifération » comme une stratégie de « contre-force » qui complète la logique de

---

1. Robert Joseph, conférence de presse, Séoul, 10 septembre 2006.
2. Bryan Brender, « Despite False Claim, his Star Rises », *Boston Globe*, 11 janvier 2005.

dissuasion nucléaire. Pour lui, la diplomatie, la dissuasion et les accords internationaux sont les meilleurs instruments de la faiblesse des États-Unis. « À la lumière des nouvelles menaces auxquelles nous devons faire face, estime-t-il, les concepts de défense existants sont périmés[1]. »

« L'absence d'évidence n'est pas l'évidence d'absence »

En 1999, Joseph expliquait devant le Sénat que le pays n'était nullement préparé à pouvoir défendre son territoire contre la menace représentée par des missiles balistiques. Il préconise l'usage d'armes chimiques, biologiques et nucléaires, et considère que les États-Unis doivent disposer d'une totale liberté pour développer, tester et utiliser tous les types d'armes dont ils ont besoin, y compris les armes nucléaires et autres armes de destruction massive.

Bill Keller, dans le *New York Times Magazine*, compare la position des contre-proliférationnistes à celles des membres de la National Rifle Association qui militent pour le maintien des armes en vente libre. Pour Keller, ils appliquent la même tautologie : « Si les armes sont hors la loi, seuls les hors-la-loi auront des armes[2]. » Devenu en 2005 sous-secrétaire d'État chargé du contrôle des armements, il ne cache pas en privé sa volonté de disloquer le système de contrôle existant.

Ses raisonnements me semblent pétris de contradictions. Depuis septembre 2001, il estime que la lutte contre al-Qaida et le terrorisme est devenue une priorité... mais il ne modifie pas pour autant ses analyses sur la

---

1. Robert Joseph, *International Relations Center*, 9 juin 2005.
2. Bill Keller, « The Thinkable », *The New York Times Magazine*, 4 mai 2003.

sécurité stratégique des États-Unis et réclame le développement du nucléaire et des armes spatiales, bien peu aptes à neutraliser les réseaux islamistes. Il a trouvé avec Téhéran la menace idéale. Celle qui peut être brandie sans qu'on ait à la prouver. En avril 2006, il affirme que « le point de non-retour est atteint par l'Iran, en ce qui concerne sa capacité à produire des armes nucléaires ». Comme en écho, le négociateur iranien sur le dossier nucléaire, Ari Larijani, répond : « Les pays de seconde catégorie sont seulement autorisés à fabriquer de la sauce tomate. Le problème est que désormais l'Iran sort de sa coquille et cherche à acquérir une technologie avancée. »

Les avertissements de Joseph, qui a fait ses premières armes en politique, comme la plupart des néoconservateurs, dans l'administration Reagan, rappellent les accents alarmistes et paranoïaques du temps de la guerre froide. Il estime que l'Iran (qui ne possède pas encore l'arme nucléaire) et la Corée du Nord (qui en possède un embryon) représentent désormais des menaces beaucoup plus importantes pour la sécurité américaine que ne l'était l'Union soviétique avec ses milliers de têtes nucléaires...

Joseph est très proche de Stephen Hadley, le chef du Conseil national de sécurité de la Maison Blanche qui a succédé à ce poste à Condi Rice. Une position clé « où le Président, confie un ancien responsable, ne peut pas, même s'il le souhaite, éviter de vous rencontrer plusieurs fois par jour ». Joseph, Hadley et leurs amis semblent appliquer à l'Iran l'adage formulé par Rumsfeld à propos de la menace irakienne : « L'absence d'évidence n'est pas l'évidence d'absence. »

Une « *fabrique du mensonge* »

À partir de la fin de l'année 2004 et durant 2005, toute une stratégie de désinformation et de mise en condition de l'opinion, à propos de l'Iran, se met en place. Manucher Ghorbanifar, malgré tous les rapports négatifs sur lui émanant de la CIA, reçoit l'appui du Pentagone et notamment de la DIA, bien qu'une note interne affirme : « Il ne possède aucune source en Iran et personne ne vient le voir. »

Un de ses proches manipulera un membre du Congrès qui ira jusqu'à écrire un livre affirmant que Ben Laden a trouvé refuge à Téhéran. Ghorbanifar rédigera une lettre faxée au Pentagone déclarant : « Je vous confirme qu'une attaque terroriste contre les États-Unis est planifiée avant les élections présidentielles de 2004. »

Ces affirmations peuvent passer pour de pitoyables élucubrations et pourtant Laura Rozen les décrit comme relevant d'une véritable stratégie : une fausse information est transmise à la DIA ; peu après, un autre exilé corrobore l'information qui fait l'objet cette fois d'un rapport des services secrets et devient plausible. Tel est le secret de fabrication[1].

Un magazine a qualifié de véritable « fabrique du mensonge » la manière dont l'administration Bush a inventé, déformé la réalité sur la menace irakienne. « Ce n'était pas du renseignement, conclut l'article, mais de la propagande[2]. » La formule est tout aussi valable aujourd'hui à propos de l'Iran.

---

1. Laura Rozen, « They're Back », *American Prospect*, 26 septembre 2006.
2. « The Lie Factory », *Mother Jones*, art. cité.

Les fausses révélations ont toujours existé. Dans un livre publié en 1981[1], qui fascinait William Casey, le directeur de la CIA, la journaliste Claire Sterling expliquait que toutes les organisations terroristes visant l'Occident étaient financées et contrôlées par l'Union soviétique. Une thèse qui s'est révélée aussi fausse que les articles et les livres de l'ancienne journaliste du *New York Times*, Judith Miller, spécialisée dans la dénonciation des armes de destruction massive de Saddam.

Le dernier avatar est encore beaucoup plus choquant. L'auteur de *Countdown to Crisis*, Kenneth R. Timmerman, se présente comme un « journaliste d'investigation », ce qui conduit à une réflexion préoccupée sur le sérieux et l'éthique de nombreux confrères américains. J'ai d'abord été fasciné par la couverture. Ahmadinejad, le doigt levé, visage menaçant, est aux côtés du guide de la Révolution qui visite un site de missiles, entouré de militaires. Une vignette rouge placée juste dessous attire mon attention : « Nobel Peace Price Nominee » (nominé au prix Nobel de la paix). Je pense d'abord qu'il s'agit d'un clin d'œil, d'une plaisanterie au second degré pour souligner le bellicisme des dirigeants iraniens. Puis je découvre l'effarante vérité : l'auteur, Kenneth Timmerman, se présente comme « nominé au Nobel ». Un terme qui n'a aucun sens. Le jury du Nobel choisit, ou non, parmi les multiples candidatures à cette distinction prestigieuse, mais s'il existe un lauréat, il n'y a pas de nominés. Première entorse à la vérité qui, à la lecture, est suivie de beaucoup d'autres.

---

1. Claire Sterling, *The Terror Network : The Secret War of International Terrorism*, Weidenfeld and Nicolson, Londres, 1981.

Téhéran, complice du 11 Septembre

La thèse de Timmerman est simpliste, les preuves inexistantes. L'Iran, selon lui, est le plus impitoyable ennemi des États-Unis, impliqué dans pratiquement chaque attentat terroriste conduit contre les États-Unis depuis 1979. La volonté iranienne de se doter de l'arme atomique n'a qu'un objectif : menacer les États-Unis et leurs alliés. « Il suffit seulement d'un missile nucléaire iranien pour pénétrer le système de défense antimissiles Arrows d'Israël, anéantir une population à forte densité, détruire son économie et briser effectivement l'État. Israël est un pays à "une bombe" et les Iraniens le savent. »

Timmerman va beaucoup plus loin : il affirme que l'Iran est impliqué dans les attentats du 11 septembre 2001 et que la CIA, désireuse de protéger les États voyous qui financent le terrorisme, a délibérément soustrait ces informations à la connaissance du public américain. Ses propos s'appuient, dit-il, sur les témoignages de transfuges (dont on connaît évidemment la fiabilité). Il évoque de prétendues visites du numéro deux d'al-Qaida, Ayman al-Zawahiri, à Téhéran, et, pour faire bonne mesure, ajoute qu'il est rejoint, le second jour de réunion, par Oussama Ben Laden. Ces affirmations, les récits de ces réunions, selon Timmerman, reposent sur « des sources ayant une connaissance directe de ces rencontres [1] ».

Timmerman, qui entretient des liens étroits avec les néoconservateurs, a créé une fondation pour la démocratie en Iran et son ouvrage duplique de manière à la fois

---

1. Kenneth R. Timmerman, *Countdown to Crisis. The Coming Nuclear Showdown with Iran*, Three Rivers Press, New York, 2005-2006.

grossière et insidieuse l'argumentation développée par l'administration Bush après le 11 Septembre pour préparer à l'invasion de l'Irak. Les responsables, dans leurs propos, évoquaient tout à la fois le 11 Septembre, Ben Laden et Saddam Hussein, créant dans l'esprit des gens un lien qui allait conduire une majorité d'Américains à penser que le dictateur irakien était derrière les attentats. La méthode reste la même, mais cette fois l'Iran remplace l'Irak et Timmerman revisite l'Histoire et s'efforce de frapper les esprits en affirmant que Téhéran fut complice de la tragédie.

Les « théories » de Timmerman sont complaisamment relayées par de nombreux médias, tout comme l'ouvrage de Jerome Corsi, sorti, pure coïncidence, la même année : *L'Iran atomique : comment le régime terroriste achetait la bombe et les politiciens américains*[1]. M. Corsi est un personnage aux propos édifiants dont voici un bref florilège. À propos de l'ancien président Clinton : « Quand ce type finira-t-il par admettre qu'il est simplement un communiste antiaméricain ? » Sur sa femme Hillary : « Hillary aime tellement les Arabes (embrasse, embrasse Madame Arabe, RAT)... Comme elle paraîtrait merveilleuse, habillée d'une burka. » Il est également le coauteur de l'ouvrage *Unfit for command* (*Incompétent pour commander*), publié en 2004, dont l'objectif était de discréditer le passé militaire au Viêtnam de John Kerry, le candidat démocrate à la présidence. Un livre qui a bénéficié lui aussi d'un important lancement. Les commentaires de Corsi sur Kerry sont infâmes. Un seul exemple : « Après qu'il a épousé Ter Rahsa [Teresa, sa seconde femme], John Kerry n'a-t-il pas commencé à

---

1. Jerome Corsi, *Atomic Iran, How the Terrorist Regime bought the Bomb and American Politicians*, WND Books, Nashville, 2005.

pratiquer le judaïsme ? Il a aussi des grands-parents paternels qui étaient juifs. Quelle est la religion de John Kerry ? »

L'Iran et al-Qaida détruisent New York

Son dernier ouvrage, *Atomic Iran*, évoque la coopération entre al-Qaida et les mollahs iraniens. Mais alors que Timmerman insistait sur l'implication de l'Iran dans les attentats du 11 septembre 2001, Corsi, lui, évoque l'apocalypse imminente : une bombe atomique fabriquée par l'Iran et que les terroristes d'al-Qaida feront exploser en plein cœur de New York.

« Les principaux problèmes techniques qui ont empêché les terroristes de faire exploser des engins nucléaires à l'intérieur des villes américaines sont résolus une fois qu'un régime terroriste, comme la République islamique d'Iran, a la capacité de fabriquer une arme nucléaire et de la livrer, à l'intérieur de containers, dans un grand port américain. L'engin peut être réceptionné par des cellules terroristes dormantes, assemblé et placé au cœur de la ville, où il pourrait exploser à l'heure de pointe, un jour de travail ordinaire. La destruction résultant d'une attaque atomique réussie, de type 11 Septembre, sur une ville comme New York, serait énorme. En un clin d'œil, les États-Unis pourraient être réduits à un statut économique de seconde classe[1]. »

Le scénario développé par Corsi décrit une ville de New York transformée en décombres après l'explosion d'une charge nucléaire de 150 kilotonnes, la mort immédiate de 1,5 million de personnes et la disparition, au

---

1. *Ibid.*

cours des jours suivants, de 1,5 million de victimes supplémentaires.

Le livre demeurant malgré tout un média trop confidentiel pour frapper les esprits de la majorité de la population américaine, il a été décidé de miser sur le pouvoir
de l'image. New York, victime d'une attaque terroriste
nucléaire commanditée par l'Iran, est devenu un clip télévisé au titre évocateur : « Un 11 Septembre atomique :
quand le mal est satisfait. » Financé par l'Iran Freedom
Foundation, le film terminé en avril 2005 est diffusé au
rythme de quatre passages quotidiens pendant treize jours
sur les chaînes de télévision de dix-sept États américains,
dont certains comptent parmi les plus peuplés : le Maine,
le Mississippi, le Texas, l'Oregon, la Californie, le New
Jersey, l'Illinois, l'Ohio, la Caroline du Sud, l'Alabama,
l'Indiana, le Tennessee, la Pennsylvanie, le Dakota du
Sud, l'État de Washington, la Floride et le district de
Columbia où se trouve la capitale fédérale.

« Le chemin de l'Iran vers la bombe »

Pratiquement au même moment, en mai 2005, la
conférence annuelle de l'AIPAC, le principal lobby pro-
israélien, est consacrée à la menace iranienne. Cette
manifestation est un détour obligé pour les responsables
politiques américains, tous clivages politiques confondus.
Le néoconservateur Richard Perle appelle à une attaque
des États-Unis contre Téhéran et les organisateurs ont
conçu ce rendez-vous annuel comme un show multimédia
tournant autour du titre : « Le chemin de l'Iran vers la
bombe ». Le journaliste du *Washington Post*, Dana
Milbank, décrit cet « événement qui prend les allures
d'un parc à thèmes, qui commence avec un narrateur
condamnant l'Agence internationale de l'énergie pour sa

réticence à conclure que l'Iran développe un programme d'armes atomiques [l'Agence avait manifesté les mêmes réserves à propos de l'Irak] et le Conseil de sécurité des Nations unies qui ne s'est pas sérieusement attelé à la tâche. Dans une succession de pièces, les visiteurs voient dans un décor de lumières clignotantes et de grondements sourds des figurines s'affairant à la fabrication d'uranium enrichi, au retraitement du plutonium et faisant surgir un nombre impressionnant de têtes nucléaires [1] ».

En août 2005, un mois après les attentats à la bombe qui ont frappé le métro de Londres, le vice-président Cheney demande au Stratcom, chargé de la planification de bombardements conventionnels et nucléaires, de dresser un plan d'urgence prévoyant des attaques aériennes de grande ampleur sur l'Iran, avec usage d'armes conventionnelles et nucléaires tactiques [2]. Pour répliquer à une nouvelle attaque de type 11 Septembre contre les États-Unis.

Très méfiant sur les sources américaines

En septembre de la même année, le directeur de la CIA, Porter Goss, appelle à Vienne Mohammed el-Baradei, le responsable de l'Agence internationale de l'énergie. Cinq jours plus tard, sept responsables de l'agence de renseignements arrivent à Vienne et rejoignent un appartement sécurisé, situé au sommet d'un gratte-ciel et offrant une vue superbe sur la capitale autrichienne. Le jour suivant, ils sont rejoints dans la matinée par le directeur de l'AIEA, El-Baradei, accompagné de ses principaux collaborateurs. Les Américains ont disposé un écran

---

1. Dana Milbank, « Aipac's Big, Bigger, Biggest Moment », *Washington Post*, 24 mai 2005.
2. Philip Giraldi, « Attack on Iran : Pre-emptive Nuclear War », *The American Conservative*, 2 août 2005.

dans une des pièces. La projection va durer plusieurs heures.

Les 1 300 pages de documents qui se succèdent constituent, selon la CIA, le contenu d'un ordinateur volé dans un laboratoire nucléaire iranien. Les questions posées reçoivent une réponse floue : ces données sont en possession de la CIA depuis le milieu de l'année 2004, c'est-à-dire depuis plus de un an, et elles auraient été obtenues grâce à un contact de longue date que le service de renseignements possède en Iran. Les Américains restent volontairement imprécis pour ne pas compromettre sa sécurité. Les éléments qui défilent sur l'écran paraissent assez convaincants : composants, calculs et études pour la fabrication de têtes nucléaires, sphères de détonateurs permettant de déclencher une explosion atomique.

J'ai rencontré un des experts de l'AIEA, alors qu'il était de passage à Paris : « Nous avons conservé de vrais doutes quant à l'origine, me dit-il. Rien ne prouve de façon certaine que ces éléments proviennent vraiment d'un laboratoire atomique iranien. J'aurais parfaitement été en mesure, comme n'importe quel bon expert atomique, de les concevoir. Vous savez, depuis l'incroyable intoxication à laquelle les États-Unis se sont livrés à propos des armes de destruction massive irakiennes, nous sommes devenus très méfiants quant à la fiabilité des sources américaines [1]. »

Un membre de la CIA m'a d'ailleurs confié : « Depuis l'Irak, nous devons faire face à un véritable problème de crédibilité vis-à-vis de nos alliés, dont la plupart sont échaudés. Nous rompons avec nos habitudes et désormais nous proposons à des services de renseignements alliés de partager nos informations, notamment sur l'Iran. Ils ne croient pas aux dénégations de Téhéran affirmant qu'il ne veut pas se doter d'armes nucléaires, mais ils ne

---

1. Propos recueillis par l'auteur, juin 2007.

croient pas davantage à la validité de nos informations sur le danger représenté par Téhéran[1]. »

« C'était très étrange, conclut l'expert de l'AIEA, ils paraissaient découragés. Nous n'étions pas dupes ; leur venue à Vienne et cette projection coïncidaient avec la volonté de Washington d'obtenir de l'AIEA qu'elle adopte un ton plus ferme envers l'Iran[2]. »

L'histoire de l'ordinateur portable conservé sur les rayons de la CIA depuis 2004 est aussi rocambolesque que l'« opération Merlin ». Il aurait effectivement appartenu à un transfuge iranien, « géré » par un service secret européen, probablement allemand, qui l'aurait ensuite « transféré » à la CIA. Cette dernière s'était très vite désintéressée du contenu de l'ordinateur, mais la disparition soudaine du propriétaire, enlevé, croit-on, par les services iraniens, lui conféra soudain une valeur nouvelle.

---

1. Propos recueillis par l'auteur, avril 2007.
2. Propos recueillis par l'auteur, juin 2007.

17

Aux yeux de l'administration Bush, même si elle s'en défend, l'islam radical a désormais remplacé le communisme dans le rôle de l'adversaire. Et l'Iran s'est substitué à l'Union soviétique. La guerre froide a vu éclore de nombreux théoriciens, désormais oubliés. Il est probable que les thèses défendues aujourd'hui par le célèbre orientaliste, proche des néoconservateurs, Bernard Lewis, connaîtront le même sort. Paul Wolfowitz, alors numéro deux du Pentagone, ne tarissait pas d'éloges sur cet expert mondialement reconnu qui travailla, durant la Seconde Guerre mondiale, dans les services de renseignements britanniques.

Lorsque j'enquêtais pour mes précédents livres sur les coulisses de l'administration Bush et ses préparatifs de guerre en Irak, j'avais découvert les propos tenus par Lewis en petit comité. Il s'exprimait au sein de l'American Enterprise Institute, la fondation conservatrice : « Il y a deux points de vue qui prédominent, affirmait-il, dans les discussions sur la possibilité d'établir un régime démocratique digne de ce nom en Irak, après le départ, par quelque méthode que ce soit, de Saddam Hussein. La première peut être résumée ainsi : les Arabes sont incapables de mettre en place des gouvernements démocratiques [...]. Et l'idée d'établir un système démocratique dans un pays comme l'Irak est pour le moins fantasmagorique [...]. Les Arabes sont différents de nous et nous devons être plus, dirais-je, raisonnables dans ce que nous attendons d'eux et ce qu'ils attendent de nous. Quoi que nous fassions, ces pays seront dirigés par des tyrans corrompus. Le but de [notre] politique étrangère sera alors de s'assurer que ces tyrans nous sont amicaux plutôt qu'hostiles [...]. L'autre point de vue est quelque peu différent. Il part plus ou moins de la même position que les pays arabes ne sont pas des démocraties et que l'établissement de la démocratie dans les sociétés arabes ne sera pas chose aisée. Mais, cette fois [considérons que] les Arabes peuvent apprendre et qu'un système de gouvernement démocratique est possible pour eux, tant que nous leur fournissons une assistance et que nous [sommes à leurs côtés pour] les lancer graduellement sur notre voie, ou devrais-je dire, sur leur voie. Ce point de vue est connu sous le nom d'impérialisme. Ce fut la méthode adaptée par les Empires français et britannique [...] créant des gouvernements à leur propre image. En Irak, en Syrie et ailleurs, les Anglais mirent en place des monarchies constitutionnelles, et les Français créèrent des républiques instables. Aucune ne marcha très bien. Mais l'espoir demeure[1]. »

« Un néoconservateur est un trotskiste trahi par la réalité »

J'ai remarqué – troublante symétrie – que les penseurs les plus péremptoires sont souvent ceux qui se trompent le plus fréquemment. Bernard Lewis, indiscutablement, appartient à cette catégorie. Bien que Paul Wolfowitz ait affirmé avec admiration : « Il a brillamment placé les

---

1. Bernard Lewis, « The Day after : Planning for a Post-Saddam Iraq », *American Enterprise Institute*, 3 octobre 2002.

relations et les problèmes du Moyen-Orient dans un contexte plus large, à travers une pensée réellement objective, originale et toujours indépendante. Bernard Lewis [nous] a appris comment comprendre l'Histoire complexe et importante du Moyen-Orient, et comment utiliser celle-ci pour nous guider afin de construire un monde meilleur pour les générations à venir[1]. »

Pourtant, quand on contemple l'immense échec que constitue l'aventure irakienne, il est clair qu'il résulte de certitudes erronées. Wolfowitz et les néoconservateurs étaient certains de la pertinence des thèses de Lewis, au point d'en faire le cœur de leur doctrine irakienne, alors que l'orientaliste se trompait lourdement dans sa perception du monde arabe et musulman.

Je me rappelle une conversation avec l'historien Arthur Schlesinger, qui fut le conseiller spécial du président Kennedy et qui vient de mourir. Sourire ironique, nœud papillon, vêtu avec élégance, il me reçoit dans son appartement new-yorkais. Nous discutons du Viêtnam et je l'interroge sur les erreurs d'évaluation commises par l'Administration à laquelle il appartenait : « Je pense que nous avons fait preuve de suffisance. Nous pensions réellement, comme David Halberstam [célèbre journaliste américain] l'a écrit, que nous étions "les meilleurs et les plus intelligents". Nous étions arrogants, mais à notre décharge, nous n'avons jamais été des idéologues[2]. »

À l'inverse des néoconservateurs. Un observateur de la vie politique américaine m'a confié un jour : « Un néoconservateur est un trotskiste trahi par la réalité. » Bon nombre d'entre eux sont en effet des transfuges de l'extrême gauche. L'historien Isaac Deutscher, auteur d'une

---

1. Vidéoconférence de Paul Wolfowitz en hommage à Bernard Lewis, Tel-Aviv, mars 2002.
2. Entretien avec l'auteur, mars 2004.

monumentale biographie de Léon Trotski et un des ancêtres des « néocons », résume leur psychologie en une formule savoureuse : « Autrefois, je voyais le monde en noir et blanc. C'est toujours le cas, mais j'ai simplement changé de perspective. »

Depuis le fiasco irakien, les voix des néoconservateurs se sont faites plus discrètes et ce relatif silence est interprété, à tort selon moi, comme un affaiblissement de leur pouvoir. Ils ont au contraire investi des bastions, comme la CIA ou le Département d'État, où leur influence jusqu'ici était réduite. George W. Bush s'est engagé en Irak sous l'influence des néoconservateurs et, après avoir rejeté en 2007 le plan Baker, il s'est de nouveau tourné vers eux. Ils ont joué un rôle déterminant sur la question irakienne, comme aujourd'hui sur le dossier iranien.

« Une bataille pour le pouvoir à Téhéran »

Bernard Lewis a publié dans le *Wall Street Journal* un article remarqué. Il envisage que le président iranien Mahmoud Ahmadinejad planifie une attaque nucléaire contre Israël durant la « Nuit » (qui tombe en 2006 le 22 août) qui commémore le trajet mystique effectué par le prophète Mahomet et son cheval ailé à la « mosquée la plus éloignée », identifiée dans la tradition musulmane comme le lieu de la mosquée al-Aqsa, édifiée à Jérusalem [1].

Curieusement, en développant ce scénario de l'« Apocalypse selon Ahmadinejad », il reprend exactement l'argument utilisé par certains dirigeants de Téhéran contre l'actuel président iranien. Ahmadinejad est accusé dans

---

1. Bernard Lewis, « 22 August. Does Iran Have Something in Store », Wall Street Journal, 8 août 2006.

certains cercles dirigeants, notamment par son prédécesseur Ali Rafsandjani, d'appartenir à la société Hojjatieh. Les membres de cette organisation, créée en 1953, combattue par Khomeiny et la République islamique, attendent le retour imminent du douzième imam qui surviendra à travers la guerre et le chaos. L'ayatollah Sistani, grande figure spirituelle du chiisme irakien, rassemble un grand nombre des sympathisants d'Hojjatieh. Aux dirigeants de Bagdad qui lui proposaient de prendre la nationalité irakienne, Sistani a répondu : « Je suis né iranien et je mourrai iranien. »

À Téhéran, la population commente les tensions entre Ahmadinejad et son prédécesseur, Rafsandjani, fréquemment évoquées en privé. Les deux hommes ne s'adressent plus la parole et ne se saluent même pas. À Washington, on spécule sur la disparition prochaine du guide de la Révolution, ou du moins sur une détérioration accrue de son état qui l'obligerait à abandonner ses fonctions. Au profit de Rafsandjani présenté comme un pragmatique [1]. « Ce sont des calculs morbides et irréalistes, me déclare un officier de la DIA chargé du Moyen-Orient. Ali Khamenei espère la mort politique de Bush qui, lui, guette celle, médicale, du guide de la Révolution. » Il ajoute : « La maladie de Khamenei contribue à retarder le déclenchement d'une intervention militaire. George W. Bush et son entourage attendent de voir l'ampleur des bouleversements, ou du moins des changements qui surviendront après sa mort. » Mon interlocuteur pointe les nombreuses absences officielles de Khamenei, en poste depuis la mort de l'ayatollah Khomeiny en 1989, ses hospitalisations répétées, mais il ne peut qu'ajouter :

---

1. *2007 Annual Forecast : Time to Look Inward*, Stratfor, 11 janvier 2007.

« Nous savons qu'une bataille pour le pouvoir se livre actuellement à Téhéran mais nous en ignorons les détails [1]. »

« Le haut et le bas d'un même morceau de toile »

Il existe une croyance naïve et constante, en Occident, selon laquelle un changement de dirigeant pourrait assouplir un régime autoritaire ou totalitaire. Pendant des décennies, les spécialistes de l'URSS ont traqué à la loupe les clivages supposés entre « réformateurs » et « conservateurs ». Sans grand succès. Jusqu'à l'arrivée au pouvoir de Gorbatchev en 1985, qui allait exaucer le rêve de tous les anticommunistes : provoquer l'effondrement du système dont il était issu et qu'il tentait de réformer.

Il déclarait aux apparatchiks conservateurs : « Le système doit changer, sinon il mourra. » Et ces hommes, dans leur infinie sagesse, lui répondaient : « Tu te trompes, camarade Gorbatchev, il ne faut rien changer. L'immobilisme est la garantie de notre survie. Si le système change, il disparaîtra et nous aussi. »

Je ne pense pas que le raisonnement des dirigeants iraniens soit très éloigné. Ces derniers proposent au monde extérieur un véritable jeu de rôle : le programme nucléaire a été relancé par le « pragmatique » Rafsandjani, développé par le « réformateur » Khatami, accéléré par le « populiste ultraconservateur » Ahmadinejad. En réalité, le pouvoir iranien n'est ni instable, ni éclaté, mais complexe et parfaitement articulé. Ces différents dirigeants forment, selon les mots d'un proverbe iranien, « le haut et le bas d'un même morceau de toile ».

---

1. Propos recueillis par l'auteur, avril 2007.

Comme l'écrit Mohammad Reza Djalili, évoquant la visite en 2006 aux États-Unis de l'ancien président Khatami, suivie de celle d'Ahmadinejad aux Nations unies, « la présence presque simultanée de ces deux présidents successifs de la République islamique sur le sol américain a permis, une fois de plus, de constater l'existence de multiples tendances au sein du système politique iranien [...]. Cette différence se retrouve aussi dans les apparences. Ainsi, face à un mollah comme Khatami, posé, élégant, souriant, on trouve un Ahmadinejad qui se donne des allures de combattant islamiste sorti précipitamment des tranchées de la guerre Iran-Irak et dont le look négligé reflète la proximité affichée avec le petit peuple des quartiers pauvres de Téhéran. Les différences apparentes et réelles entre ces deux personnalités confirment le caractère fragmenté du régime iranien.

« Généralement, un pouvoir de ce type est considéré comme au mieux instable et au pire exposé au risque d'éclatement [...]. En ce qui concerne le régime islamique d'Iran, le factionnalisme présente certes un certain nombre d'inconvénients, mais ces difficultés n'ont, jusqu'à présent du moins, pas réellement fragilisé le système. En fait, par un certain partage des rôles, la non-exclusion totale de la faction perdante du sérail et l'existence d'un guide supposé, au-dessus de la mêlée, en réalité jouant les factions les unes contre les autres, le système pratique un rééquilibrage constant qui constitue sa pérennisation. Au contraire, le jour où une faction parviendra à monopoliser l'ensemble des pouvoirs, alors l'avenir du système sera menacé par la coalition des exclus qui, si nécessaire, essayeront même d'avoir le soutien de l'opposition laïque, aujourd'hui totalement interdite.

« Mais ce qui pour le moment est remarquable, c'est que la République islamique, au lieu de s'atteler à la correction des inconvénients de son système éclaté, est parvenue à faire de celui-ci un véritable atout du pouvoir. Comme dans une épicerie bien approvisionnée, on trouve de tout sur les rayons de la boutique islamique [...]. En définitive, pourquoi chercher dehors ce que vous avez sur place au moindre coût et sans risque de tomber sur des produits inconnus. À la limite, même si vous voulez faire de l'opposition, mieux vaut le faire à l'intérieur du système, vous serez plus efficace et risquerez moins d'ennuis [1]. »

Un éventuel remplacement d'Ahmadinejad

En 2006, l'ancien président Khatami se rend aux États-Unis. Il s'agit de la première visite sur le sol américain d'un haut responsable iranien depuis la suspension des relations diplomatiques entre les deux pays, en 1979.

Khatami représente le visage « fréquentable » de la Révolution islamique. Élu président en 1997 avec près de 70 % des votes, il s'est forgé au fil des ans une réputation de réformateur désireux de décrisper les relations entre son pays et l'Occident, mais aussi d'infléchir la toute-puissance des institutions religieuses. Il échouera sur tous les fronts, décevra ses partisans et laissera la place à Ahmadinejad. L'intérêt manifesté à son égard par George W. Bush et son entourage semble pour le moins curieux. Le président américain est intervenu personnellement pour que l'ex-dirigeant iranien se voie attribuer un visa d'entrée.

Durant son séjour, il noue de nombreux contacts officieux avec des membres de l'Administration. Pourtant,

---

1. Mohammad Reza Djalili, « Khatami et Ahmadinejad, deux Iraniens chez le Grand Satan », *Le Figaro*, 21 octobre 2006.

trois ans plus tôt, Bush et Cheney ont rejeté avec dédain son ouverture, sa proposition de négocier sur tous les dossiers sensibles : nucléaire, Hamas, Hezbollah.

Selon les témoignages de deux personnes qui ont assisté en 2006 aux rencontres de Khatami avec des officiels américains, l'ancien président fut extrêmement surpris de la teneur des discussions. Ses interlocuteurs ne souhaitaient absolument pas aborder un éventuel rétablissement des relations diplomatiques entre les deux pays, mais uniquement savoir si le guide de la Révolution, Ali Khamenei, allait écarter Ahmadinejad avant sa disparition. « Ils s'exprimaient avec l'ancien président, me rapporte un témoin, sur un ton direct, presque brutal, sans y mettre de formes, et les formes chez les Iraniens sont très importantes. Elles déterminent le contenu et le sérieux d'une discussion. Il parlait en véritable intellectuel, plaidait non pas pour un "choc" mais pour un "dialogue des civilisations", insistait sur les points de convergence entre les États-Unis et l'Iran. "Malgré des régimes différents, disait-il, ce sont probablement les deux sociétés les plus religieuses au monde." Son développement était brillant et convaincant, mais ses interlocuteurs l'écoutaient à peine, uniquement intéressés par un éventuel remplacement d'Ahmadinejad, à la tête de l'État, par Rafsandjani [1]. »

« Peu probable », estime un responsable de la CIA en poste à Beyrouth. Nous sommes en mars 2007 et nous discutons dans les salons de l'hôtel Phœnicia. À quelques mètres à l'extérieur, la circulation est toujours détournée. De ma chambre, j'aperçois, au milieu de la rue, l'énorme cratère béant qui rappelle l'attentat meurtrier contre le Premier ministre Rafik Hariri.

D. que je connais depuis 1982 et l'intervention israé-

---

1. Propos recueillis par l'auteur, mai 2007.

lienne au Liban, arrive de Bagdad et moi d'Amman. Il ne croit pas un instant au choix de Rafsandjani. « Même si Khamenei doit mourir bientôt, il ne déséquilibrera pas l'édifice existant dont Ahmadinejad est une des composantes. Et puis, il existe un autre obstacle. Rafsandjani, que Khamenei a nommé chef du conseil du discernement, est sous le coup d'un mandat d'arrêt depuis 1997. Il a été lancé par Interpol à la suite de la tuerie commise en 1992 dans le restaurant Mykonos, à Berlin. Depuis cette date, l'ancien président ne peut plus voyager hors d'Iran. » Il ajoute : « Nous prêtons beaucoup à Khamenei parce que au fond, nous en savons très peu sur lui, comme sur le régime d'ailleurs. Il fut président jusqu'à la mort de l'ayatollah Khomeiny et lui succéda à sa disparition en 1989. Il n'en possède ni le charisme ni l'autorité, mais s'est peu à peu imposé en arbitre. Il a perdu l'usage de sa main droite, en 1981, quand il a miraculeusement réchappé à un attentat perpétré par les Moudjahidin du peuple. Certains lui attribuent, sans en avoir la certitude, la traduction en perse du livre de l'Égyptien Sayyid Qutb, "Une mise en accusation de la civilisation occidentale". Qutb a été surnommé "le philosophe de la terreur islamique" et si je vous dis que ce livre sert de référence aux dirigeants d'al-Qaida, vous allez m'accuser d'établir un lien entre ceux-ci et Téhéran. Donc je vais ajouter : nous n'avons aucune preuve d'un lien entre la République islamique et al-Qaida, mais j'arrive de Bagdad où la présence et le soutien iraniens aux insurgés, pas seulement chiites, se renforce. » Nous évoquons ensuite les menaces d'extermination lancées par Ahmadinejad à l'encontre d'Israël. Il hausse les épaules : « La liste des dignitaires iraniens qui ont tenu des propos à peu près comparables est longue. Khamenei et Rafsandjani, pour ne parler que d'eux, ont toujours dénié à Israël le droit d'exister[1]. »

---

1. Propos recueillis par l'auteur, Beyrouth, mars 2007.

18

Le fonctionnement du pouvoir, en Iran, est complexe et déroutant pour un esprit occidental. Évoquant la situation, le journal iranien réformateur *Shargh* écrit : « Selon la Constitution, le Président occupe hiérarchiquement la deuxième place au sein du régime, après le guide suprême. Mais la façon dont ce pouvoir est partagé varie tellement d'un président à l'autre qu'on se demande si nous ne sommes pas dans des régimes différents. Rafsandjani [qui a rempli deux mandats de 1989 à 1997] semblait incontestablement détenir beaucoup de pouvoirs. En fait, ce n'était pas le cas. Face à plusieurs instances, comme le Parlement ou le Conseil des gardiens, Rafsandjani devait plier. Si Rafsandjani jouissait, au moins au début de son mandat, d'une certaine puissance, Khatami [1997-2005] était moins bien loti. Le pouvoir de Rafsandjani trouvait sa source dans les institutions liées au régime, alors que celui de Khatami venait de sa popularité et du soutien des populations éduquées : jeunes femmes, intellectuels, étudiants. Durant les trois premières années de son mandat, il avait pour lui la puissante artillerie que sont les médias réformateurs et il a conservé ce soutien après l'interdiction massive par la justice – détenue par les conservateurs – de dizaines de journaux réformateurs. Il avait aussi pour lui la bureaucratie héritée de l'époque de Rafsandjani. Alors que

Rafsandjani n'a reçu aucun soutien des trois Parlements qui ont été élus au cours de son mandat, Khatami, lui, a été continuellement soutenu par un Parlement majoritairement réformateur. En échange, il a souffert de l'animosité que nourrissaient envers lui le Conseil des gardiens de la Constitution et d'autres puissantes instances [1]. »

L'élection de l'outsider Ahmadinejad à la tête de l'État en juin 2005 prend à contre-pied tous les observateurs qui donnaient l'ancien président Rafsandjani largement gagnant. Pourtant, en examinant soigneusement le contexte de ces élections, on s'aperçoit que le résultat est moins surprenant qu'il n'y paraît. De nombreuses forces puissantes ont appuyé la candidature de l'ancien maire de Téhéran : les *pasdaran*s (gardiens de la Révolution) qui constituent la nouvelle nomenklatura du régime, les caisses d'emprunts sans intérêts (de puissants groupes financiers conservateurs). L'argent a coulé à flots pour favoriser son élection. Paradoxalement, Ahmadinejad, le porte-parole des humbles et des exclus de la Révolution islamique, a été porté au pouvoir par les forces économiques et financières qui dominent le pays.

Je pense qu'il convient de s'attarder sur cet événement, suivi peu après de l'annonce de la reprise des activités nucléaires. Un dossier qui n'avait pratiquement pas été évoqué durant la campagne électorale.

À tort peut-être, Téhéran se considère alors dans une position favorable : les États-Unis, enlisés en Irak, ne peuvent ouvrir un nouveau front ; l'Europe est sous le choc des attentats commis à Londres dans le métro et les bus ; Israël se retire de la bande de Gaza et les cours du pétrole sont au plus haut. Ce dernier élément constitue

---

1. Sadegh Zibakalam, « Shargh », *Courrier International*, n° 813, 1er au 7 juin 2006.

une garantie supplémentaire pour l'Iran. Toute intervention militaire provoquerait la panique sur les marchés et
la flambée des cours.

Les idéologues au pouvoir filtrent la réalité

Ce qui me fascine en avançant dans cette enquête, c'est
la formidable méconnaissance que chacun des deux
adversaires a de l'autre. Il n'existe, au sein de l'administration Bush, aucune expertise sérieuse sur la réalité
du pouvoir iranien, ses intentions, son programme nucléaire. Situation identique du côté iranien. À Téhéran et
Washington, les idéologues au pouvoir filtrent la réalité.

Avant le déclenchement de la guerre en Irak, les spécialistes de la région qui présentaient des analyses nuancées
ont été écartés, tant au Département d'État qu'à la CIA.
L'Irak et l'Iran sont devenus un véritable trou noir. Du côté
iranien, le président en place ne consulte jamais les experts
des États-Unis et de l'Europe. Dépourvus d'informations
l'un sur l'autre, les adversaires avancent en aveugles et la
collision semble inévitable. Je pense que l'intransigeance
iranienne s'alimente de la certitude que Bush veut la guerre
pour renverser la République islamique.

Toute la stratégie anxiogène développée ensuite par le
président iranien, ses déclarations menaçantes poursuivent
le même objectif : maintenir les prix du pétrole à des
niveaux élevés en suscitant l'inquiétude des marchés sur
les menaces d'approvisionnement, la fermeture du détroit
d'Ormuz par où transitent plus de 20 % des approvisionnements mondiaux. Commentant récemment les menaces de
sanctions accrues si Téhéran ne cède pas sur le dossier
nucléaire, Ahmadinejad a d'ailleurs déclaré : « L'Occident
a davantage besoin de l'Iran que l'Iran de l'Occident [1]. »

---

1. Ivo Daalder et Philip Gordon, « We Should Strike Iran, but not
with Bombs », *Washington Post*, 22 janvier 2006.

En 2005, l'homme qui est porté au pouvoir est tout sauf un candidat « imprévu ». L'ensemble des instances conservatrices s'est aligné derrière lui : le Conseil des gardiens, présidé par l'ayatollah Jannati, la majorité parlementaire, le pouvoir judiciaire, la télévision, la radio, la presse écrite, les imams des prêches du vendredi. « Il n'est obligé, souligne le journal *Shargh*, de composer avec personne [1]. »

La liste des vingt et un ministres qu'il présente en août 2005 au Parlement comprend, pour dix-huit d'entre eux, d'anciens responsables des gardiens de la Révolution et de la police secrète. Treize ministres sont d'anciens officiers de cette organisation créée pour protéger la Révolution islamique et qui possède ses propres unités terrestres, aériennes et navales, ainsi que son service de renseignements. Elle contrôle également les *bassijis*, de jeunes fanatiques qui se posent en gardiens brutaux de l'orthodoxie révolutionnaire. Cinq ministres, dont les deux religieux chiites du gouvernement, ont travaillé dans la police secrète, au ministère des Renseignements, la très redoutée Vevak.

Contrôler tous les échelons du pouvoir

Pour Michel Makinsky, et je trouve son analyse plausible, « la victoire d'Ahmadinejad représente l'avant-dernière étape de la prise de pouvoir du groupe composé des pasdarans, des fondations (puissants conglomérats de fondations charitables islamiques) et des *bassijis*. Les élections locales de 2003, les législatives de 2004 et les présidentielles de 2005 ont été les phases de ce qui ressemble à un coup d'État par un groupe non clérical mais doté d'un objectif religieux et révolutionnaire, par une nou-

---

1. Sadegh Zibakalam, art. cité.

velle classe qui entend succéder à l'ancienne génération du clergé, considérée comme dépassée, sans légitimité et corrompue. La dernière étape cruciale de cette prise de pouvoir a eu lieu le 15 décembre 2006, lors des élections pour le renouvellement de l'Assemblée des experts. Ce groupe de 86 religieux de haut rang, dont Rafsandjani fait partie, détient au moins deux prérogatives majeures : désigner en son sein le guide de la Révolution et pouvoir le renvoyer. Il représente le sommet de la pyramide. Paradoxalement, le fait que ces religieux soient élus au suffrage universel leur confère une légitimité qui sert à dissimuler les pouvoirs démesurés attribués au guide par la Constitution iranienne et le principe du *velayat-e faqih* (guidance du juriste théologien). Les Occidentaux n'ont pas réalisé à quel point cette échéance constituait sans doute un enjeu plus capital aux yeux des différents acteurs du régime que d'autres dossiers, y compris celui du nucléaire ; car c'est bien l'avenir des forces politico-religieuses qui était en cause, donc la survie même du régime. [...] Ceci explique pourquoi l'approche des élections de l'Assemblée des experts, le 15 décembre 2006, s'est traduite par des manœuvres politiques d'une rare violence (au sens strict du terme) et d'une détermination dont l'ampleur en révéla l'enjeu. Le camp d'Ahmadinejad avait lancé une offensive sur plusieurs axes. Il s'agissait d'abord d'influencer les candidatures, la priorité étant de bloquer ou de neutraliser celle de Rafsandjani ou d'un réformateur. Tous les moyens étaient justifiés à cet effet, y compris des menaces physiques contre les membres de l'Assemblée ou contre leur entourage. Des intimidations ont ainsi été infligées par des membres des services parallèles ou même des "disciples religieux" de Yazdi (l'ayatollah ultraconservateur, mentor d'Ahmadinejad). Par exemple, des "étudiants religieux" ont "spontanément" interrompu un discours de Rafsandjani, tel autre dignitaire a été harcelé. D'un autre côté, le Conseil des gardiens de la Révolution a filtré les candidatures (c'est-à-dire éliminé les candidats qui déplaisaient au régime), comme lors des autres élections. Les *bassijis* se sont vus chargés de "surveiller" le scrutin. Dans le même temps, la manipulation du calendrier électoral et le couplage de cette consultation avec les élections aux conseils locaux (dont celui de Téhéran) étaient un signe supplémentaire de la détermination du groupe du Président à ses fins. Le fait que les collectivités locales se soient vu dénier le droit de surveiller les élections au profit du ministère de l'Intérieur atteste que le camp présidentiel était pleinement déterminé à prendre le contrôle de tous les échelons de pouvoir [1] ».

Le premier coup d'arrêt à l'ascension du camp présidentiel

Ahmadinejad et son camp n'ont pu gravir cette dernière marche et détenir la totalité du pouvoir. L'élection a été un échec pour eux et a marqué, comme l'écrit Michel Makinsky, « le premier coup d'arrêt à l'ascension du camp présidentiel, à la fois un signal et un révélateur, et peut-être le début de bouleversements politiques majeurs sur la scène intérieure iranienne et d'inflexion dans sa posture extérieure [2] ».

Plusieurs raisons expliquent cet échec. D'abord la déception d'un électorat populaire face à des promesses sociales non tenues, mais aussi les outrances de certains proches du Président, notamment l'ayatollah Yazdi, son

---

1. Michel Makinsky, « L'Iran est-il une puissance régionale dangereuse ? » *Meria*, *journal d'études des relations internationales au Moyen-Orient*, Centre Gloria, centre interdisciplinaire Merzliya, volume 2, n° 1, article 3/7, janvier 2007.
2. *Ibid.*

maître à penser. Installé dans la ville sainte de Qom, comme l'ayatollah Khomeiny, Yazdi est un irréductible. Il a confié à des proches, après l'élection d'Ahmadinejad : « Il faut se préparer à l'Assemblée des experts. Même si nous contrôlons la présidence, le pouvoir réel est entre les mains des autres [cette Assemblée des experts]. »

Cet ultraconservateur prône un rejet total de l'Occident, la peine de mort et les flagellations publiques. Hostile à toute forme de démocratie, il considère toute interprétation non littérale de l'islam comme hérétique, et approuve totalement les attentats suicide contre « les ennemis de l'islam ». Ce fervent partisan de la *fatwa* lancée contre l'écrivain Salman Rushdie fut accusé, dans les années 1990, d'avoir encouragé les escadrons de la mort qui assassinaient les opposants politiques à l'intérieur du pays et à l'étranger. Il est surnommé en Iran « professeur crocodile », depuis cette caricature, réalisée par le plus célèbre dessinateur humoristique iranien, qui montre un crocodile simulant des pleurs tout en étranglant un journaliste avec sa queue. Le dessinateur a été jeté en prison, bien qu'il ait expliqué que son dessin ne visait personne en particulier. Tout le monde avait cependant remarqué que le nom de Yazdi se rapprochait singulièrement, dans le rythme, du terme employé en farsi pour désigner le crocodile[1].

« Un coup d'État militaire non sanglant »

The Economist décrit le soutien des gardiens de la Révolution à Ahmadinejad, qui fut un des leurs, comme

---

1. « The Rise of Prof "Crocodile", a Hardliner to Terrify Hardliner », telegraph.com. UK – 19.11.2005.

« un coup d'État militaire sans effusion de sang ». « Un coup d'État, ajoute-t-il, dans lequel le leader suprême [le guide de la Révolution] était partie prenante de la conspiration[1]. »

Le système politique iranien est déroutant parce que des pouvoirs élus doivent coexister ou s'affronter avec des pouvoirs non élus. La dictature des mollahs, l'autocratie islamique est malgré tout une démocratie imparfaite où la participation publique aux affaires est plus grande que dans d'autres pays voisins alliés des États-Unis, comme l'Arabie Saoudite ou le Pakistan. D'où l'absurdité de l'appel lancé en 2005 par George W. Bush qui plaidait pour une démocratie en Iran mais appelait la population à boycotter les élections.

Le cas de l'ancien président Khatami illustre cette dualité. Élu en 1997 avec une confortable majorité, il n'a jamais eu les mains libres pour gouverner et il a perdu la réalité du pouvoir bien avant de quitter ses fonctions.

« Aucun risque, ils n'attaqueront pas »

L'entrée en fonction, le 21 février 2007, de la nouvelle Assemblée des experts qui siège pour huit ans est l'occasion d'observer un rituel bien rodé. La cérémonie placée sous les auspices du Conseil des gardiens est ponctuée par le chant d'un verset du Coran et de l'hymne national. Les discours à la gloire de la République islamique, « un modèle de démocratie religieuse », alternent avec les attaques habituelles contre les États-Unis qualifiés de « monstre sans cerveau ». La cérémonie offre également un instantané de la situation politique. Le guide de la Révolution est absent, très probablement pour des raisons

---

1. « The Riddle of Iran », *The Economist*, 21-27 juillet 2007.

de santé ; l'ayatollah Yazdi, grand perdant des élections, affiche son habituel visage fermé. Le vainqueur, Rafsandjani[1], sourit et ressemble à un gros chat débonnaire, tandis qu'Ahmadinejad, crispé, évite tout regard vers son rival. Les deux hommes, comme à l'accoutumée, se sont croisés sans un salut.

Désormais, l'ancien président Rafsandjani, qui a stoppé l'offensive d'Ahmadinejad et de ses partisans, amplifie la guerre des rumeurs et laisse filtrer des informations sur les dissensions croissantes qui existeraient entre le Président et le guide de la Révolution. Il rapporte notamment la teneur d'une rencontre tenue à la mi-février 2007, consacrée aux menaces américaines et au renforcement de la présence militaire des États-Unis dans le Golfe. Ahmadinejad aurait déclaré : « Aucun risque, ils n'attaqueront pas. » Le guide lui aurait répliqué sèchement : « Non, c'est sérieux. »

Il me semble clair en tout cas qu'une intervention, américaine ou occidentale, renforcerait la position d'Ahmadinejad à l'intérieur du pays, alors qu'il est de plus en plus critiqué. Pour l'instant, lui et ses alliés, les pasdarans, conservent la haute main sur le dossier nucléaire. Pourtant, l'escalade actuelle n'empêche pas la bonne marche des affaires entre adversaires. J'ai découvert que depuis plusieurs années les redoutés gardiens de la Révolution étaient les associés de firmes pétrolières américaines très proches de la Maison Blanche.

---

1. Il vient d'être élu à la tête de l'Assemblée des experts, le 5 septembre 2007.

19

Sur le papier, la position des États-Unis envers l'Iran est totalement intransigeante et dépourvue d'ambiguïté. Depuis la rupture des relations diplomatiques survenue en 1979, l'objectif est double : boycotter Téhéran et l'isoler sur la scène internationale. Kamal Bayramzadeh évoque les cinq griefs avancés au début des années 1990 par Washington : « 1) le développement des armes de destruction massive par l'Iran ; 2) le soutien au terrorisme ; 3) l'opposition au processus de paix au Proche-Orient ; 4) la violation des droits de l'homme par le gouvernement de Téhéran ; 5) la *fatwa* de Khomeiny contre l'écrivain Salman Rushdie. »

« En 1993, ajoute-t-il, les États-Unis [sous Clinton] ont mis en place une politique de "double endiguement" qui visait les gouvernements de l'Iran et de l'Irak. L'objectif principal de cette politique, mise au point par Martin Indyk, à l'époque membre du Conseil national de sécurité, était, en ce qui concerne l'Iran, de faire pression sur celui-ci pour qu'il renonce à l'hostilité à l'égard d'Israël, au terrorisme et à l'opposition au processus de paix [1]. »

Comme le rappelle Gary Sick : « Les États-Unis s'opposaient aussi au développement des relations de l'Iran avec la Banque mondiale et le FMI, et voulaient persuader

---

1. Kamal Bayramzadeh, « La politique étrangère de l'Amérique au Moyen-Orient », *Eurorient*, n° 22, 2006.

leurs alliés de maintenir la pression sur l'Iran pour qu'il ne puisse pas poursuivre des relations commerciales normales. » Washington se montre absolument intransigeant sur la morale des autres mais, jusqu'en 1995, les compagnies pétrolières américaines continuent d'acheter 30 % du pétrole iranien. « En juin 1995, rappelle Yves Cadilhon, les États-Unis décrètent un embargo total des exportations américaines vers l'Iran et n'achètent plus de pétrole iranien. Les Iraniens doivent donc réorienter rapidement leurs exportations pétrolières [...]. » Ce dispositif est complété un an plus tard par la loi d'Amato, adoptée à la majorité au Sénat puis au Congrès, qui prévoit des sanctions contre toutes les compagnies pétrolières, même non américaines, qui investissent plus de 40 millions de dollars en Iran ou en Libye.

Halliburton en Iran

En février 2007, l'administration Bush hausse le ton. Elle avertit les compagnies pétrolières Shell, Repsol (espagnole) et SKS (malaisienne), ainsi que les gouvernements de Chine, d'Inde et du Pakistan, de possibles sanctions s'ils décident d'honorer les accords signés avec Téhéran[1]. Les enjeux sont de taille. Shell et Repsol sont associés sur un projet estimé à 10 milliards de dollars, tandis que SKS est engagé dans l'exploitation de gaz naturel sur les gisements du Golshan et Ferdows. Un enjeu évalué à 20 milliards de dollars.

Pour expliquer cette mise en garde, le sous-secrétaire d'État pour les affaires politiques, Nicholas Burns, déclare : « Ce que nous essayons de faire, c'est de créer

---

1. Celestine Bolhen, « Shell, Repsol, Total, Defy US to Seek Iran Deals », Bloomberg, 23 février 2007.

de multiples points de pression sur l'Iran à travers les secteurs privés et publics. » Et il ajoute : « Ces compagnies doivent savoir que l'attitude du Congrès, quant à leurs activités en Iran, sera intransigeante[1]. » Un Congrès qui est prêt à aller plus loin et réclame de George Bush qu'il applique la loi d'Amato qui oblige le gouvernement américain à punir toute compagnie énergétique étrangère faisant du commerce avec l'Iran.

Une intransigeance bien douteuse quand on connaît la vérité. En 1995, Bill Clinton, alors à la Maison Blanche, déclare : « J'annonce formellement mon intention de couper tout commerce et investissement avec l'Iran. » Peu après cette déclaration, le géant pétrolier Halliburton s'installe en Iran en créant des « filiales étrangères » domiciliées aux îles Caïmans, un paradis fiscal[2]. La décision de violer l'embargo et de frauder le fisc américain a été prise par l'homme qui vient de prendre les rênes du groupe pétrolier, l'actuel vice-président Dick Cheney. Halliburton est un acteur de premier plan en matière de forage et de services pétroliers, une hydre non pas à deux mais à cinq ou six têtes dont les activités jettent une lumière crue sur le décalage profond existant entre les discours officiels et la réalité des affaires. La compagnie n'a jamais hésité à se compromettre avec les régimes les plus infâmes de la planète mais, comme l'expliqua Dick Cheney à Larry King sur CNN : « Nous devons opérer dans des endroits très difficiles et parfois dans des pays qui sont gouvernés [par des régimes] en contradiction avec nos principes, ici, aux États-Unis [...]. Mais le monde n'est pas fait que de démocraties. »

Cheney déteste les sanctions apparemment encore plus

1. Steven Weisman, « US Weighs Penalties for Firms Aiding Iran », *International Herald Tribune*, 21 mars 2007.

2. Jefferson Morley, « Halliburton doing Business with the "Axis of Evil" », *Washington Post*, 3 février 2005 ; NBC News, 3 mars 2005.

que les dictateurs. En 1996, au cours d'une conférence sur l'énergie, il manifeste son agacement : « Nous avons l'air d'aimer les sanctions dans ce gouvernement [celui de Bill Clinton]. Le problème, c'est que le bon Dieu n'a pas toujours jugé souhaitable de placer les réserves de gaz et de pétrole dans des [pays] à régime démocratique [1]. » Halliburton et Cheney se sont fait une spécialité de violer les embargos présidentiels au profit des pays de l'axe du mal. Deux ans après s'être implanté en Iran, le groupe pétrolier, par le biais de filiales françaises, vendra de 1997 à 2000 au régime de Saddam Hussein des pompes de retraitement, des pièces détachées pour l'industrie pétrolière et des équipements de pipeline.

Pour décrypter le comportement de Cheney, je crois qu'il faut s'arrêter sur sa philosophie politique. Il fait partie des *hands off*, ces opposants farouches à un gouvernement fédéral puissant, omniprésent dans la vie des citoyens. Pour lui, le gouvernement doit assurer une « maintenance minimum » du pays et ne doit surtout pas s'ingérer dans les affaires privées, qu'il s'agisse de celles des entreprises ou des individus. En observant les choses sous cet angle, la « schizophrénie » de Dick Cheney, qui consiste à traiter des affaires avec des gouvernements qu'il n'hésitera pas à renverser, une fois revenu au pouvoir, me paraît s'expliquer d'elle-même. Pour le vice-président, le secteur privé doit être libre de toute contrainte, tant qu'il n'entame pas la sécurité de l'État : en clair, la démocratie et les affaires sont deux dossiers à ne pas mélanger...

---

1. Ken Silverstein, « Mother Jones, 28 avril 1998 », *Daily Telegraph*, 25 mars 2003.

Soixante-douze compagnies étrangères

L'île de Kish est située à trente minutes de vol de l'émirat de Dubaï et à proximité des côtes iraniennes. Le Shah l'avait aménagée en lieu de villégiature où il aimait se reposer. Les mollahs l'ont transformée à la fois en zone franche et en carrefour de tous les trafics et échanges illégaux. Plus du quart de toutes les importations et exportations iraniennes transitent par cette île. Kish abrite également les bureaux de 72 grandes compagnies étrangères aussi connues que Total, l'italien Agip, Shell, mais aussi Halliburton, qui possède également un siège discret à Téhéran, au dixième étage d'un immeuble situé sur Bucarest Street.

Roger Robinson, ancien responsable du Conseil national de sécurité de la Maison Blanche sous Ronald Reagan, traque désormais les entreprises qui commercent avec les « États voyous ». Il estime que plus de deux cents sociétés coopèrent avec Téhéran et financent, à hauteur de plusieurs dizaines de milliards de dollars en capital et technologie, des projets, notamment pétroliers et gaziers, dans ce pays.

Le montage imaginé par Halliburton pour opérer en Iran révèle toute l'inefficacité de la loi d'Amato : un discret personnel d'encadrement américain, des employés locaux travaillant au sein d'une filiale, Halliburton Products and Services Ltd., basée à Dubaï et domiciliée aux îles Caïmans ; un montage contestable du point de vue moral mais inattaquable légalement. Toute compagnie « non américaine », selon la loi d'Amato, n'est pas autorisée à investir plus de 40 millions de dollars en Iran ? Rien de plus simple. Halliburton Products, selon l'affirmation, invérifiable bien sûr, de son porte-parole, déclare n'avoir jamais dépassé les 35 millions de dollars. Un autre géant pétrolier de Houston, Baker-Hughes, numéro trois mondial des services pétroliers, lui aussi implanté en Iran, a adopté les mêmes méthodes. Baker, la compagnie texane, a racheté en 1986 Hughes Tool, la société de forage qui fit la fortune du milliardaire Howard Hughes.

Associé d'Halliburton et négociateur sur le nucléaire

L'Iran exerce sur ces groupes un pouvoir d'attraction inépuisable. Ce pays, comme le rappelle Philippe Sébille-Lopez, « détient 11,5 % des réserves mondiales de pétrole conventionnel, les deuxièmes réserves mondiales derrière l'Arabie Saoudite (22 %). Il possède aussi les deuxièmes réserves de gaz derrière la Russie avec 26,7 trillions de mètres cubes (15 % des réserves mondiales). Les hydrocarbures lui permettent d'encaisser entre 20 et 25 milliards de dollars par an [...]. Ils représentent 85 à 90 % des recettes d'exportation, 40 à 50 % des ressources budgétaires de l'État iranien et 15 à 20 % du PIB. Ces revenus permettent à l'Iran de disposer d'un fonds de réserve pétrolier désormais estimé à plus d'une dizaine de milliards de dollars ».

En Iran, Halliburton est associé à Oriental Kish Oil, une compagnie dont l'un des actionnaires et membre du conseil d'administration, Cyrus Nasseri, a été ambassadeur d'Iran auprès des Nations unies à Genève. Nasseri possède 10 % de cette société, basée à Dubaï et Téhéran, et ce polyglotte, aussi à l'aise en français qu'en anglais, entretient des liens étroits avec les dignitaires du régime et certains responsables du mouvement des gardiens de la Révolution. Tous lui font confiance, en raison de sa participation active aux pourparlers qui aboutirent en 1988 à la fin de la guerre Iran-Irak. Une confiance suffisamment grande pour que Nasseri soit désigné comme un des principaux négociateurs iraniens dans les pourparlers sur le nucléaire menés avec les Européens. Le personnage qui a négocié le rapprochement avec la compagnie autrefois dirigée par le plus violent ennemi de l'Iran, le vice-président américain, est également le dépositaire des secrets les mieux gardés de la République islamique.

George W. Bush a déclaré : « L'argent est le sang des opérations terroristes », et rangé l'Iran dans la catégorie infamante des « pays de l'axe du mal ». Mais, dans le silence des appartements de la Maison Blanche, mesure-t-il l'ampleur de la réalité ? Son vice-président qui réclame une intervention militaire contre l'Iran a engagé sa compagnie dans une coopération étroite avec un État qu'il qualifie de « principal sponsor du terrorisme ». Et comme le souligne en août 2004 le magazine télévisé de CBS, « Sixty Minutes », s'adressant aux téléspectateurs américains : « Quand Bush parle de l'argent du terrorisme, il parle de votre argent [...]. Toute personne souscrivant à un fonds de pension a de l'argent investi dans des compagnies qui font des affaires avec des États qualifiés de voyous. En d'autres mots, il y a des compagnies américaines qui soutiennent les économies de pays comme l'Iran, la Syrie et la Libye qui ont financé des terroristes. » L'enquête révèle les noms d'Halliburton, du groupe pétrolier Conoco Philips et de General Electric – propriétaire de la chaîne de télévision CBS qui diffuse le reportage – précisant : « Les fonds de pension new-yorkais possèdent 1 milliard de dollars d'actions dans ces sociétés qui opèrent en Iran et en Syrie[1]. »

Les équipes d'enquêteurs de CBS se sont rendues à

---

1. CBS, « Sixty minutes », « Doing Business with the Enemy », 25 janvier 2004.

Dubaï où elles ont découvert que Halliburton Products était installé dans les mêmes locaux que le centre d'opérations d'Halliburton pour la région. Aux îles Caïmans, la filiale domiciliée dans les bureaux de la Caledonian Bank ne possède ni fax, ni téléphone, ni employés. Une simple coquille vide.

« Sixty Minutes » a pris l'initiative de lancer son enquête un mois plus tôt en prenant connaissance d'un communiqué laconique mais surprenant d'Halliburton : « Un grand jury des États-Unis vient de délivrer une citation à comparaître à la compagnie, cherchant des informations sur les unités des îles Caïmans travaillant en Iran, où il est interdit pour des compagnies américaines d'opérer. » L'annonce survient le jour même où George W. Bush, étrange coïncidence, exprime sa volonté d'enquêter sur les liens entretenus par l'Iran avec les mouvements terroristes.

Les révélations de « Sixty Minutes » ne constituent pas encore un avis de tempête pour Halliburton. À la fin de l'année 2004, la firme américaine et Oriental Kish, son associé iranien, peuvent se réjouir d'avoir réalisé de fructueux bénéfices. Et l'avenir semble encore plus prometteur.

Les soutiens financiers de Bush et Kerry commerçaient avec l'Iran

Le 9 janvier 2005, l'agence Iran News, reprenant une information de Reuters, annonce que Halliburton a emporté le marché du forage terrestre et off-shore des phases 9 et 10 du gisement gazier de South Pars, un champ géant dont le sous-sol fait rêver tous les opérateurs.

Akbar Torkan, le directeur de Pars Oil and Gas, déclare à la télévision nationale : « Les vainqueurs finaux sont Halliburton et Oriental Kish. » Un contrat évalué à 308 millions de dollars. Le projet doit devenir opérationnel à partir du premier trimestre 2007 et « la production, selon Philippe Sébille-Lopez, sera de 50 millions de mètres cubes par jour de gaz traité à usage domestique et de 800 000 barils par jour de liquide de gaz naturel pour l'exportation. Dans un pays aussi contrôlé que l'Iran, où le secteur des hydrocarbures constitue un domaine hautement stratégique, il est impensable que Halliburton ait pu l'emporter sans l'accord des plus hautes autorités [1] ».

Pour Téhéran, la présence du géant pétrolier américain sur son territoire est peut-être considérée comme un atout au moment où les relations entre l'Iran et les États-Unis tournent à l'épreuve de force. La République islamique et Halliburton forment le couple géopolitique de l'année 2005. L'accord est annoncé au moment même où l'ancien président d'Halliburton, le vice-président Cheney, menace l'Iran. Il s'exprime au lendemain de la réélection serrée du président sortant.

Une campagne dont les coulisses sont dominées par « la couleur de l'argent ». Près d'une trentaine de personnalités, ayant financé aussi bien George W. Bush que son rival démocrate John Kerry, dirigeaient ou avaient dirigé des sociétés inculpées et condamnées pour avoir commercé avec l'Iran ou l'Irak de Saddam Hussein.

Une réalité profondément choquante alors que les deux candidats ont fait de la lutte contre le terrorisme leur principal thème de campagne. Le cas le plus étonnant est probablement celui de Joseph J. Grano. Cet ancien béret vert préside le conseil consultatif du Département pour la

---

1. Philippe Sébille-Lopez, « L'énorme potentiel pétro-gazier iranien », Cairn.

sécurité intérieure, chargé justement de coordonner la lutte contre le terrorisme sur le territoire américain. Mais il siège également au conseil d'administration du géant bancaire suisse UBS AG, après avoir dirigé une de ses filiales américaines[1]. Or UBS a dû payer une amende de 100 millions de dollars au Federal Reserve System, au terme d'une enquête qui a révélé que les traders d'UBS travaillant à Zurich avaient effectué, entre 1996 et 2003, des transactions portant sur plusieurs milliards de dollars avec l'Iran, la Libye, Cuba et la Yougoslavie[2].

« Purger le pays de la mafia du pétrole »

Au début de l'année 2005, commentant le contrat remporté, le directeur d'Oriental Kish à Dubaï déclare : « C'est une période très joyeuse. » Elle va être de courte durée. Le 28 juillet, plusieurs dirigeants d'Oriental Kish sont arrêtés, leurs domiciles perquisitionnés. Les enquêteurs affirment avoir découvert à celui de Cyrus Nasseri, le vice-président de la compagnie et négociateur sur le dossier nucléaire, un million de dollars payés par Halliburton en échange d'informations sur le programme atomique iranien.

Une longue campagne de presse est lancée par l'agence Fars News, aux mains des gardiens de la Révolution. Elle accuse les services de sécurité de graves négligences. « Les autorités doivent être particulièrement vigilantes quant à la nature des activités économiques auxquelles se livrent certains officiels. Nasseri a accès aux informations les plus secrètes en tant que membre de

---

1. Matt Kelley, *Firms Associated with Both Parties Faced Trade Fines*, Associated Press, 20 octobre 2004.

2. Hugo Miller et Marc Wolfensberger, « UBS breaks ties with Iran », *Bloomberg News*, 23 janvier 2006.

la délégation iranienne aux négociations sur le nucléaire, et en même temps il négocie directement avec la compagnie américaine Halliburton qui a été autrefois dirigée par Dick Cheney [1]. »

Le quotidien conservateur *Kayhan* souligne que « des personnalités puissantes sont intervenues pour réclamer la libération des dirigeants du groupe pétrolier » mais que le responsable pour les affaires judiciaires, l'ayatollah Mahmoud Sharoudi, insiste pour que l'affaire soit jugée parce qu'elle « cache une chaîne de corruption, d'arnaques et de détournements de fonds [2] ».

En fait, Oriental Kish est devenu un enjeu politique et financier. Un mois plus tôt, Ahmadinejad vient d'être élu à la présidence. Une nouvelle victoire pour les ultra-conservateurs qui ont déjà remporté les élections législatives. Le nouveau chef de l'État, ancien membre des gardiens de la Révolution qui soutiennent sa candidature, a fait campagne en promettant de « purger le pays de la mafia du pétrole ».

La vérité est plus prosaïque. Les gardiens de la Révolution veulent prendre le contrôle de sociétés qui étaient jusqu'alors aux mains de protégés de l'ancien président Rafsandjani, leur bête noire. C'est le cas de Cyrus Nasseri et d'Oriental Kish, une firme devenue prospère grâce à ses appuis politiques. Les conservateurs détaillent sa croissance fulgurante. Créée en 2003 avec un capital de départ de 10 780 dollars, elle dispose quelques mois plus tard d'un capital de 200 millions de dollars. Un essor impressionnant pour une compagnie qui ne dispose à Dubaï que d'un minuscule bureau avec sept employés, en majorité indiens, et à Téhéran de deux sièges modestes,

---

1. Iran Focus, 17 avril 2007.
2. *Ibid.*

l'un situé à Vali Asr, l'autre sur Africa Street, dépourvus de plaques, de boîtes aux lettres, employant quinze salariés et ne possédant qu'une seule ligne téléphonique.

Nasseri est libéré mais les pressions s'accentuent. Les autorités annoncent qu'une enquête est ouverte contre Oriental Kish pour corruption et que, en raison des charges qui pèsent sur la société, celle-ci se voit retirer les droits d'exploitation des champs gaziers de South Pars. Une mesure qui ne frappe pas Halliburton.

Nasseri et ses associés décident alors de se replier sur leur autre domaine d'activité : la location de plates-formes de forage. La pénurie de plates-formes off-shore a toujours été un handicap pour l'Iran et entrave ses efforts pour augmenter une production pétrolière qui demeure à un niveau inférieur à celui de l'époque du Shah. Oriental Kish loue trois plates-formes à une compagnie roumaine. Pour conclure la transaction, Oriental a fourni une lettre de crédit accordée par la banque d'État iranienne Saderat, que le Crédit Suisse a accepté de garantir pour effectuer le règlement des locations. En février 2006, l'établissement helvétique, soumis comme les autres banques européennes aux pressions des États-Unis, décide d'interrompre sa collaboration avec les banques iraniennes. Le Département du Trésor américain a annoncé peu auparavant que la banque Saderat se voyait refuser tout accès au système financier américain pour avoir transféré 50 millions de dollars à un groupe contrôlé par le Hezbollah.

Privés désormais de tout espoir de règlement, les propriétaires roumains mettent fin aux contrats et préparent le rapatriement des plates-formes. En plein mois d'août 2005, à l'aube, deux navires de guerre iraniens accostent l'une d'entre elles. Un groupe d'hommes armés en débarquent et neutralisent les dix-neuf travailleurs roumains présents. Les gardiens de la Révolution viennent de prendre le contrôle des plates-formes comme ils ont pris le contrôle d'Oriental Kish. Ses dirigeants, acculés, doivent vendre. Cyrus Nasseri, qui possède 10 %, confie : « Je suis las. Je veux juste mener une vie normale et confortable. » La transaction effectuée, les accusations de corruption prononcées contre la société sont abandonnées. Les pasdarans viennent d'accroître leur pouvoir, déjà énorme.

« *Une organisation unique au monde* »

Pasdar en farsi signifie « milicien » et le pluriel, *pasdaran(s)*, « armée des miliciens ». Le nom complet, *Pasdaran-e Enghelab-e Islami*, peut se traduire par « gardiens révolutionnaires » ou encore « corps des gardiens de la Révolution ». Il est né d'un décret publié le 5 mai 1979, peu après le retour triomphal de l'ayatollah Khomeiny à Téhéran. L'objectif assigné aux pasdarans est de protéger la Révolution islamique et d'aider les autorités religieuses dans l'application des nouveaux codes islamiques de moralité.

En réalité, Khomeiny favorise l'émergence d'une force qui aidera à consolider et légitimer le régime sans qu'il ait à faire appel aux anciennes forces armées, soupçonnées de fidélité au Shah. Les pasdarans vont très tôt se poser en rivaux du pouvoir judiciaire et des forces de police mais la guerre contre l'Irak va leur conférer une légitimité accrue.

Comme je l'ai dit, ils encadrent et arment les bassijis, une force paramilitaire de trois millions de volontaires qu'ils forment dans 11 000 centres répartis à travers le pays. Ces bassijis sont lancés, en véritables vagues humaines, à l'assaut des positions irakiennes, notamment dans la région de Bassora, au sud du pays, durant l'opération « Ramadan ».

En 1986, les pasdarans regroupent 350 000 hommes et possèdent des unités navales et aériennes. Dès 2000, ses unités navales stationnées sur plusieurs petites îles du golfe Persique sont en mesure de lancer des attaques contre les navires circulant dans le détroit d'Ormuz, et aussi contre les plates-formes pétrolières off-shore. Le type de navire utilisé n'est pas identifié mais selon le responsable des pasdarans, ces formations sont entraînées à la « guérilla navale ».

Depuis le début des années 1980, les gardiens de la Révolution ont déployé 1 000 hommes au Liban, dans la plaine de la Bekaa, et arment, financent et entraînent le Hezbollah. Le mouvement possède également son propre service de renseignements, orienté vers l'étranger où il a fait supprimer de nombreux opposants, mais aussi sur la surveillance intérieure et notamment la « lutte contre les ennemis du régime ».

Khomeiny avait félicité ses dirigeants pour l'arrestation de nombreux membres du parti communiste iranien, le Toudeh. Ils agissent, selon un slogan, « comme les yeux et les oreilles de la Révolution islamique ». Ils en sont aussi le ventre, affamé, puis repu. Un ancien conseiller de Khomeiny, Moshen Sazegara, qui a rompu avec le régime après avoir été un des fondateurs des pasdarans, les qualifie d'« organisation unique au monde : un corps politique, une force militaire et une grande société complexe [1] ».

Ses dirigeants peuvent continuer à s'enrichir

Après la fin de la guerre contre l'Irak, leur groupe, Khatam al-Anbiya Construction Headquarters, passe de

---

1. Andrew Higgins, « A feared Force Roils Business in Iran », *Wall Street Journal*, 14 octobre 2006.

la construction de fortifications à celle de routes, de tunnels, de barrages. Les pasdarans étendent ensuite leurs activités aux secteurs du commerce, des médias, de l'industrie, de l'agriculture, et à une fabrique d'automobiles. Ils contrôlent également la très riche Fondation des opprimés et des handicapés, censée prendre en charge les Iraniens les plus pauvres.

Au fil des ans, les pasdarans sont devenus un véritable pouvoir militaire, policier, financier, industriel et politique qui n'a de comptes à rendre qu'au guide de la Révolution. Son budget reste secret, ses compagnies ne publient aucun bilan et ses dirigeants peuvent continuer de s'enrichir en échappant à tout contrôle.

En 2004, ils ont éliminé par la manière forte une société turque qui venait de se voir attribuer la gestion du nouvel aéroport international Imam-Khomeiny, à Téhéran. Le jour de l'inauguration, des véhicules blindés et des soldats bloquent les pistes, annulant tous les vols prévus. Quelques mois plus tard, l'aéroport rouvre ses pistes, sous la direction cette fois des gardiens de la Révolution.

Le groupe, qui a signé un accord d'une valeur de 1,3 milliard de dollars pour la construction d'un gazoduc à travers l'Iran et le Pakistan, s'est vu attribuer également, en juin 2006, l'exploitation d'un important champ gazier, un contrat évalué à 2,3 milliards de dollars. Sa voracité est sans limites et il n'hésite pas à réagir face à toute initiative ou événement qui pourrait menacer ses intérêts.

Une puissance terroriste

Dans les années 1990, plusieurs commandants des gardiens de la Révolution critiquent violemment les réformes politiques, économiques et sociales engagées par le président Rafsandjani, les considérant comme contraires « aux valeurs de la Révolution ». Un argument repris quelques années plus tard pour s'opposer aux réformes entreprises par son successeur, l'ayatollah Khatami.

Les émeutes étudiantes de 1999 vont aboutir à une lettre, signée par vingt-quatre commandants des pasdarans et adressée au président iranien, l'avertissant qu'ils se chargeraient de faire appliquer la loi, à moins qu'il ne réprime les manifestants. Le maintien du statu quo en leur faveur se fait toujours au nom de la défense des principes de la Révolution. « Les pasdarans, écrit leur chef militaire Rahim Safavi en 2003, se considèrent comme responsables de la défense de la Révolution islamique, de ses membres et de l'idéologie et des valeurs de l'imam Khomeiny. »

Force militaire, responsable notamment des unités de missiles, le groupe est aussi une puissance terroriste. Elle possède une unité d'élite, la Force Qods (Jérusalem), dont l'objectif est d'entraîner, équiper et financer des « mouvements révolutionnaires islamiques ». Le Hezbollah et le Hamas font partie de ses protégés, mais l'unité a tissé une collaboration étroite avec de nombreuses organisations islamiques à travers le monde arabe. Elle est également chargée de recueillir des renseignements en vue d'opérations terroristes, et les services occidentaux considèrent qu'elle possède des agents en Europe et aux États-Unis. Son chef actuel est le brigadier général Suleiman.

La Force Qods (elle ne portait pas encore ce nom) est à l'origine des attentats meurtriers de 1983, à Beyrouth, contre les troupes américaines et françaises. Elle a ensuite soutenu les Kurdes contre Saddam Hussein, le commandant Massoud contre les talibans, tout en encadrant, croit-on, les terroristes qui ont commis en 1996 l'attentat de Khobar, en Arabie Saoudite.

Le 14 février 2007, George W. Bush met en cause la Force Qods dans la fourniture aux insurgés de mines sophistiquées iraniennes qui tuent les troupes américaines. Il l'exprime dans un raccourci imagé : « Nous ne savons pas qui décroche le téléphone et dit à la Force Qods "allez faire ça", mais nous savons que c'est une partie essentielle du gouvernement iranien. »

Malgré le rachat d'Oriental Kish par les gardiens de la Révolution, Halliburton continue d'exploiter le gisement gazier de South Pars. Sa présence en Iran est prévue au moins jusqu'en 2009, mais tous les connaisseurs du dossier s'accordent à penser que d'autres contrats sont en négociation et, sauf conflit armé qui gèlerait les opérations, Halliburton travaillera longtemps encore en Iran. Pour les firmes pétrolières américaines, l'Iran est paradoxalement un régime plus ouvert que ceux du Golfe ou d'Asie centrale, qui sont pourtant les alliés des États-Unis.

Étrangler financièrement Téhéran

L'ex-compagnie du vice-président des États-Unis entretient désormais des liens étroits avec les pasdarans, parrains et financiers de nombreux mouvements à vocation terroriste, comme le Hezbollah libanais. Une coopération difficile à justifier pour une administration qui affiche son soutien sans failles à Israël. L'AIPAC, la puissante organisation de lobbying israélienne, s'en est d'ailleurs ému lors de sa dernière convention, en mars 2007. Prenant la parole à Washington devant 6 000 délégués, son directeur Howard Kohr a stigmatisé le puissant fonds de pension californien Calpers pour avoir investi plus de un milliard de dollars dans des compagnies développant le secteur énergétique iranien : « Si le plus large fonds de pension d'État du pays se privait de compagnies entretenant des liens avec l'Iran, ceci paralyserait l'économie iranienne [1]. »

« Je sais comment raisonnent les hommes qui constituent l'entourage de Bush, me déclare un ancien conseiller de la Maison Blanche. Ils croient que les sanctions vont asphyxier l'Iran aussi sûrement que l'on vide un étang pour ne laisser que des poissons privés d'eau. Ils redoutent le pouvoir de nuisance des gardiens de la Révolution au Liban, en Irak, mais ils sont convaincus que ce pouvoir se réduira de façon spectaculaire au fur et à mesure que les sanctions opéreront [2]. »

L'Iran continue d'utiliser le Hezbollah pour faire parvenir des fonds aux milices du leader chiite irakien Moqtada al-Sadr et l'argent destiné à financer les opérations contre les forces de la Coalition transite par des sociétés commerciales.

Parallèlement aux grandes manœuvres navales engagées dans le Golfe, Washington s'est lancé en 2006 dans une guerre secrète pour étrangler financièrement Téhéran en l'empêchant d'accéder à de nouveaux investissements dans les secteurs pétrolier et gazier. Une stratégie absolument semblable à celle adoptée au milieu des années 1980 par l'administration Reagan à l'encontre de l'URSS pour provoquer l'effondrement du régime, et que j'ai décrite dans *La Face cachée du pétrole*. Des pressions considérables sont exercées sur les banques japonaises, suisses, européennes mais aussi indiennes pour qu'elles coupent tout lien avec les établissements iraniens.

La première sortie internationale du nouveau ministre des Finances américain, Henry Paulson, le 16 septembre 2006, à Singapour, pour rencontrer ses homologues du

---

1. « US pro-Israel Lobby Seeks Iran Diverture », *Press TV*, 14 mars 2007.
2. Propos recueillis par l'auteur, mai 2007.

G7[1], est consacrée essentiellement aux mesures à adopter pour accentuer les pressions sur l'Iran. Téhéran se tourne alors vers la Russie et la Chine pour ses besoins en financement et en technologie pétrolière et gazière.

L'or est chargé dans des 747 d'Iran Air

Les responsables iraniens ont anticipé l'offensive. Dès janvier 2006, l'Iran ferme tous ses comptes ouverts dans des banques européennes. Elle retire notamment de l'Union des banques suisses, à Zurich, 103 millions de dollars, probablement pour éviter que ces avoirs ne soient gelés. Le 31 mars 2006, le journal de Berne, *Der Bund*, annonce que l'Iran aurait retiré des coffres du Crédit Suisse 250 tonnes d'or valant 5 milliards de francs suisses, pour les rapatrier à Téhéran[2].

Ces retraits ont en réalité commencé dès octobre 2005 et se sont prolongés jusqu'à la fin du mois de novembre. L'or aurait été chargé dans des Boeing 747 aux couleurs d'Iran Air qui ont décollé de l'aéroport de Zurich Klöten. Ces stocks d'or avaient été achetés par la centrale d'Iran auprès du Crédit Suisse. Téhéran, selon toutes les estimations que j'ai pu recueillir, a retiré au total 700 tonnes d'or placées dans plusieurs établissements occidentaux pour les transférer dans des lieux inconnus. Au total, ce sont 16 milliards de francs suisses qui se sont évanouis. En janvier 2006 toujours, le vice-gouverneur de la Banque centrale iranienne révèle que son pays a retiré toutes ses réserves en monnaie étrangère des banques italiennes. À la fin de l'année 2006, l'Iran aurait retiré entre 30 et 50 milliards de dollars des banques occidentales.

---

1. « Finance Chiefs Are Pressed on Iran », *Washington Post*, 17 septembre 2006.
2. *Der Bund*, Berne, 31 mars 2006.

Pour contrer l'offensive financière des États-Unis, Téhéran a même décidé de refuser désormais tout paiement en dollars pour son pétrole. Il se fait payer en euros, en yens et même en yuans. Les réserves financières du pays ne comptent que 20 % de dollars.

Ce qui frappe tous les opérateurs durant l'année 2006, ce sont les achats massifs d'or par l'Iran. Au fond, l'Iran spécule sur la crise qui le menace et qui, si elle éclatait, ferait flamber les cours de l'or, valeur refuge.

Le pays accumule également des réserves importantes, en raison des prix élevés du pétrole, ce qui lui offrirait la possibilité de tenir, même en interrompant ses exportations de pétrole. Téhéran, enfin, peut peser sur l'Irak et les approvisionnements pétroliers irakiens à travers ses réseaux chiites. En octobre 2006, Safavi, chef militaire des gardiens de la Révolution, a d'ailleurs déclaré : « Plus l'ennemi est technologiquement sophistiqué, et plus nous utiliserons des méthodes de guerre asymétriques. »

J'ai toujours été profondément sceptique sur l'efficacité des sanctions économiques et même des boycotts. Celles prises à l'encontre de la Corée du Nord n'ont pas empêché Pyongyang de fabriquer l'arme atomique...

20

Le 11 avril 2005, George W. Bush accueille Ariel Sharon dans son ranch texan de Crawford en lui lançant : « Bienvenue, Monsieur le Premier ministre, j'espère vous servir un bon déjeuner[1]. » Un rare privilège, réservé à une petite poignée de personnalités étrangères, dont le Premier ministre israélien fait partie. Le chef militaire, qui a participé à toutes les guerres menées par l'État hébreu, et l'héritier d'une puissante dynastie de la côte Est, qui cherche à passer pour un cow-boy texan, ont noué la plus improbable des relations.

Israël et la famille Bush constituent un sujet complexe. La présidence de Bush père a été marquée par sa volonté de faire plier l'État hébreu, en 1991, en subordonnant l'octroi d'un prêt de 10 milliards de dollars à l'arrêt des constructions de nouvelles implantations dans les territoires occupés.

Aux yeux de Bush père, l'effondrement de l'URSS et la fin de la guerre froide marquent le déclin du rôle d'Israël et de son partenariat privilégié avec Washington. Lors de l'élection de 1988, le candidat démocrate Dukakis bénéficie de 73 % du vote juif contre 27 % pour Bush, situation qui se détériorera encore pour l'élection de 1992. Bill Clinton recueille 78 % du vote juif contre 15 %

---

1. « The President and Prime Minister Sharon Discusses Economy and Middle East », White House Press Secretary, 11 avril 2005.

pour Bush, le plus mauvais score jamais réalisé par un candidat républicain depuis la candidature de Barry Goldwater, en 1964. Les tensions avec Israël, la remarque choquante de Baker – « Que les Juifs aillent se faire foutre ! De toute manière, ils ne votent pas pour nous » – ont contribué à détourner cet électorat de l'équipe républicaine.

Bush fasciné par Sharon

Son fils, qui ne possède absolument aucune connaissance en politique étrangère, s'est rendu pour la première fois en Israël en 1998, alors qu'il était gouverneur du Texas. Ariel Sharon l'accueille et organise un survol du pays en hélicoptère qui laisse le futur président stupéfait et impressionné par les dimensions minuscules de l'État hébreu. Durant sa campagne de 2000, il se rend au Centre Simon-Wiesenthal de Los Angeles où est exposé le musée de l'Holocauste, et écrit sur le registre : « Dieu bénisse ce monde. »

À cette époque pourtant, contrairement à tout ce qui a été écrit, Bush ne penche pas en faveur d'Israël et ne recherche pas le vote juif. Au contraire, il courtise l'électorat arabe. Les néoconservateurs et les intellectuels juifs se détournent de lui et un homme comme William Kristol, responsable du magazine néoconservateur *Weekly Standard*, vote lors des primaires pour John Mac Cain. Tous le considèrent comme étant dans la ligne de son père. Le tournant et le rapprochement auront lieu après les attentats du 11 Septembre.

Dans l'esprit de George W. Bush, après 2001, la lutte que les États-Unis vont désormais livrer contre le terrorisme est dans la droite ligne du combat mené par Israël, confronté aux attentats suicide. Son porte-parole, Ari Fleischer, est un Juif pratiquant. Les chrétiens fondamentalistes, dont il est proche, pèsent aussi sur ses choix. Ils considèrent que les Juifs doivent pouvoir continuer à vivre en Terre sainte jusqu'au terme d'un Armageddon marqué par le second retour du Christ et l'établissement du royaume de Dieu. Cette fin heureuse ne pourra avoir lieu que si les Juifs sont en possession de toutes les terres que Dieu leur a données. Ce soutien à Israël pour des raisons théologiques est fondé sur une interprétation littérale de la Bible. Les événements du 11 Septembre vont permettre le rapprochement entre un groupe de néo-conservateurs, proches pour la plupart de la droite israélienne, et un président qu'ils méprisent et qui ignore tout de leur programme et de leurs objectifs.

Le président néophyte est littéralement fasciné par Sharon, son inépuisable énergie, son intransigeance et sa détermination farouche à sauvegarder l'existence d'Israël. Aux yeux de Bush, le Premier ministre israélien possède également un autre atout. Les chrétiens fondamentalistes qui l'ont porté à la Maison Blanche réservent aux apparitions de Sharon des ovations « réservées d'habitude, selon un témoin, aux rock stars ». Pour certains, il est même l'homme choisi par Dieu pour accomplir les prophéties de la fin des temps. Ils se réfèrent à son parcours : il connut le pouvoir, puis le discrédit pour son rôle supposé dans les massacres de Sabra et Chatila, au Liban. Ils se fondent sur cette citation biblique : « L'homme juste chuta sept fois et il se releva » (Proverbes 24, 16).

Il existe peu d'exemples, dans le passé, d'une administration américaine qui ait affiché aussi ostensiblement son soutien à l'État hébreu. Cette véritable osmose tient aux relations nouées entre Sharon et Bush. Jusqu'à son accident mortel, le chef du gouvernement israélien effectuera de très nombreuse visites à Washington, sept entre 2001 et 2003. Un record. Un soir où je discutais avec lui, à la résidence du Premier ministre à Jérusalem, la conversation fut écourtée par un appel de Condoleezza Rice.

« Téhéran est encore plus dangereux »

Le 11 avril à Crawford, vers midi, les deux hommes prennent place pour déjeuner. Bush est accompagné du vice-président Cheney, et Sharon de son conseiller militaire, le brigadier général Yaakov Galant, qui tient à la main un attaché-case. Sur un signe du Premier ministre, il l'ouvre et tend une série de clichés que Sharon dispose devant son hôte. Il s'agit, explique-t-il, de photos satellites qui révèlent l'emplacement de sites nucléaires iraniens. Le Président examine soigneusement les clichés puis les passe à Cheney. Ces photos peuvent constituer des preuves supplémentaires dans le dossier à charge que le vice-président instruit contre l'Iran [1].

Dès janvier 2005, il a déclaré : « Téhéran finance le terrorisme [dirigé] contre les Américains et construit un nouveau programme nucléaire plutôt robuste. » Il a ajouté : « Les Israéliens peuvent décider d'agir les premiers. » Depuis 2002, Sharon dénonce l'Iran comme « le centre mondial du terrorisme » et, avant même le déclenchement de l'intervention militaire en Irak, il me disait : « Bagdad n'est pas le seul régime qui menace la sécurité d'Israël. Téhéran est encore plus dangereux [2]. »

À Crawford, ce jour-là, les visages sont graves. Sharon qui exerce un véritable ascendant sur le Président décrit un Iran qui a pratiquement « atteint le point de non-retour » en matière de fabrication d'armes nucléaires. Il

---

1. David Sanger, « Sharon Asks US to Pressure Iran on Nuclear Arms », *New York Times*, 13 avril 2005.
2. Propos recueillis par l'auteur, décembre 2002.

explique également que l'Iran, selon les renseignements obtenus par les services israéliens, dispose de deux programmes nucléaires distincts : l'un chargé de fixer l'attention de l'Agence internationale de l'énergie, et l'autre, secret, à visées militaires, contrôlé en partie par les gardiens de la Révolution.

Les craintes israéliennes vont à l'encontre des propos tenus le 16 février devant le Congrès par l'amiral Jacoby, le directeur du renseignement militaire : « Téhéran, affirmait-il, aura probablement la capacité de produire des armes nucléaires au début de la prochaine décennie. » Le plaidoyer de Sharon comporte une seule faille, mais de taille : il refuse de révéler à ses hôtes la provenance des clichés sur lesquels il s'appuie.

Israël ne cherche pas à convaincre son allié américain du bien-fondé d'une intervention contre l'Iran, le principe est acquis, mais seulement d'accélérer l'agenda. En octobre 2004, le président américain avait écouté le long exposé des responsables militaires qui lui détaillaient l'option militaire choisie contre Téhéran. Bush avait demandé qu'elle soit prête pour juin 2005. Parallèlement, Condoleezza Rice défend l'option diplomatique, expliquant qu'aucune intervention militaire n'est en préparation. Des propos identiques à ceux qu'elle tenait, à la fin de l'année 2002, lorsqu'elle déclarait, tout comme le secrétaire d'État, Colin Powell, que Washington cherchait une solution pacifique et diplomatique à la crise avec Bagdad.

Une double posture qu'un observateur, parfaitement introduit dans les coulisses de l'Administration, décrypte avec ironie : « Nous disons aux Iraniens : nous voulons provoquer un changement de régime chez vous, mais pendant que vous êtes encore là, nous aimerions négocier avec vous la fin de votre programme nucléaire. »

Dans l'escalade en cours, Ahmadinejad est le meilleur allié de Bush, le repoussoir parfait. Même si depuis son indépendance, en 1935, Téhéran n'a jamais attaqué ni envahi un État voisin. Mais la doctrine anti-israélienne et antiaméricaine adoptée par la République islamique constitue une véritable camisole qui emprisonne depuis près de trois décennies la politique étrangère du pays.

« Pour attaquer l'Iran, il n'existe qu'un moyen... »

Un fait m'a été confirmé : en décembre 2005, peu avant son attaque cérébrale, Sharon a placé l'aviation israélienne en état d'alerte, dans l'éventualité d'une attaque contre l'Iran programmée au plus tard avant la fin de mars 2006. Une décision qui relève autant de la réalité que de l'intox. Jérusalem peut menacer les États-Unis d'agir seul, mais sa marge de manœuvre demeure extrêmement étroite. Pour attaquer l'Iran, selon l'aveu d'un militaire israélien, « il n'existe qu'un seul moyen : voler à travers un espace aérien contrôlé par les Américains, notamment en négociant l'utilisation de leurs couloirs aériens qui survolent l'Irak ». La disparition de Sharon a-t-elle ralenti l'offensive militaire en préparation ?

En tout cas, elle lève une équivoque : le lien exceptionnel noué avec Israël découlait de la personnalité de Sharon et du fait qu'il se trouvait à la tête du Likoud, le parti de droite. Ses dirigeants sont depuis de longues années les interlocuteurs privilégiés des néoconservateurs.

Or, au moment de son accident, Ariel Sharon se préparait à bouleverser la vie politique israélienne, en quittant le Likoud pour créer un nouveau parti de centre droit, Kadima. Une initiative désapprouvée par Dick Cheney. Le vice-président américain est resté très proche de

Nétanyahou, le dirigeant du Likoud, extrêmement lié aux financiers du parti républicain, en particulier à Jack Abramoff, un lobbyiste puissant qui va sombrer dans un scandale de corruption.

Toutes les informations que j'ai pu recueillir et recouper montrent qu'en 2006, Cheney et deux de ses principaux collaborateurs, David Addington et John Hannah, travaillaient à l'échec de Kadima et à la victoire du Likoud. Un ancien homme politique israélien, proche d'Yitzhak Rabin, évoque les raisons de cette entente entre les faucons néoconservateurs américains et la droite israélienne : « Ils pensent restaurer la grandeur américaine. Mais en même temps, cette puissance accrue servira, selon eux, les intérêts d'Israël, parce que ce sont des théoriciens. Pour eux, l'équilibre des forces dans la région peut être défini par des nombres et sur des cartes. Pour eux, c'est mathématique : faites tomber Saddam, affaiblissez la Syrie, et ainsi vous mettrez les Palestiniens à genoux [...]. Mais ils ont tort [...]. Les Israéliens le savent. Mais les faucons à Washington ne ressentent rien de ce conflit qu'ils ne vivent pas directement. Pourtant, ce sont eux qui décident aujourd'hui de notre avenir. »

Juste après la nomination d'Ehud Olmert, George W. Bush téléphone au nouveau Premier ministre israélien pour le féliciter, mais aussi pour lui demander de conserver à ses côtés Dov Weisglass, le conseiller spécial de Sharon qui suivait les dossiers sensibles et avait noué des liens étroits avec Cheney et Condi Rice.

L'« hitlérisation » du président iranien

2006 sera l'année de l'escalade contre l'Iran. En février, commentant le programme nucléaire iranien, le président américain déclare : « Le monde ne laissera pas

l'Iran détenir des armes atomiques. » Évoquant la stratégie de sécurité nationale des États-Unis, il se réfère plusieurs fois à l'Iran, affirmant notamment : « Nous ne
pouvons affronter plus grand défi venant d'un seul pays
que celui venant de l'Iran. » Il ajoute en avril, reprenant
une de ses formules favorites : « Toutes les options sont
sur la table[1]. »

Les propos d'Ahmadinejad remettant en question l'Holocauste et estimant qu'Israël doit être rayé de la carte
aboutissent à une « hitlérisation » du président iranien.
Les premiers pas d'une guerre de propagande qui précède
souvent le déclenchement du conflit.

Je repense à tous les adversaires affublés du nom de
Hitler : le Serbe Milosevic, l'Irakien Saddam Hussein et
désormais le chef de l'État iranien.

Au cours d'un déjeuner avec l'ambassadeur d'Iran à
Paris, je lui ai déclaré : « La rhétorique de votre président
est particulièrement impopulaire en Occident parce
qu'elle repose sur une triple négation : négation de l'Holocauste, négation du droit à l'existence de l'État d'Israël
et, enfin, si vous menez un programme nucléaire militaire, négation du traité de non-prolifération nucléaire[2]. »

Le responsable de l'Agence internationale de l'énergie,
l'Égyptien El-Baradei, envoie des signaux contradic-
toires. Dans une interview accordée à l'hebdomadaire
allemand *Der Spiegel*, le 21 février 2005, il déclare :
« Les Iraniens, s'ils ont décidé de développer un programme nucléaire secret – ce dont nous n'avons aucune
preuve à ce jour – pourraient alors avoir la bombe [ato-
mique] en deux ou trois ans[3]. »

---

1. Matt Kelley, « War Games Will Forms on Situation with Iran »,
USA Today, 18 avril 2006.

2. Entretien avec l'auteur, février 2007.

3. Interview de Mohammed el-Baradei : « Al qaeda also wants the
bomb », *Der Spiegel*, 21 février 2005.

Pourtant, le 7 mars 2006, alors que le conseil des gouverneurs de l'AIEA n'a pas encore transmis son rapport au Conseil de sécurité de l'ONU, le vice-président Cheney, prenant la parole devant les membres de l'AIPAC, menace l'Iran : « Nous ne l'autoriserons pas à posséder l'arme nucléaire.» Au même moment, toujours à Washington, l'ancien chef d'état-major de l'armée israélienne, Moshe Yaalon, estime, devant l'Institute for Near East Policy, que les États-Unis, l'Europe et Israël devraient coordonner des attaques contre l'Iran.

À l'occasion de sa première visite dans la capitale américaine en tant que chef du gouvernement, du 21 au 24 mai 2006, Ehud Olmert, acclamé par le Congrès, lance : « La menace nucléaire iranienne va bien au-delà d'Israël. Une tempête sombre est en train de se former et elle recouvre le monde de son ombre... L'Iran est le premier sponsor du terrorisme mondial. » Il conclut : « Israël pense que l'Iran est seulement à quelques mois de pouvoir développer le savoir-faire nécessaire à l'enrichissement de l'uranium. Un tel programme nucléaire ne peut pas être autorisé [1]. »

Les rumeurs destinées à désinformer sont plus nombreuses que les faits réels. Une rencontre aurait eu lieu fin 2004 entre Donald Rumsfeld et ses homologues de l'OTAN pour discuter des préparatifs d'une intervention. Faux. Par contre, à plusieurs reprises, dès avril 2005, des délégations israéliennes se rendent au siège de l'OTAN à Bruxelles. Plusieurs rencontres portent sur l'hypothèse de frappes aériennes contre l'Iran par les États-Unis, auxquelles les forces de l'OTAN seraient associées.

---

1. John O'Neil, « Olmert Urges Congress to Back Border Plans, *New York Times*, 24 mai 2006.

« *Si tu veux ma mort, je provoquerai aussi la tienne* »

En avril 2005, Donald Rumsfeld visite plusieurs pays du Moyen-Orient, ainsi que le Pakistan, et les informe d'éventuelles opérations militaires contre Téhéran. D'autres informations filtreront en 2007, indiquant que deux escadrilles israéliennes, équipées d'armes nucléaires tactiques pouvant percer des bunkers souterrains, s'entraînent dans le désert du Néguev au bombardement des sites atomiques iraniens. Une hypothèse impossible à retenir. Sharon a approuvé le principe de frappes contre l'Iran, mais sans retenir l'option nucléaire. Pour les dirigeants de l'État hébreu, membre non déclaré du groupe des neuf puissances nucléaires, l'usage de l'arme atomique est celui du dernier recours, au cas où l'existence même du pays serait menacée. Une doctrine résumée par la formule : « Si tu veux ma mort, sache que je provoquerai aussi la tienne. »

Jamais Israël n'envisagerait de l'utiliser en cas de frappes préventives. « C'est d'ailleurs la raison, me confie un membre du renseignement israélien, pour laquelle les Arabes ont su qu'ils pouvaient nous attaquer, en 1973, sans risquer une réplique nucléaire. Tant que notre survie n'est pas en cause, nous n'en ferons pas usage[1]. »

Ce qui ne semble pas être le cas de l'administration Bush. Je constate un fait étrange et inquiétant : la fin de l'équilibre Est-Ouest a libéré de nombreux acteurs devenus de plus en plus incontrôlables, l'administration Bush a aggravé ce déséquilibre et cette imprévisibilité en adoptant sa doctrine de guerre préventive et en faisant le choix de l'unilatéralisme.

---

1. Propos recueillis par l'auteur, février 2006.

À la fin de l'année 2006, un rapport du Mossad transmis à Washington estime que les progrès réalisés par les Iraniens leur permettraient de posséder assez de matériel fissile pour fabriquer une arme nucléaire en 2009. Si les services de renseignements américains sont devenus plus prudents et modestes depuis le fiasco irakien, le Mossad, lui, fait preuve d'un activisme forcené. Ses agents infiltrés à l'intérieur de l'Iran affirment que Téhéran se livre déjà à des expériences nucléaires. Échaudée, la Maison Blanche demande à voir les preuves. Refus embarrassé d'Israël.

En novembre 2006, Ehud Olmert reçoit longuement le chef du Mossad, Meir Dagan. L'homme doit quitter ses fonctions à la fin de l'année. Il est surpris d'entendre le chef du gouvernement israélien lui demander de reculer son départ jusqu'à la fin de l'année 2008. Meir Dagan, en poste depuis six ans à la tête du service de renseignements, est un expert des questions iraniennes...

Au moment où les événements semblent s'accélérer, je relis cette étude publiée en novembre 2003 par le Jaffee Center for Strategic Studies, rattaché à l'université de Tel-Aviv. Elle s'intitule : « La guerre en Irak. Un échec du renseignement ? » Son auteur, le brigadier général de réserve Shlomo Brom, évoque avec beaucoup de pertinence la « subjectivité » qui entoure les analyses élaborées par les services de renseignements. Évoquant le cas irakien, il écrit : « La communauté du renseignement avait le choix entre deux évaluations. Selon la première, l'Irak possédait toujours des armes de destruction massive et des projets qui y étaient liés, mais il avait réussi de manière très experte à les dissimuler, et donc les moyens déployés par Israël et le monde occidental, en matière de renseignements, n'étaient pas en mesure de les découvrir. Dans la seconde hypothèse, l'Agence internationale de l'énergie atomique et l'UNSCOM [les inspecteurs de l'ONU] avaient réussi grâce à de gros efforts à désarmer l'Irak de ses armes de destruction massive et des missiles balistiques à longue portée, tout en empêchant la reprise de leur fabrication... Le renseignement israélien a adopté la première explication, sans témoigner du moindre doute quant à sa validité. »

Pour Shlomo Brom, ce choix découlait de plusieurs facteurs : « Une conception dogmatique basée sur des images à une dimension de l'ennemi. Cette perception réduite à une seule dimension de Saddam imprégnait tous les secteurs du renseignement. Au cœur de cette perception, le portrait pittoresque d'une incarnation du mal, un homme possédé par le besoin de développer des armes de destruction massive pour frapper Israël et d'autres [cibles], sans tenir compte des conséquences qui en découleraient. Ainsi, à lire le script, Saddam ne pouvait pas, même temporairement, renoncer à ces capacités. Et encore, le renseignement israélien ne tenait aucun compte de la complexité des considérations auxquelles un dirigeant comme Saddam était confronté. Alors qu'il est vrai que jusqu'à la guerre du Golfe, en 1991, Saddam consacrait d'importantes ressources au développement d'armes de destruction massive, depuis sa défaite il était engagé dans une véritable lutte pour sa survie. Il est donc raisonnable de supposer que cette survie était son objectif numéro un et sa principale motivation. Cette supposition aurait dû conduire à comprendre qu'après 1991, revenir à des activités dans le domaine des armes de destruction massive devenait un facteur qui menaçait sa survie au lieu de la garantir[1]. »

_____

1. Shlomo Brom, « The War in Iraq : An Intelligence Failure ? » *Jaffee center for strategic studies*, university of Tel-Aviv, volume 6, n° 3, novembre 2003.

Pour Brom, cette erreur d'évaluation a aussi une autre origine : « L'excessive anxiété du monde du renseignement. Les racines de ce phénomène remontent à 1973. L'échec des services de renseignements à la veille de la guerre du Kippour a fait basculer le pendule absolument à l'opposé : l'adoption totale et sans aucune critique du pire scénario possible. » Et d'ajouter : « Même si l'Irak possédait encore des missiles Scud, je ne peux pas comprendre comment les officiers du renseignement israélien en venaient à croire qu'ils menaçaient Israël, alors qu'ils n'avaient pas été utilisés depuis plus de dix ans. C'est l'exemple même d'une incapacité à penser clairement qui a sapé la communauté du renseignement israélien [1]. »

En conclusion, l'étude évoque les différences d'appréciation existant entre Israël et les États-Unis quant aux menaces pesant sur le Moyen-Orient. Pour Washington (entre 2001 et 2003), l'Irak représentait la principale menace. Jérusalem estimait au contraire qu'elle était parfaitement « contenue et sous contrôle », mais en revanche l'Iran lui paraissait déjà constituer un danger beaucoup plus important...

Le réquisitoire du général Brom écartait totalement une autre interrogation : l'aveuglement des services secrets israéliens, et son effet de contagion sur leurs alliés, était-il feint ou réel ? Surestimation maladroite du danger irakien ou désinformation réussie ? La question n'est toujours pas tranchée et se repose à propos de l'Iran.

Au début de janvier 2006, un Antonov militaire iranien transportant onze des commandants militaires du corps des gardiens de la Révolution s'écrase non loin des

---

1. *Ibid.*

frontières turque et irakienne. Le brigadier général Ahmad Kazemi, responsable des forces terrestres des pasdarans, était à bord. Les autorités iraniennes accusent les États-Unis d'avoir provoqué le crash de l'appareil en déréglant ses équipements électroniques. Des Forces spéciales appartenant au Pentagone opèrent déjà en territoire iranien, plus particulièrement dans les zones kurde, azérie et baloutche, où elles peuvent bénéficier d'appuis. Aucun membre de la CIA n'est associé à ces opérations, ce qui permet d'éviter toute enquête du Congrès. Des commandos israéliens sont également infiltrés à partir de l'Azerbaïdjan, voisin de l'Iran. Israël possède à Bakou, la capitale, une ambassade aussi étoffée que l'antenne du Mossad.

21

Le 10 janvier 2007, juste après l'annonce de l'envoi de troupes supplémentaires en Irak, George W. Bush confie à quelques proches : « Mon objectif est d'exiger tout de la Syrie et de l'Iran, et aussi de prouver à Téhéran que je ne redoute pas son influence en Irak et que nous n'avons pas besoin d'eux pour stabiliser la situation sur le terrain. »

Une déclaration péremptoire qui correspond mal à la dégradation constante de la situation sur le terrain. Encore une fois, chez George W. Bush, les désirs prennent le pas sur les réalités. Comme l'écrit l'éditorialiste du *New York Times* Paul Krugman, « la confiance du président Bush n'est pas rassurante. Elle est terrifiante ». Et d'énumérer ses déclarations optimistes dans le passé, toujours contredites par les faits.

Hillary Mann, un expert de l'Iran au Conseil national de sécurité de la Maison Blanche, estime que Bush et Cheney cherchent à provoquer Téhéran pour trouver le prétexte à une intervention militaire.

Les parallèles historiques abondent : la stratégie d'escalade adoptée à l'encontre de la Chine par le président Eisenhower et son ministre des Affaires étrangères, John Foster Dulles, menaçant Pékin d'une guerre en Corée et dans le détroit de Taiwan ; l'affaire du Golfe du Tonkin, en 1964, où Johnson saisit le prétexte d'une « attaque » nord-vietnamienne contre un navire américain pour légitimer les bombardements contre le Nord-Viêtnam.

Le Président, en réalité, affronte un dilemme : il ne peut accepter que les États-Unis se retrouvent en position de faiblesse au Moyen-Orient et que l'Iran soit plus puissant qu'à son arrivée au pouvoir.

Téhéran contrôle le pouvoir irakien

À l'occasion d'une visite en Australie en février 2007, Dick Cheney accorde une longue interview au quotidien *The Australian*, qui appartient au milliardaire Rupert Murdoch, lequel appuie l'administration américaine et sa politique en Irak et envers l'Iran. Cheney accuse Ahmadinejad de prôner une « philosophie apocalyptique[1] » et approuve les propos du sénateur John Mac Cain, candidat à la prochaine investiture républicaine, qui affirme : « La seule chose pire qu'un affrontement militaire avec l'Iran serait un Iran possédant l'arme atomique[2]. »

Les collaborateurs du président américain estiment que l'Iran est en voie d'isolement, condamné s'il ne cède pas à devenir un État paria. La réalité que l'on peut observer révèle au contraire une montée en puissance et en influence de Téhéran dans la région. Les services américains découvrent peu à peu l'ampleur de l'infiltration iranienne en Irak. Les services secrets de Téhéran ont implanté à Bagdad et à travers le pays des réseaux puissants, juste après le renversement de Saddam, et désormais ils contrôlent les plus hauts niveaux du pouvoir

---

1. Greg Sheridan, interview de Dick Cheney, *The Australian,* 23 février 2007.
2. John Mac Cain, « US Must Be Willing to Take Military Action Against Iran », AFP, 15 janvier 2006.

irakien. Le Premier ministre chiite Al-Maliki, décrit par
Bush comme un « allié », comptait parmi ses principaux
conseillers l'homme qui avait planifié pour les Iraniens
les attentats contre les ambassades des États-Unis et de
France au Koweït en 1983. Son prédécesseur, Al-Jafari,
décrit lui aussi par Bush comme « un solide partenaire »,
participait récemment à Téhéran, où il vit désormais, aux
fêtes anniversaires de la révolution islamique et attaqua
violemment la présence américaine en Irak.

Téhéran manipule et finance les factions. Comme en
Afghanistan où le gouvernement de Kaboul regroupe
encore de nombreux représentants de l'Alliance du Nord,
dont beaucoup restent proches de Téhéran. Un expert de
la CIA m'a confié, découragé : « Si l'Amérique décide
d'attaquer l'Iran, il lui faudrait également entrer en guerre
avec les deux régimes sur lesquels elle s'appuie en Irak
et en Afghanistan [1]. »

Toute la stratégie suivie jusqu'ici semble se gripper.
Après son échec militaire de l'été 2006 face au Hezbollah
libanais, les menaces d'intervention unilatérale israélienne contre l'Iran perdent en crédibilité. Ehud Olmert
et Mahmoud Abbas, les deux protégés de Washington,
semblent politiquement affaiblis. Le ministre russe de la
Défense fait observer qu'il n'est pas avantageux pour
Moscou d'imposer des sanctions à Téhéran alors qu'un
accord a été signé pour lui vendre près de un milliard de
dollars d'armement antiaérien [2]. Un accord qui rend ner-
veux Israël. Jérusalem adresse en janvier 2007 un avertissement à la Russie après la vente de missiles antiaériens
à la République islamique. Le TOR-M1 peut identifier

---

1. Entretien avec l'auteur, mars 2007.
2. Interview de Sergei Ivanov, ministre de la Défense, *Nezavisi-
maya gazeta*, 18 janvier 2006.

quarante-huit cibles et en frapper deux simultanément à 6 000 mètres d'altitude. Vingt-neuf exemplaires ont été livrés et les Iraniens les destinent à la défense de leurs sites nucléaires.

« Nous pouvons frapper tous les intérêts vitaux des États-Unis »

En Arabie Saoudite, comme dans les autres États du Golfe, le malaise grandit face à la logique de confrontation avec l'Iran suivie par les États-Unis. Les dirigeants de cette zone, aux frontières souvent contestées, redoutent l'embrasement.

L'émir du Qatar en visite à Téhéran, en mai 2006, a eu un avant-goût de l'apocalypse selon Ahmadinejad. Le commentaire final des Qataris : « Ce fut une visite très agréable », ne sert qu'à masquer le désarroi dans lequel le président iranien les a plongés. L'émir s'était rendu en Iran pour évoquer la sécurité dans la zone du Golfe à la lumière du conflit irakien. Le petit émirat, détenteur d'importantes réserves gazières, possède également au large de ses côtes de nombreuses plates-formes de forage, cibles idéales en cas de conflit.

Au cours de l'entretien, l'émir déclare aimablement au président iranien : « Nous désapprouvons, dit-il, tout projet d'intervention militaire dirigé contre l'Iran. » Une marque de soutien qui se révèle bien imprudente.

Ahmadinejad hoche la tête en signe de remerciement et demande : « Que comptez-vous faire pour nous aider ? » L'émir marque une légère hésitation, puis répond : « Nous protesterons vigoureusement auprès des États-Unis. » L'ancien gardien de la Révolution lui répond avec un large sourire : « Malheureusement, comme vous le savez, l'Iran en cas d'agression ne dispose pas de moyens suffisants pour atteindre le territoire américain. Mais nous pouvons sans problème frapper tous les intérêts vitaux des États-Unis dans la région. Comme chez vous, par exemple, qui abritez le quartier général du Central Command américain. »

Les Qataris, effrayés, rapportèrent ces propos à toutes les monarchies de la région ; des régimes fragiles qui suivent avec inquiétude le parcours erratique de l'administration américaine. Même la secrétaire d'État, Condoleezza Rice, partisane d'une solution diplomatique, confie en privé qu'elle ne croit pas que Téhéran abandonnera ses ambitions nucléaires. Elle avoue à ses interlocuteurs saoudiens la modestie de ses ambitions : obtenir une suspension du programme nucléaire, jusqu'à l'arrivée au pouvoir, à Téhéran, d'une équipe plus modérée et réaliste. Un raisonnement qui relève plus du pari hasardeux que d'une stratégie réfléchie et qui glace les Saoudiens.

Un ancien directeur de la CIA confie, lui : « Je ne pense pas avoir jamais rencontré un Iranien modéré au sommet du pouvoir. » Et d'ajouter : « Le raisonnement adopté au début par l'Administration à l'encontre de l'Iran est exactement celui qui se retourne contre elle aujourd'hui. Après le renversement de Saddam, les stratèges américains ont cru que la présence de nos troupes sur la frontière iranienne et les liens étroits existant entre les dirigeants chiites irakiens et Téhéran pourraient être utilisés pour faciliter un changement de régime en Iran. C'était évidemment d'une stupidité sans nom, mais l'échec de cette stratégie n'a pas conduit à plus de lucidité. Désormais, on considère qu'une intervention militaire contre Téhéran favorisera la prise du pouvoir par des modérés proaméricains et qu'un régime favorable à nos intérêts pourra émerger. »

L'ampleur de l'influence iranienne

« Les dirigeants de la région, me confie un expert saoudien, sont les premiers à reconnaître le bien-fondé de la formule de Bismarck : "De toutes les données de l'Histoire, la plus intangible est la géographie." L'Iran est quatre fois plus grand que l'Irak, sa population à peu près le triple. Quant à son armée, elle n'a rien à voir avec les vestiges de celle de Saddam après sa défaite de 1991. J'ajouterai, pour évoquer le nucléaire, que les installations iraniennes ne sont pas comparables avec le site irakien d'Osirak, isolé, qui pouvait être bombardé sans aucun risque juste avant de rentrer pour l'heure du dîner [1]. »

Téhéran domine militairement la région du Golfe mais, selon moi, c'est la victoire du Hezbollah contre Israël à l'été 2006, et non l'enlisement américain en Irak, qui fait prendre conscience aux régimes sunnites de la région de l'ampleur de l'influence iranienne. Le monde arabe devient brusquement l'avant-scène de l'affrontement États-Unis - Iran, à travers le Liban, la Palestine et l'Irak.

Al-Faisal, le ministre saoudien des Affaires étrangères, prenant la parole à New York en septembre 2005 devant le puissant Council of Foreign Relations, redoute que la politique américaine ne pousse l'Irak dans les bras de l'Iran [2]. Le souverain saoudien, Abdallah, rencontre le 4 mars 2007 à Riyad le président iranien. Plus lucide et plus intègre que les autres membres de la famille royale qui l'entourent, Abdallah a le sentiment que son pays n'a plus aucune prise sur la situation et qu'il lui faut tenter de reprendre le contrôle. Il laisse entendre à

---

1. Propos recueillis par l'auteur, juin 2007.
2. Saoud al-Faisal, « The Fight Against Extremism and the Search for Peace », Council of Foreign Relations, 23 septembre 2005.

Ahmadinejad que l'Arabie Saoudite pourrait augmenter sa production pétrolière et faire chuter les cours du baril à 25 dollars. En réalité, la menace n'est qu'un coup de bluff. Cette mesure étranglerait Téhéran mais affecterait aussi les pays producteurs.

L'enlisement américain en Irak a convaincu Abdallah, mais aussi de nombreux autres dirigeants arabes, que l'unilatéralisme prôné à ses débuts par l'administration Bush touche à sa fin et que le monde redevient multipolaire. D'où le désir accru de certains pays de s'émanciper de Washington. Le souverain saoudien n'oublie pas non plus que Washington porte une lourde responsabilité dans le rôle prédominant joué par l'Iran en Irak. L'idée d'obtenir le soutien de Téhéran pour faciliter le renversement de Saddam Hussein a conduit les États-Unis à armer et financer les milices chiites pro-iraniennes, comme contrepoids aux insurgés sunnites.

Dans l'imbroglio irakien, où les forces américaines semblent perdre pied chaque jour un peu plus, la position du jeune leader chiite radical Moqtada al-Sadr illustre l'ampleur des ambiguïtés et du double jeu.

Al-Sadr réclame la fin de la présence américaine, a retiré ses ministres du gouvernement et attise le nationalisme chiite et l'antiaméricanisme. Il exige le départ des forces américaines, mais en réalité ne le souhaite pas tant que les forces de sécurité irakiennes, en majorité chiites, ne seront pas complètement formées et entraînées. De même, il courtise les mouvements sunnites antiaméricains, mais ses milices les combattent et exécutent leurs membres. Il dénonce les groupes soutenus par l'Iran, ce qui était son cas. Il prône l'unité entre chiites, mais ses hommes affrontent d'autres groupes chiites. Il existe même, au sein de son organisation l'« unité dorée », un escadron de la mort qui assassine les « milices voyous ». Les attentats commis dans la zone chiite de Bagdad expliquent pourquoi il soutient le plan avancé par Bush en janvier 2007 visant à reprendre le contrôle de la capitale.

Deux milliards de dollars par semaine

La guerre en Irak coûte aux contribuables américains deux milliards de dollars par semaine et se caractérise par une quasi-inexistence du renseignement. Sur les 1 000 employés de l'ambassade des États-Unis à Bagdad, 33, comme je l'ai écrit, possèdent des rudiments d'arabe et 10 ou 11 parmi eux le parlent correctement. Au sein de la DIA, les services de renseignements militaires rattachés au Pentagone, 10 analystes seulement s'occupent depuis deux ans de l'insurrection irakienne. L'engagement en Irak, selon le magazine *US News and World Report*, révèle de façon crue « la lourdeur et l'inefficacité de la bureaucratie militaire des États-Unis ».

La guerre des mots est marquée également par un glissement sémantique. En 2005, le Pentagone reçoit l'ordre de Rumsfeld de remplacer la formule « guerre globale contre le terrorisme » par « guerre globale contre l'extrémisme violent ». Puis Bush demande que l'on abandonne la formule « guerre longue » qu'il avait utilisée en janvier 2006 dans son discours sur l'état de l'Union pour évoquer l'extrémisme islamique. Ces deux mots, croit-il, risquent d'inquiéter ses alliés dans la région en leur donnant à penser que les États-Unis veulent maintenir définitivement des forces dans cette zone.

« *Notre principale arme : l'argent* »

Le grand virage s'est opéré en novembre 2006, lorsque le vice-président américain s'est rendu en Arabie Saoudite. Sa rencontre avec le roi Abdallah est marquée par les propos francs et hostiles du vieux souverain. Abdallah brosse à son hôte, assis à sa gauche dans un fauteuil collé au sien, un tableau pessimiste de la situation de la région et ajoute : « Nous allons à nouveau utiliser notre principale arme : l'argent. » Il critique ensuite les plans américains visant à renforcer les milices chiites face aux insurgés sunnites. « Une telle politique, coupe-t-il d'un ton ferme, pourrait forcer le gouvernement saoudien à fournir toute l'assistance possible aux populations sunnites », une formule qui englobe naturellement les insurgés. Cheney, selon un de ses proches, a compris l'avertissement et le danger implicite qu'il contient.

Peu après, Nawaf Obaid, un diplomate chevronné et sophistiqué, premier secrétaire du l'ambassade d'Arabie Saoudite à Washington, accorde une interview au *Washington Post*. Une procédure inhabituelle. Il s'exprime en lieu et place de son ambassadeur pour délivrer un message très politique qui dépasse de loin le cadre de ses attributions : « Riyad, dit-il, pourrait contenir la menace iranienne, en cas de retrait des troupes américaines d'Irak, comme elle l'avait fait en finançant les moudjahidin afghans et en faisant chuter les prix du pétrole[1]. »

Il est immédiatement limogé par l'ambassadeur, Turki al-Faisal, ancien chef tout-puissant des services secrets saoudiens et artisan du financement des moudjahidin afghans et de l'émergence d'Oussama Ben Laden.

---

1. Nawaf Obaid, « Stepping into Irak », *Washington Post*, 29 novembre 2006.

Les jeux de pouvoir à l'ambassade saoudienne illustrent les tensions qui existent au sein de la famille royale.

L'ancien ambassadeur, Bandar bin Sultan, a quitté son poste en 2005 après vingt-deux années passées dans la capitale fédérale. Vaniteux, affairiste, ostentatoire, il se considérait comme le véritable patron de la diplomatie de son pays. Intime de la famille Bush, comme autrefois de Ronald Reagan, il a été associé à pratiquement toutes les décisions importantes de politique étrangère prises par les responsables américains. À la demande de son père, il fut le mentor de George W. Bush lorsque celui-ci « cherchait à savoir s'il voulait vraiment devenir président ».

Surnommé Bandar bin Bush, il aime ce rôle de confident des puissants et de gardien de leurs secrets. Il est intervenu de façon décisive, aime-t-il à faire croire, pour financer les rebelles afghans en Afghanistan, convaincre en 1990 le roi d'accueillir les troupes américaines sur le sol saoudien, maintenir le cours du pétrole à un niveau acceptable, en 2004, afin de favoriser la réélection de George W. Bush.

Washington soutient des groupes antiaméricains

Il donne des fêtes somptueuses dans l'une de ses nombreuses propriétés, où se retrouve le Tout-Washington. Il est l'exact opposé de son successeur, son cousin Turki al-Faisal. Cet homme réservé, discret, tout-puissant à l'intérieur du royaume, découvre dans la capitale fédérale qu'il est totalement parasité par Bandar. Ce dernier continue de rencontrer Bush et Cheney plus souvent que lui, d'avoir accès à toute l'équipe dirigeante et de se comporter en véritable patron de l'ambassade.

Les hommes qui occupent les postes clés, dont Obaid,

lui doivent leur carrière. Nommé conseiller pour la sécurité du royaume, Bandar asphyxie Turki en dix-huit
mois et obtient son départ. Turki al-Faisal détenait tous
les secrets du royaume, mais semblait peu averti de ceux
de Washington.

Depuis la victoire du Hezbollah, que les néoconservateurs considéraient, avant septembre 2001, comme une
organisation terroriste encore plus dangereuse qu'al-
Qaida, le Liban est l'enjeu d'une guerre secrète. Pour
contrer l'Iran et son allié libanais, l'Arabie Saoudite
décide de soutenir le gouvernement à dominante sunnite
de Fouad Siniora, l'argent transitant par les Américains.
Entre juin 2006 et janvier 2007, les responsables gouvernementaux libanais reçoivent plus de un milliard de dollars auxquels s'ajoutent 200 millions de dollars d'aide
militaire, dont 40 millions consacrés à la sécurité intérieure. Il s'agit d'un jeu dangereux car les Saoudiens, les
États-Unis et le gouvernement libanais financent également des groupes salafistes antichiites dont le principal
dénominateur commun est la haine de l'Amérique. On
peut apercevoir des côtes libanaises la plus imposante
armada jamais déployée en Méditerranée par les États-
Unis depuis la Seconde Guerre mondiale. Officiellement
pour protéger le pays.

En réalité, il existe deux camps en présence : d'un côté
les États-Unis, Israël, l'Arabie Saoudite et le Fatah ; de
l'autre l'Iran, la Syrie, le Hezbollah et le Hamas.

22

L'administration Bush met en place une politique d'endiguement envers l'Iran en tout point semblable à celle appliquée soixante ans plus tôt par ses prédécesseurs à l'encontre de l'URSS. Avec l'aide de l'Arabie Saoudite. Pour l'appliquer, Washington accepte de refermer la parenthèse du 11 Septembre et d'oublier les financements par les Saoudiens d'organisations extrémistes qui aboutirent à la création de Ben Laden et d'al-Qaida. Un choix lourd de conséquences.

Au début de l'année 2007, Washington a observé avec beaucoup d'intérêt les pressions exercées par l'Arabie Saoudite sur le Hamas pour le convaincre de renoncer au soutien financier iranien. « Dans la région, estime un journaliste égyptien, l'Iran est devenu désormais une véritable pieuvre dont les tentacules pénètrent dans chaque foyer de tension. À peine coupés, ils repoussent. »

Aux yeux des dirigeants saoudiens, la montée en puissance de Téhéran révèle un paradoxe stupéfiant. Le pays a raflé tous les bénéfices de la guerre en Irak, alors qu'il reste le principal ennemi des États-Unis dans la région. Ce désarroi saoudien est partagé par tous les dirigeants du Golfe. Pour eux, la République islamique n'est pas un régime ordinaire. L'augmentation de son potentiel militaire et la possession, peut-être, de l'arme nucléaire ne sont pas les seuls motifs d'angoisse. Ils se réfèrent à la stratégie formulée par Ali Khamenei, le guide de la Révolution, qui cherche à étendre la domination chiite dans la région à travers ses institutions. L'objectif est de mobiliser les chiites locaux contre les États-Unis et l'Occident, mais également contre leurs gouvernements.

Les populations même non chiites de ces pays ne perçoivent pas Téhéran comme un danger et le président iranien est même plus populaire dans la région que dans son propre pays.

Salama A. Salama reflète cette attitude dans un éditorial de l'hebdomadaire égyptien *Ahram Weekly* : « Je ne pense pas, écrit-il, que quiconque dans le monde arabe s'oppose à l'acquisition par l'Iran de la technologie nucléaire. Israël possède des bombes atomiques et menace de les utiliser [...]. Je ne pense pas pour l'instant que les Arabes ou les musulmans craignent une attaque nucléaire de Téhéran contre leurs pays. La guerre Iran-Irak est toujours présente dans les mémoires mais tout le monde sait que la guerre avait été déclenchée par Saddam Hussein avec un coup de pouce des États-Unis. Les États-Unis ont utilisé Saddam pour attaquer la Révolution iranienne avant de se retourner contre celui qui fut un temps leur allié. On ne peut pas accepter le bien-fondé des accusations formulées par l'Occident selon lesquelles l'Iran cherche à se doter d'armes nucléaires pour créer un empire islamique, éliminer l'influence des États-Unis et détruire Israël. Une telle rhétorique a été développée par le président Bush, le Premier Ministre Blair et d'autres [dirigeants] européens pour convaincre le Conseil de sécurité de l'ONU d'adopter des mesures punitives contre l'Iran [...]. Quelques-uns soutiennent que la bombe iranienne, si elle est développée, sera une bombe sectaire chiite. La même chose peut être dite de la bombe israélo-juive ou de la bombe pakistano-islamique [1]. »

Washington croyait acheter le soutien de Téhéran

L'opinion de Salama, partagée par la majorité des opinions arabes, conforte le jugement des dirigeants de Téhéran sur les monarchies du Golfe : des régimes faibles, le dos au mur, prisonniers d'une contradiction mortelle : relais traditionnels des États-Unis, ils mettront en danger leur stabilité et leurs intérêts s'ils soutiennent l'offensive que Washington souhaite lancer contre Téhéran.

L'influence de l'Iran se fait sentir à travers toute la région, de la Syrie au Liban et de la Palestine à l'Irak. Dans ce dernier pays, le rôle de Téhéran est devenu déterminant grâce aux États-Unis qui ont financé, équipé, armé les milices chiites pro-iraniennes, tablant sur leur soutien face aux groupes sunnites composés, selon les Américains, de nostalgiques de l'armée de Saddam et du parti Baas. Une double erreur d'appréciation qui explique l'enlisement actuel.

En soutenant ces mouvements chiites, Washington croyait gagner le soutien de Téhéran à l'invasion de 2003. À l'époque, les néoconservateurs expliquaient doctement que les groupes chiites allaient constituer un contrepoids à l'extrémisme sunnite. Désormais, les groupes liés à Téhéran dominent l'armée, la police et les organes de sécurité irakiens.

La décision prise en janvier 2007 par la Maison Blanche d'envoyer de nouvelles troupes pour sécuriser

---

1. Salama A. Salama, « Teheran Stands its Ground Opinion », *Ahram Weekly*, 21 janvier 2006.

Bagdad a été accueillie comme un nouveau cadeau par Téhéran. Cet engagement américain contribue à « nettoyer » la capitale irakienne de la résistance sunnite.

Enfin, Washington, en transformant l'Irak en système fédéral avec un pouvoir central faible, morcelé, affaiblit durablement un des pays fondateurs de la Ligue arabe, lui interdit tout espoir de leadership dans la région et le condamne à jouer un rôle mineur. Le scénario rêvé par Téhéran.

Le Moyen-Orient, avec l'affrontement qui se déroule actuellement en Irak, se dirige vers une « guerre chaude » entre sunnites et chiites. Une évolution encore aggravée par la décision prise en mars 2007 par Washington.

Provoquer des soulèvements en Iran

Dick Cheney avait déclaré le 14 janvier sur Fox News : « Un Iran possédant l'arme nucléaire pèsera sur les approvisionnements mondiaux en pétrole, sera en mesure d'affecter l'économie mondiale et utilisera l'arme nucléaire et les organisations terroristes pour menacer ses voisins et d'autres pays à travers le monde [1]. » À Washington, le camp des durs, poussant à l'affrontement, est emmené par le vice-président, mais également par le chef du Conseil de sécurité, Stephen Hadley, et son adjoint Elliott Abrams, ainsi que par les responsables de la direction Iran au Pentagone. Les hommes qui la composent sont tous des rescapés de l'ancien bureau des plans spéciaux, contrôlé par Douglas Feith. L'ex-directeur, Abram Shulsky, occupe la position de principal

---

1. Fox News, « Interview of vice President Cheney on Fox News Sunday », 14 janvier 2007.

conseiller dans le nouvel organigramme où l'on retrouve également un militaire, Ladan Archin, qui travaillait avec Larry Franklin, l'homme qui livra le rapport secret sur l'Iran aux Israéliens. Depuis quatre ans, ces hommes tentent de convaincre la Maison Blanche d'agir contre Téhéran.

Ils disposent d'excellents relais. La direction Iran est coiffée par le numéro trois du Pentagone, Eric Aldeman, sous-secrétaire pour les affaires politiques. Moins extrémiste que Feith, il est néanmoins proche de Paul Wolfowitz, Richard Perle et Zalmay Khalilzad, l'actuel ambassadeur à l'ONU. Avant le déclenchement de la guerre en Irak, il coordonnait les réseaux néoconservateurs implantés à la Maison Blanche, au Pentagone, au Département d'État, au Conseil national de sécurité et au bureau du vice-président, où lui-même officiait. Les opérations menées à l'intérieur du territoire iranien sont directement coordonnées par le bureau du vice-président.

L'administration Bush a décidé, en avril 2006, d'augmenter de façon sensible les activités clandestines en territoire iranien. Un ancien ambassadeur de la République islamique confie sous le sceau de l'anonymat : « Le gouvernement iranien est informé de telles infiltrations. Ceci signifie qu'il a identifié ces opérations clandestines mais qu'il ne veut pas le montrer. »

Une confidence à recueillir avec prudence. Les forces américaines et celles des Moudjahidin du peuple infiltrées à l'intérieur de l'Iran ont pour consigne d'établir des contacts avec les mouvements antigouvernementaux et les groupes ethniques hostiles au régime. Les provinces du Kurdistan, Kazakhstan et Baluchistan, abritant les minorités kurde, arabe et baloutche, sont ciblées en priorité. Ces forces ont une double mission : provoquer des foyers de soulèvement dans ces zones sensibles et affiner l'emplacement des cibles qui pourraient être frappées en cas de frappes massives.

À la mi-avril, le major général Rahim Safavi, chef militaire des gardiens de la Révolution, reconnaît implicitement la réalité de ces opérations. Il accuse les États-Unis et la Grande-Bretagne d'infiltrer des agents à travers l'Irak et le Koweït : « Je leur dis que leurs agents sont peut-être aussi les nôtres et qu'ils ne devraient pas gaspiller leur argent avec une telle désinvolture. » Le ministre iranien de l'Intérieur complète ces propos : « Toutes les informations qui nous parviennent des services de renseignements indiquent que des agents américains, britanniques et israéliens cherchent à déstabiliser l'Iran à travers un plan coordonné [1]. »

Installé dans la province irakienne de Diyala, à proximité de la frontière iranienne, le camp Warhorse (« cheval de guerre ») est la principale base américaine chargée de coordonner ces opérations d'infiltration. Le journaliste Seymour Hersh écrit, lui, qu'il existe « la conviction croissante parmi les [responsables] militaires aux États-Unis, et dans la communauté internationale, que le but ultime du président Bush dans la confrontation sur le nucléaire avec l'Iran est un changement de régime ». Il ajoute que, selon un consultant « entretenant des liens étroits avec les dirigeants civils du Pentagone, Bush est absolument convaincu que l'Iran possédera la bombe s'il n'est pas stoppé ». Il dit que le Président croit qu'il doit faire « ce qu'aucun démocrate ou républicain élu dans le futur n'aurait le courage de faire » et que « sauver l'Iran sera son legs à la postérité ».

Les deux principaux alliés de Washington dans la région, Israël et l'Arabie Saoudite, estiment que Téhéran menace leur survie et opèrent un rapprochement contre nature.

---

1. « Teheran Insides Tells of the US Black op », *Asia Times*, 25 avril 2006.

L'inquiétude croissante découle également des faux pas commis par l'entourage présidentiel. Un mémo secret, rédigé le 8 novembre 2006 par Stephen Hadley, successeur de Condi Rice à la tête du Conseil national de sécurité de la Maison Blanche, préconise de séparer le Premier ministre irakien (chiite) Al-Maliki de ses alliés chiites les plus radicaux, en favorisant les sunnites modérés et les Kurdes [1].

Le résultat obtenu s'est révélé catastrophique. Le pouvoir des milices chiites n'a cessé de se renforcer tandis que les forces américaines affrontaient des insurgés sunnites de mieux en mieux équipés.

L'ambassade des États-Unis à Bagdad a été profondément ébranlée par les rapports des services de renseignements américains et irakiens. Des documents saisis ont révélé que les Forces d'al-Qods (l'unité des gardiens de la Révolution spécialisée dans les opérations terroristes et de guérilla) soutiennent désormais à la fois des groupes chiites mais aussi leurs adversaires sunnites. Les membres d'al-Qods coopèrent avec les réseaux d'al-Qaida et d'Ansar al-Sunna implantés en Irak. Cette stratégie iranienne vise à contrer l'éventuel soutien que les voisins sunnites de l'Irak pourraient apporter aux groupes rebelles. Les Américains prétendent avoir capturé le chef d'al-Qods, un commandant portant le nom de Chizani, dans un appartement appartenant à l'ayatollah Hakim ; c'est l'un des principaux chefs chiites sur lequel compte George W. Bush pour créer une nouvelle coalition excluant le chef radical Moqtada al-Sadr. Cette alliance militaro-terroriste aurait été scellée à Téhéran et les groupes d'al-Qods, appliquant une stratégie de la tension, auraient coopéré avec les groupes sunnites qui attaquèrent et détruisirent la mosquée d'Or de Samarra, un des hauts lieux du chiisme.

---

1. *New York Times*, 29 novembre 2006.

Le pire des choix

Washington va alors faire le choix du pire ou le pire des choix et opérer, en mars 2007, un changement radical de stratégie. Le prince Bandar, l'ancien ambassadeur d'Arabie Saoudite à Washington et intime du président américain, est l'artisan de ce virage à 180 degrés. Désormais, l'administration américaine se rallie à la ligne dure prônée par certains dirigeants saoudiens qui estiment que l'Iran représente en Irak un plus grand danger que les sunnites radicaux proches d'al-Qaida.

Bandar bin Sultan se veut un stratège. En approuvant dans les années 1980 le financement des moudjahidin afghans et l'envoi de volontaires arabes pour lutter contre les Soviétiques, il avait fait naître Ben Laden et al-Qaida. Désormais, toujours unis, Washington et Riyad financent et arment huit mouvements extrémistes proches de l'organisation terroriste pour combattre l'influence iranienne. Pour l'administration Bush, ce soutien à des mouvements sunnites radicaux qui combattent les troupes américaines représente la négation de la lutte contre le terrorisme qu'elle prétend mener depuis 2001.

Cette stratégie d'« endiguement » de l'Iran compromet également encore plus ses perspectives de victoire en Irak. Le Premier ministre irakien, Al-Maliki, s'est d'ailleurs inquiété de ce nouveau cours auprès des responsables américains en visite à Bagdad. « Sans obtenir de réponse claire », selon un de ses proches collaborateurs. Les États-Unis scient avec beaucoup d'énergie la branche sur laquelle sont réfugiés leurs alliés en semblant oublier qu'eux-mêmes y sont installés.

Une autre réalité symbolise l'accroissement de l'influence iranienne en Irak : Téhéran, malgré la guerre, investit énormément dans ce pays qui est devenu, pour lui, un marché et un débouché importants.

La nouvelle stratégie américaine, qui n'a jamais été reconnue officiellement par l'Administration, a vu son périmètre s'élargir à l'occasion de la visite au Pakistan, en février 2007, du vice-président Cheney. Une partie de ses entretiens avec le président Moucharaff, au palais présidentiel, a porté sur le financement et le soutien logistique au groupe Jundullah. Encadré par l'ISI, le service secret pakistanais, financé par les Saoudiens et supervisé par des hommes des Forces spéciales du Pentagone, ce gang tribal du Baluchistan, la province frontalière de l'Iran, a pour mission de kidnapper et d'assassiner des militaires iraniens [1].

Peu avant l'arrivée de Cheney au Pakistan, ils avaient abattu onze membres des gardiens de la Révolution circulant en bus dans la ville de Zadehan. Les quelques centaines de membres qui composent Jundullah multiplient les coups de main de l'autre côté de la frontière et leur tableau de chasse comprend plusieurs dizaines de soldats et officiers iraniens, dont ils filment les exécutions. Ces « combattants de la liberté » ont été choisis par les Américains et les Pakistanais en raison de leurs états de service : activistes sunnites, ils combattaient en Afghanistan aux côtés des talibans, tout en se livrant parallèlement au trafic de drogue...

Mars 2007, un jeune Irakien rencontré à Amman me décrit un autre drame, sur lequel ne filtre aucun détail. Il est âgé de 28 ans, il travaillait comme traducteur pour l'armée américaine, uniquement pour des raisons économiques. Il ne s'est jamais considéré comme un traître ou un collaborateur, mais il l'est devenu aux yeux des groupes insurgés. Le visage masqué, il accompagnait les

---

1. Brian Ross et Christopher Isham, « Guerres secrètes contre l'Iran », ABC News, 10 avril 2007.

unités américaines lorsqu'elles procédaient à des fouilles et des interrogatoires. Un jour, son identité a été découverte et il a demandé à obtenir un visa pour aller vivre aux États-Unis. Il lui a été refusé, sans explication ; alors il s'est enfui avec sa famille en Jordanie. Il m'explique qu'ils sont des milliers dans son cas, employés dans les rouages administratifs et militaires américains, des rouages qui sont aujourd'hui en train de les broyer. Par indifférence mais aussi par calcul politique.

Plusieurs d'entre eux, regroupés en délégation, avaient réussi à rencontrer l'ancien ambassadeur à Bagdad, Khalilzad. Une rencontre brève mais éclairante. Le diplomate a opposé une fin de non-recevoir à leur demande de visa, déclarant : « Nous cherchons à ce que les bons Irakiens (*good people*) restent dans le pays. »

Je ne crois pas qu'il faille dresser un parallèle avec la fin de la guerre du Viêtnam que j'ai connue. À Saigon, l'abandon des auxiliaires sud-vietnamiens découlait de la débâcle américaine et de la fuite éperdue du personnel diplomatique devant l'avancée nord-vietnamienne. À Bagdad, le raisonnement est tout autre. Ces collaborateurs affolés, qui ne semblent plus croire en la victoire, ne doivent à aucun prix être évacués aux États-Unis ; sinon c'est toute la version officielle de la guerre et de son déroulement qui volerait en éclats. Or pour les responsables américains installés dans la « zone verte », cet immense périmètre sécurisé au cœur de Bagdad, contrôler le message envoyé aux État-Unis semble plus important que contrôler la réalité sur le terrain.

La table est recouverte d'une nappe, verte évidemment, la couleur de l'islam. Le menu est frugal : soupe, yaourts, grillades, eau et jus de fruits. Numéro deux du Conseil de sécurité national et principal négociateur avec Ari Larijani aux pourparlers sur le nucléaire, Javad Vaheedi est de passage à Paris et m'a convié à déjeuner à la résidence de l'ambassadeur. Les traits acérés, le regard vif et brillant, le responsable iranien est d'humeur enjouée. Nous sommes en octobre 2006, au moment où les responsables iraniens croient avoir encore toutes les cartes en main.

— Quelle est votre opinion sur la situation ? me demande-t-il avec un large sourire.

— Mon sentiment est que votre dossier est extrêmement impopulaire en Occident, desservi encore par les déclarations et provocations de votre président, et qu'à terme, du moins d'après les informations en ma possession, le souhait de l'administration américaine est d'intervenir militairement contre vous.

Il hoche la tête et son sourire s'élargit.

— Je vais même aller plus loin que vous. Nous savons très bien que, dès l'instant où nous reconnaîtrons que nous avons l'arme nucléaire ou que nous sommes sur le point de la posséder, nous serons morts, politiquement et militairement. Donc...

Il marque une pause, son sourire s'accentue encore.

— ... notre position est très claire : nous n'avons pas et nous ne voulons pas avoir l'arme nucléaire.

Il se penche vers moi :

— Vous savez, nous sommes des gens du bazar, habitués à négocier, et à négocier longtemps. Mais encore faut-il que nous ayons un interlocuteur fiable. Prenez le cas des Européens et de leur représentant, M. Javier Solana. La première fois que nous l'avons rencontré pour entamer des discussions, nous lui avons posé une question préalable : « Monsieur Solana, vos positions reflètent-elles celles de l'ensemble des pays européens ou simplement les positions de certains États membres ? » Sa réponse a été catégorique : « Je représente l'ensemble des Européens. » Au bout de quatre heures de discussion, il a demandé une suspension de séance pour pouvoir effectuer un compte rendu téléphonique. Il est revenu au bout d'une heure en ayant changé de position à 180 degrés. Il avait dû se faire violemment réprimander par ses interlocuteurs. Nous lui avons dit : « Monsieur Solana, ce n'est vraiment pas sérieux. » Éclat de rire général autour de la table [1].

Des propos à rapprocher de ceux tenus plusieurs mois plus tard par Ari Larijani, responsable de la délégation iranienne, chef du Conseil de sécurité et ancien responsable des gardiens de la Révolution : « Ce monsieur [Solana] se présentait comme leur plénipotentiaire, mais j'ai compris que les États-Unis exerçaient un tas de pressions sur lui. Il avait admis que nous avions fait des progrès et étions proches d'un accord, mais ils ont choisi une autre direction. »

---

1. Propos recueillis par l'auteur, octobre 2006.

Gagner du temps

Cyrus Nasseri, le diplomate et homme d'affaires à l'origine du rapprochement entre son groupe pétrolier et Halliburton, aurait déclaré en 2004, alors qu'il était un des responsables du dossier nucléaire : « Les autorités iraniennes ont réalisé qu'il fallait gagner du temps pour mener à terme certains projets dans le calme. » Cet aveu résume à lui seul toute la stratégie de Téhéran : étirer à l'infini les négociations, jouer avec le temps tout en s'efforçant d'accentuer les divisions entre Européens et Américains, puis chercher, au sein du Conseil de sécurité, à s'appuyer sur les alliés russe et chinois pour rendre inapplicable tout projet de sanction. Là se situe probablement l'erreur commise par Téhéran, alors même que son principal négociateur à l'époque, le mollah Hassan Rohan, reconnaissait dès 2005 qu'il existait toute une partie cachée dans le programme nucléaire.

Face aux révélations sur les liens entre l'Iran et le réseau du père de la bombe atomique pakistanaise, les dirigeants de Téhéran vont se livrer à des demi-aveux, persuadés que cette stratégie leur permettra de gagner du temps et la compréhension de leurs interlocuteurs.

Ils croient pouvoir tabler sur la faiblesse des Européens et l'impuissance de l'ONU ; en fait, ils ne réussissent qu'à lasser la patience et la confiance de tous.

Finalement, le 8 mars 2006, le cas iranien est porté devant le Conseil de sécurité de l'ONU et fait l'objet, au terme de trois séances d'âpres négociations, d'un document appelant l'Iran à suspendre l'enrichissement de son uranium. Les États-Unis, la Grande-Bretagne, l'Allemagne et la France poussaient à un communiqué plus dur, envisageant même la menace d'une intervention si Téhéran ne se pliait pas à l'injonction du communiqué, mais durent reculer devant les réticences chinoises et russes. Moscou et Pékin s'emploient également à supprimer plusieurs mentions telles que : « Le Conseil de sécurité est responsable pour la paix internationale et la sécurité. » Ces deux pays estiment également que c'est à l'AIEA, et non au Conseil de sécurité, d'instruire le dossier iranien.

Durant cette période, les Européens estiment que toute avancée sérieuse dans les négociations devrait impliquer les États-Unis. À la fin de mai 2006, ils espèrent sincèrement que Téhéran acceptera les nouvelles propositions formulées le 5 juin par Solana dans la capitale iranienne. Ces propositions reconnaissent le droit à l'Iran d'utiliser l'énergie nucléaire à des fins pacifiques et s'engagent à soutenir le développement d'un programme nucléaire civil, en échange de sa renonciation à l'enrichissement d'uranium.

Quelques jours auparavant, le 29 mai, la secrétaire d'État Condoleezza Rice a semblé revenir sur la politique suivie jusqu'ici par Washington, marquée par le refus de toute négociation avec l'Iran. Il s'agit en réalité d'une attitude en trompe l'œil. Washington sait très bien que Téhéran n'acceptera jamais le préalable posé à toute négociation, à savoir la suspension des opérations d'uranium enrichi. De plus, le texte ne mentionne aucune promesse ou engagement américain au cas où une telle suspension serait acceptée par les Iraniens.

L'Iran, comme prévu, rejette l'offre, et le Conseil de sécurité de l'ONU décide que des sanctions seront appliquées après le 31 août si Téhéran ne renonce pas à tout enrichissement. Pourtant, durant les cinq semaines qui suivent l'ultimatum, Javier Solana et Ari Larijani se rencontrent à cinq reprises pendant au total plus de vingt heures. Sans résultat.

Malgré les difficultés croissantes, les Iraniens pensent encore être les maîtres du temps et du jeu. Ils ont pu observer les efforts, couronnés de succès, déployés par les États-Unis pour saboter les efforts européens, mais aussi l'impuissance et les contradictions dans lesquelles ceux-ci sont plongés. Le document qu'ils avaient élaboré en mai 2006 ne prévoyait aucune sanction concrète en cas de non-respect par l'Iran et la poursuite des discussions, après le 31 août, illustrait cette impunité.

Une photo révèle l'état d'esprit des protagonistes. Ari Larijani, fines lunettes, barbe fournie, fixe ironique un Javier Solana la tête inclinée et l'allure résignée.

Une diplomatie de l'ambivalence

Les six pays européens jouant un rôle de premier plan dans le dossier nucléaire iranien se réunissent le 7 septembre 2006 à Berlin et ne tombent d'accord que sur un constat : Téhéran n'a pas respecté la demande qui lui a été adressée dans la résolution 1696, votée par le Conseil de sécurité, de suspendre ses activités d'enrichissement. La résolution prévoit qu'en cas de refus iranien, des sanctions seraient envisagées, placées sous l'article 41 du chapitre 7 de la charte onusienne qui autorise des mesures économiques mais exclut le recours à la force.

Les Européens, dans toute quête d'une solution, se voient opposer par les Iraniens « leur droit inaliénable » à enrichir l'uranium. Une formule quasi magique qui leur permet de maintenir éloignées les sanctions et de continuer à franchir sans dommages toutes les étapes de leur développement nucléaire.

Pour Larijani et ses collaborateurs, passés maîtres dans la pratique d'une diplomatie de l'ambivalence, les Européens ne peuvent leur offrir aucune des garanties que les États-Unis leur refusent ; l'Europe prétend vouloir instaurer des relations privilégiées avec l'Iran mais envisage, pour tenter de s'imposer dans les négociations, la possibilité de mesures punitives qu'elle ne souhaite aucunement voir appliquées.

Ces mois gagnés ont fait perdre aux Iraniens la confiance des Européens.

Manipuler les Européens

Les dirigeants iraniens, comme les Soviétiques à l'époque, étaient convaincus de la faiblesse des Européens et se sont toujours employés à les manipuler, même durant la présidence du réformateur Khatami. Ils tablaient aussi sur la lourdeur des institutions et, notamment, le changement de présidence, chaque six mois, à la tête de l'Union européenne. Ainsi, une présidence vigilante ou intraitable sur la Ligue des droits de l'homme en Iran, celle d'un pays nordique par exemple, était rapidement remplacée par un pays du Sud, plus compréhensif ou laxiste.

Un laxisme qui se manifeste également à propos des meurtres et attentats commis par des agents iraniens sur le territoire européen. Les tueurs ont pu s'enfuir en toute impunité. En Allemagne, le verdict du procès de l'attentat contre le café Mykonos à Berlin coïncide avec l'arrivée au pouvoir du président réformateur Khatami. Le ministre iranien du Renseignement, Ali Fallahian, probablement le commanditaire de l'attentat, se rend en Allemagne pour rencontrer le ministre de l'Intérieur, à l'initiative de ce dernier. Il lui fait savoir qu'un « geste » de la part de l'Allemagne permettrait d'instaurer de meilleures relations entre les deux pays. À l'énoncé du verdict, sévère, la République islamique exprimera son indignation. Les ambassadeurs européens en poste à Téhéran, rentreront dans leur pays... pour revenir une semaine plus tard.

Commentant les rencontres entre Solana et Larijani, après août 2006, un officiel américain déclare : « Ils sont engagés dans un menuet ; ces pourparlers ne sont pas suffisants, nous devons aller rapidement vers une résolution prévoyant des sanctions. » Le ministre iranien des Affaires étrangères peut ironiser : « Nous ne voyons pas comment les États-Unis seraient en mesure d'imposer une autre crise dans la région à leurs contribuables. » Il se trompe.

Javier Solana, exaspéré par ces discussions interminables, finit par jeter l'éponge en déclarant sèchement le 4 octobre 2006 : « Le dialogue avec les responsables iraniens ne peut pas durer indéfiniment [1]. »

La résolution 1737, votée à l'unanimité par le Conseil de sécurité le 23 décembre 2006, envisage des sanctions économiques modérées, mais les États-Unis, selon le sous-secrétaire d'État Robert Burns, « ne cherchent pas à placer tous [leurs] œufs dans le panier de l'ONU ». Le vote, selon Washington, permet de légitimer une action qui serait appliquée en dehors du Conseil de sécurité, c'est-à-dire de manière plus rapide et plus efficace.

Selon la logique développée par les faucons, les sanctions économiques devraient provoquer à terme la paralysie et l'effondrement du régime, et l'abandon de son programme atomique. Moscou et Pékin, deux alliés de

---

1. *Le Monde*, 6 octobre 2006.

poids, ont pris leurs distances avec Téhéran malgré l'importance des enjeux, énergétiques pour la Chine, ventes d'armes massives pour la Russie. Les liens entre l'appareil militaire des pasdarans, qui contrôlent par ailleurs toute la filière nucléaire et le lobby militaro-industriel russe, sont pourtant anciens et étroits.

Les dirigeants de Téhéran ont péché par excès d'arrogance : leur rhétorique agressive, pensaient-ils, ferait reculer l'adversaire et permettrait d'arracher aux Occidentaux davantage de concessions. Ils ont abouti à la réaction inverse. Téhéran a aussi découvert que l'intérêt des Européens visait moins à les aider qu'à maintenir éloignés les États-Unis de l'Iran, au nom d'intérêts économiques bien compris.

L'Europe s'inquiète de plus en plus des dommages collatéraux que l'Iran peut infliger dans toute la région : au Liban, avec le Hezbollah ; en Afghanistan, et bien entendu en Irak.

Dick Cheney a déclaré au début de l'année 2007 : « L'Iran pêche en eaux troubles[1] », pour souligner le rôle croissant joué par ce pays dans la crise irakienne. L'Administration reproduit, pour diaboliser le régime des mollahs, les arguments utilisés contre Saddam Hussein. Avec une seule nuance, de taille : malgré la volonté manifeste des dirigeants iraniens de dissimuler des informations, le monde en sait beaucoup plus sur l'état du programme nucléaire iranien que sur le prétendu programme d'armes de destruction massive détenu par l'Irak.

Mais le précédent irakien conduit à un véritable paradoxe. Bien peu de responsables politiques accordent foi

---

1. Mark Tran, « Iran Target of US Gulf Military Moves, Gates Says », *The Guardian*, 15 janvier 2007.

aux démentis de Téhéran sur l'absence de tout programme nucléaire militaire, mais bien peu également
croient aux déclarations alarmistes de Washington sur la
gravité et l'imminence de la menace représentée par
Téhéran.

24

En septembre 2007, l'affrontement États-Unis - Iran ressemble à une guerre de position. Trompeuse. Le 15 janvier, le nouveau secrétaire à la Défense, Robert Gates, confie au retour d'une réunion au siège de l'OTAN tenue à Bruxelles : « Les Iraniens croient clairement que nous sommes enlisés en Irak (*we are tied down in Iraq*), qu'ils ont l'initiative et sont en mesure de faire pression sur nous de nombreuses manières. Actuellement, ils ne font rien de constructif en Irak [1]. »

Peu après, Téhéran réplique par la voix de son ambassadeur à l'ONU : « Les États-Unis cherchent à fabriquer des preuves contre l'Iran en tentant de prouver son implication en Irak. » La mauvaise foi iranienne fait écho à l'exaspération croissante de Washington. En débarquant au Pentagone, Robert Gates a découvert l'ampleur des préparatifs militaires contre Téhéran, le malaise d'une partie de l'état-major, mais aussi la gravité de l'enlisement en Irak. Flynt Leverett, ancien collaborateur du Conseil national de sécurité, associé aux décisions prises sur l'Iran jusqu'à sa démission, confie : « L'administration Bush considère aujourd'hui l'Iran comme plus dangereux que les insurgés sunnites en Irak. »

Lors de son audition devant le Congrès pour être

---

1. Robert Gates, « Lou Dobbs Tonight », CNN, 15 janvier 2007.

confirmé à la tête du Pentagone, Gates a déclaré : « L'Iran veut l'arme nucléaire. D'abord, je pense, comme facteur de dissuasion. Il est entouré par des puissances nucléaires : le Pakistan à l'est, la Russie au nord, Israël à l'ouest et nous dans le Golfe. » L'analyse, pertinente, contient un aveu de taille. Choisi pour freiner les ardeurs guerrières du Président, Robert Gates reconnaît que l'objectif de Téhéran est de se doter de la bombe atomique.

Réputé pour ses talents de manœuvrier, Gates est impuissant à peser sur les événements. Il se retrouve à la tête d'une énorme organisation où, selon la formule ironique, « il est beaucoup plus simple de donner un ordre que de l'annuler ». C'est exactement ce qu'il vit. Il a présidé en février 2007 une réunion pour élaborer la stratégie d'escalade à l'encontre de l'Iran. Au terme de la rencontre, il a été décidé d'affiner et d'amplifier la rhétorique utilisée pour évoquer la menace iranienne. La propagande précède les préparatifs militaires, comme en 2002 à propos de l'Irak.

« Le Moyen-Orient ne doit pas être dominé par l'Iran »

Au même moment, la présence militaire américaine dans le Golfe se renforce de façon impressionnante. Les porte-avions nucléaires *USS John Stennis* et *Nimitz* ont été remplacés au large des côtes iraniennes par le porte-avions *USS Enterprise*. Avec sept navires d'escorte, deux sous-marins nucléaires d'attaque, dix escadrilles aériennes et 16 000 hommes, la force militaire déployée par les États-Unis est beaucoup plus qu'un simple épouvantail. Les porte-avions déployés permettraient de bombarder vingt-quatre heures sur vingt-quatre des cibles iraniennes. Au même moment, plusieurs escadrilles de chasseurs F-16 ont été positionnées sur la base turque d'Incirlik, dans le sud du pays, à proximité de l'Iran, tandis que des B-52 sont stationnés sur l'île de Diego Garcia, dans l'océan Indien.

La présence navale américaine dans le golfe Arabo-Persique retrouve le niveau atteint en 2003, juste avant l'invasion de l'Irak. Le sous-secrétaire d'État Burns a commenté l'envoi du second porte-avions en affirmant : « Le Moyen-Orient ne doit pas être une région dominée par l'Iran ; le Golfe n'est pas une zone maritime qui peut être contrôlée par Téhéran. »

L'amiral Fallon, nommé sur proposition de Robert Gates, remplace à la tête du Centcom le général Abizaid écarté pour ses propos défaitistes sur l'Irak. La nomination de Fallon doit beaucoup à sa proximité avec Cheney et à l'identité des vues entre les deux hommes sur la gravité de la menace iranienne.

Le successeur de Fallon à la tête de l'US Pacific Command, qui contrôle les 5e et 7e flottes, les deux plus puissantes forces aéronavales engagées à travers le monde, est lui aussi un faucon. En 2003, il a été l'un des coordinateurs des attaques contre l'Irak et il estime que les États-Unis sont avant tout engagés dans une guerre contre le terrorisme dont l'Iran, à ses yeux, reste le principal soutien. L'amiral Timothy Keating considère d'ailleurs comme une « menace terroriste » une éventuelle décision iranienne de miner le détroit d'Ormuz par lequel transitent plus de 20 % des approvisionnements pétroliers, et ajoute : « La question n'est pas ce que les Américains préparent mais ce que les Iraniens préparent. »

Le chef militaire des gardiens de la Révolution, le général Safavi, dont les avoirs placés dans les banques étrangères viennent d'être gelés par décision de l'ONU, suggère que son pays pourrait répliquer à une attaque en se lançant dans un conflit asymétrique. Ali Khamenei, le guide de la Révolution, a affirmé : « En cas d'attaque, nous frapperons les intérêts des États-Unis à travers le monde[1]. »

Téhéran, selon des renseignements transmis à la CIA par les services secrets jordaniens, utiliserait en cas de conflit plusieurs organisations islamistes radicales pour lancer des opérations terroristes contre les intérêts des États-Unis, de la Grande-Bretagne, de la France et de l'Espagne. Des groupes financés et encadrés par un responsable militaire des gardiens de la Révolution.

Dans l'escalade en cours, la dimension historique et psychologique me semble essentielle. L'hostilité de Téhéran envers les États-Unis... et la Grande-Bretagne, remonte au coup d'État de 1953, conçu et appliqué par la CIA pour renverser le Premier ministre Mossadegh qui avait décrété la nationalisation du pétrole ; celle de Washington découle de l'avènement de la République islamique qui ne cesse depuis sa création de contrarier ses intérêts dans la région. Pour des responsables américains comme Cheney ou Gates, le souvenir de l'impuissance américaine dans ces années 1979-1980, avec les diplomates américains pris en otage, puis la tentative pour les libérer qui échoue piteusement, reste un épisode douloureux et marquant.

À la fin de l'année 2006, selon des renseignements en provenance de l'OTAN, les États-Unis auraient prévenu leurs alliés qu'ils envisageaient une intervention militaire contre l'Iran.

---

1. Eli Lake, « An "Intolerable Prospect" Is Being Studied by Spies », *New York Sun*, 9 février 2007.

L'Iran, objet de consensus

Le journaliste Seymour Hersh, généralement bien informé, révèle dans un article du *New Yorker* que les projets de bombardements des sites nucléaires iraniens ont été élargis à toutes les cibles susceptibles de fournir une aide aux insurgés irakiens. Hersh affirme également, dans une interview à CNN, que le président George W. Bush est en mesure, s'il le décide, de déclencher des frappes contre l'Iran en moins de vingt-quatre heures. Hersh, dans son enquête, pense que les plans présentés à la Maison Blanche par le Pentagone envisagent l'utilisation d'armes nucléaires tactiques, telles les bombes B61-11 qui pourraient être employées contre les sites nucléaires souterrains. L'usine de Natanz, à 300 kilomètres au sud de Téhéran, où seraient regroupées la plupart des centrifugeuses, ferait partie des principales cibles[1]. Trois mille seraient déjà en activité.

Pourtant, l'expert que je rencontre à Vienne en avril 2007 me brosse un tableau plus contrasté de la réalité. Nous prenons un petit déjeuner à l'hôtel. Il travaille comme consultant pour l'Agence internationale de l'énergie, sur le programme iranien. « Nous avons été inondés de renseignements en provenance des services américains. Beaucoup portaient sur les emplacements supposés des sites nucléaires, pour certains clandestins. Ils se montraient catégoriques sur les lieux et les activités qu'ils abritaient. Les recoupements et vérifications que nous avons effectués ont révélé que plus de 80 % de ces renseignements étaient erronés[2]. »

---

1. Seymour Hersh, *The New Yorker*, 8 avril 2006.
2. Propos recueillis par l'auteur, avril 2007.

La presse, comme de nombreux observateurs, se focalise à tort sur l'arbre plutôt que sur la forêt. Elle évoque les difficultés rencontrées par le président américain en Irak et l'opposition croissante d'une partie du Congrès réclamant un calendrier pour le retrait des troupes. Les commentateurs « éclairés » ajoutent qu'évidemment un président affrontant une telle situation et s'acheminant vers la fin de son second mandat (dans un peu plus de un an) ne serait pas en mesure d'ouvrir un autre front. Un raisonnement, de mon point de vue, totalement erroné, qui s'attache aux détails immédiats et ignore la perspective globale. Pour la Maison Blanche, l'Iran est le cœur de la dégradation de la situation en Irak, et tenter de neutraliser Téhéran est envisagé comme un moyen de reprendre la main à Bagdad. Enfin, sur le plan intérieur, les dossiers n'ont rien en commun.

L'Irak est source de toutes les polémiques, objet de toutes les divergences. La menace nucléaire iranienne, au contraire, est un dossier consensuel. Les principaux dirigeants démocrates, qu'il s'agisse d'Hillary Clinton ou de Nancy Pelosi, la présidente de la Chambre des représentants, se montrent aussi inflexibles que Cheney. À la dernière conférence de l'AIPAC en mars 2007, les voix du vice-président et de Pelosi semblaient se rejoindre dans le même discours : l'Iran ne doit pas être autorisé à posséder l'arme nucléaire, qui constituerait une menace pour Israël et la sécurité de la région.

Téhéran a commis une double erreur d'appréciation : il n'a jamais cru que l'ONU serait en mesure de décider, puis de faire appliquer des sanctions, et il a longtemps été persuadé qu'il pourrait diviser durablement les États-Unis et leurs alliés, notamment européens. La voix de Mohammed el-Baradei, directeur de l'AIEA, parvient désormais très assourdie quand il rejette l'usage de la force et considère les sanctions comme contre-productives, et incapables de « résoudre un conflit [1] ».

« 2007, l'année de l'Iran »

Deux principes, non négociables pour chaque camp, conduisent au bord de l'abîme : Washington ne peut pas laisser l'Iran acquérir l'arme nucléaire, affirmer sa suprématie sur la région et constituer une menace pour ses alliés directs, Israël et l'Arabie Saoudite. Avec une autre crainte : la relance de la course aux armements avec des pays à dominante sunnite comme l'Égypte ou les Saoudiens, qui pourraient, à leur tour, vouloir se doter de l'arme atomique.

Les États-Unis s'inquiètent aussi à l'idée que le pétrole irakien tombe aux mains des Iraniens, alors que dans les provinces du Sud les milices chiites s'affrontent déjà pour le contrôle des puits pétroliers. Des hommes comme Cheney et Gates, au cœur de la première guerre du Golfe, redoutent que l'Iran ne soit en mesure, à terme, de menacer l'Arabie Saoudite et le Koweït, comme Saddam Hussein autrefois.

Du côté iranien, l'enrichissement de l'uranium est aux yeux des dirigeants un « droit inaliénable » auquel ils ne comptent pas renoncer et dont ils ne comprennent pas qu'il leur soit refusé alors que d'autres puissances nucléaires comme le Brésil, la Corée du Sud, le Japon en bénéficient. Le nucléaire est en Iran un sujet de fierté nationale, soutenu par l'opinion, même celle qui est hostile au président iranien.

---

1. Philippe Pons, *Le Monde*, 5 décembre 2006.

John Hannah, conseiller pour la Sécurité nationale du vice-président Cheney, a confié le 11 février, à propos de la publication d'un rapport, que 2007 serait l'« année de l'Iran », ajoutant qu'une attaque est une réelle possibilité[1].

Hannah joua un rôle clé en 2002-2003 dans la campagne de désinformation lancée sur les « supposées armes de destruction massive en Irak ». Proche d'exilés comme Ahmed Chalabi, il a survalorisé leurs témoignages. Cet homme qui incarne les heures les plus noires, en termes d'éthique, de l'administration Bush, a travaillé auprès de Douglas Feith et Paul Wolfowitz, à faire croire qu'il existait un lien entre al-Qaida et Saddam Hussein.

Peu après sa nomination à ce poste clé auprès de Cheney, cet ancien avocat proche de l'AIPAC a insisté sur « la radicalisation croissante du gouvernement iranien et sa politique irresponsable sur les questions nucléaires ». Hannah, depuis le refus de Téhéran, en août 2006, de suspendre ses opérations d'enrichissement d'uranium, est partisan d'une politique de force, tout comme le groupe de néoconservateurs composant la direction Iran au Pentagone, dont il est très proche.

« Les Iraniens, note Gary Sick, un spécialiste de l'Iran à l'université Columbia, qualifient leurs nouveaux dirigeants radicaux de "néoconservateurs", avec de multiples couches d'ironie délibérée. Les têtes chaudes autour d'Ahmadinejad et les radicaux en politique étrangère qui se regroupent autour de Cheney écoutent chaque propos du camp opposé, chaque déclaration et aiguillonnent l'autre vers de nouveaux excès. »

À la fin de l'année 2006, le président américain a demandé au Conseil national du renseignement (National

---

1. Karen Deyoung, « US Keeps Pressure on Iran but Decreases Sabre Rattling », *Washington Post*, 11 février 2007.

Intelligence Council) de produire une étude sur, selon ses mots, « l'intolérable perspective d'un Iran devenu puissance nucléaire ». Les scénarios, toujours à l'étude, sont élaborés par des experts et des organisations dont les identités sont tenues secrètes, et envisagent notamment les conséquences d'un échec des sanctions diplomatiques et financières.

Le chef d'état-major prêt à démissionner

J'ai évoqué le malaise régnant au sein du Pentagone avec un responsable chargé de la planification, rencontré au cours d'un voyage qu'il effectuait à Varsovie. Je le connais depuis plusieurs années et nous avions eu de sérieuses divergences à propos de l'engagement militaire en Irak. Il le jugeait justifié, je le considérais indéfendable moralement et lourd de conséquences. À 48 ans, cet ancien diplômé du MIT qui appartient sans nul doute au camp des faucons est entré quasiment en dissidence. Il est prêt à admettre une intervention militaire contre l'Iran mais refuse catégoriquement l'option nucléaire. « Le malaise est profond. Même le général Pace, chef d'état-major, s'est déclaré prêt à démissionner en cas d'utilisation d'armes nucléaires tactiques. Mais je pense que la crise restera circonscrite même si le pouvoir politique choisit d'employer l'arme atomique. Ce qui est terrible, c'est de constater à quel point c'est un sujet aujourd'hui banalisé. L'usage du "nucléaire comme au Japon" fait partie désormais des sujets abordés au cours de réunions. Le Pentagone s'est piégé lui-même en ouvrant cette brèche. Ainsi, il encourage les responsables militaires sur un théâtre d'opérations à demander l'autorisation présidentielle pour faire usage d'armes nucléaires tactiques, afin de terminer "rapidement et favorablement une guerre" et "d'afficher la détermination des États-Unis". C'est un changement radical de doctrine stratégique, sans que nous ayons la moindre idée des conséquences qui en découlent. En tout cas, c'est un choix que je ne peux pas cautionner[1]. »

---

1. Entretien avec l'auteur, Varsovie, juillet 2007.

25

Le Premier Ministre britannique Tony Blair, dont les dix ans au pouvoir resteront ternis par ses engagements en Irak, s'est efforcé de tenir, en public, des propos apaisants sur l'Iran. En 2006, il était rentré troublé d'un voyage à Washington. Il avait confié à quelques proches réunis au 10, Downing Street : « Bush m'a longuement parlé de la menace iranienne et de son intention de détruire tous les sites nucléaires par des bombardements massifs. Je lui ai répondu qu'il serait difficile de mobiliser les Européens autour d'une intervention militaire en Iran. Il ne m'a pas écouté. »

Une partie de bras de fer a eu lieu, en 2006, entre les responsables de l'état-major et la Maison Blanche. Les militaires ont cherché à modifier les plans d'intervention qu'ils avaient présentés, en réduisant l'importance de l'option nucléaire. En vain. La Maison Blanche leur a répliqué sèchement : « C'est vous qui nous avez proposé cette option nucléaire... Nous la maintenons. »

Les quelques voix critiques qui se font entendre parmi les militaires américains émanent d'anciens responsables. Trois d'entre eux ont signé en février une tribune publiée par l'hebdomadaire britannique *Sunday Times*. « En tant qu'anciens chefs militaires américains, nous mettons fortement en garde contre l'usage de la force militaire contre

l'Iran », écrivent les généraux Robert Gard, ancien secrétaire adjoint à la Défense, et Joseph Hoar, ancien responsable du commandement central américain, ainsi que le
vice-amiral Jack Shanahan, ancien directeur du Centre
pour l'information sur la Défense. « Une attaque contre
l'Iran aurait des conséquences désastreuses pour la sécurité dans la région, les forces de la Coalition, et accroî-
trait encore les tensions régionales et mondiales[1]. »

« Une calamité morale, historique et stratégique »

Deux personnalités respectées de l'establishment politique condamnent également vigoureusement la politique
actuelle. Prenant la parole le 1er février 2007 devant la
commission du Sénat pour les relations avec l'étranger,
Zbigniew Brzezinski décrit « la guerre en Irak comme
une calamité morale, historique et stratégique, entreprise
sous de fausses suppositions, sapant la légitimité mondiale des États-Unis, ternissant sa crédibilité, conduite par
des impulsions manichéennes et une volonté impériale
qui intensifient l'instabilité régionale ». Au cours de son
intervention, il évoque le risque de glissement vers un
conflit avec l'Iran et une part importante du monde islamique. Selon lui, « un scénario plausible conduisant à
une guerre avec l'Iran pourrait être une quelconque provocation en Irak ou un acte terroriste réel ou supposé
attribué à Téhéran[2] ». Brzezinski est un personnage
influent. Intellectuel brillant, il conçut la fameuse « Commission trilatérale » financée par David Rockefeller, dont
il fut le directeur. Nommé à la tête du Conseil national
de sécurité de la Maison Blanche sous Jimmy Carter, il

---

1. Jill Lawless, *Canadian Press*, 5 février 2007.
2. Zbigniew Brzezinski, Senate Committee for Foreign Relations,
1er février 2007.

fut le premier à envisager de contrer l'invasion soviétique de l'Afghanistan en armant et finançant les rebelles afghans. Je l'ai rencontré à plusieurs reprises. C'est un homme de réseau dont la parole compte. Tout comme celle de l'ancien secrétaire à la Défense de Kennedy, Robert McNamara, qui fut également à la tête de la Banque mondiale.

Âgé aujourd'hui de 91 ans, ce personnage fut au cœur de la crise des missiles à Cuba, en 1962, et vécut l'angoisse du feu nucléaire. En 2005, il livre dans *Foreign Policy* une analyse angoissée de l'état du monde et de la politique suivie par l'actuelle Administration. « Au risque de passer pour simpliste et provocateur, je caractériserai l'actuelle politique d'armement nucléaire des États-Unis comme immorale, illégale, militairement non justifiée et profondément dangereuse. Le risque d'un tir nucléaire accidentel ou survenant par inadvertance est inacceptablement élevé. Loin de réduire ces risques, l'administration Bush a indiqué qu'elle s'était engagée à conserver l'arsenal nucléaire en tant que pilier de son pouvoir militaire, un engagement qui érode simultanément les normes internationales qui ont limité la propagation d'armes nucléaires et de matières fissiles pendant cinquante ans [1]. »

« *Arrêter une escalade très dangereuse* »

La situation soulève des questions très importantes. Le président des États-Unis est le chef des armées, mais peut-il décider seul du déclenchement d'une nouvelle guerre ou doit-il obtenir l'accord du Congrès ? C'est un

---

1. Robert McNamara, « Apocalypse soon », *Foreign Policy*, mai-juin 2005

véritable débat constitutionnel, les institutions étant suffisamment imprécises pour fournir des arguments recevables à chaque camp[1]. Robert Parry s'interroge sur cette volonté du président américain d'étendre encore sa stratégie de guerre et les possibles réactions du Congrès. « Certains, écrit-il, suggèrent à Bush de demander l'accord préalable du Congrès avant d'entrer en guerre avec l'Iran. D'autres, tel le sénateur républicain de Pennsylvanie, Arlen Specter, réclament que Bush s'explique sur l'étendue, selon lui, de son pouvoir en tant que chef de guerre : "Je voudrais respectueusement indiquer au Président qu'il n'est pas le seul décideur. Le décideur doit refléter une responsabilité commune et partagée." »

« Mais pour Bush et ses conseillers juridiques néo-conservateurs, il est clair qu'ils ne voient virtuellement aucune limite aux pleins pouvoirs qu'il détient comme commandant en chef en temps de guerre. De leur point de vue, Bush est libre de lancer des opérations militaires à l'extérieur et de s'affranchir des contraintes légales et constitutionnelles à l'intérieur du pays parce que les États-Unis sont considérés comme faisant partie du "champ de bataille". »

« Il faudrait au moins une interdiction directe prise par le Congrès d'une guerre avec l'Iran et une menace sérieuse d'*impeachment* pour imposer à Bush plus qu'une pause momentanée. Mais les républicains siégeant au Congrès gêneraient certainement l'application de telles mesures et Bush pourrait opposer son veto à toute loi qui passerait. À moins que le Congrès n'intensifie la confrontation avec le Président – et il devrait agir rapidement –, il est peut-être trop tard pour arrêter ce qui pourrait devenir une escalade très dangereuse[2]. »

1. Walter Dellinger et Christopher Schroder, « Options for Congress », *International Herald Tribune*, 15 mars 2007.

2. Robert Parry, « Iran Clock is Ticking », consortiumnews.com, 31 janvier 2007.

L'analyste politique Chalmers Johnson[1] accuse l'actuel président de corrompre la Constitution de son pays. Il décrit d'abord un système constitutionnel, inventé au XVIIIe siècle et régulièrement violé aujourd'hui par une présidence devenue impériale. À ses yeux, le Congrès est sous-informé et manipulé par un exécutif arrogant, ignorant et agressif, qu'il est incapable de contrôler. Cette absence de contrôle se manifeste également à propos des vastes budgets de la CIA et des autres services de renseignements dont le Congrès, dans les faits, ne contrôle ni l'usage ni la répartition. Cette passivité, selon Johnson, a permis à Bush d'outrepasser son autorité présidentielle légitime. Il a revendiqué des pouvoirs que la Constitution ne lui avait jamais accordés. Il a déclenché une guerre en Irak sur la base de renseignements défectueux, puis l'a poursuivie au détriment politique, économique et moral des États-Unis. Pour Johnson, la vision impériale du rôle des États-Unis est un élément clé pour comprendre la psychologie de l'hôte de la Maison Blanche et de son équipe. Il livre un chiffre révélateur. « Washington possède 737 bases militaires à l'étranger, pour la plupart navales et aériennes, alors que l'Empire britannique, en 1896, à son apogée, n'en détenait que 36[2]. »

L'usage d'armes nucléaires tactiques contre l'Iran

À l'initiative de Jorge Hirsch, professeur de physique à l'université de Californie, à San Diego, une pétition signée par 1 800 physiciens dont six prix Nobel, un lauréat de la médaille de la Science et trois anciens présidents de la Société américaine de physique, a été adressée

---

1. Chalmers Johnson, *The Last Days of the American Republic*, Metropolitan Books, 2007.
2. *Ibid.*

le 17 avril 2006 à George W. Bush[1]. La lettre parvenue à la Maison Blanche commence par ces mots : « De récents articles parus dans le *New Yorker* et le *Washington Post* rapportent que l'usage d'armes nucléaires tactiques contre l'Iran est activement envisagé par les planificateurs du Pentagone et la Maison Blanche. En tant que membres de la profession qui a créé les armes nucléaires, nous vous pressons de vous abstenir d'une telle action qui aurait de graves conséquences pour l'Amérique et pour le monde. » La lettre précise que l'arsenal nucléaire, aujourd'hui, équivaut à plus de 200 000 bombes de la puissance d'Hiroshima, avant d'ajouter : « Il n'existe pas de séparations nettes entre "petites" et "grandes" armes nucléaires tactiques, pas plus qu'il n'en existe entre les armes nucléaires ciblant des installations et celles ciblant des armées ou des villes[2]. »

Jorge Hirsch, qui considère « le fait que l'existence d'un tel plan n'ait pas été démenti par l'Administration comme une cause de grande inquiétude », soulève un point de droit intéressant : la responsabilité directe du Congrès en cas d'utilisation, dans un conflit avec l'Iran, d'armes nucléaires tactiques.

Pour lui, le président américain et les membres de son Administration, mais aussi les 535 membres du Sénat et de la Chambre des représentants, seraient passibles de la Cour pénale internationale de La Haye. Il s'attache notamment à l'article 8 pour qui les « crimes de guerre » sont des « violations sérieuses des lois et des coutumes applicables dans un conflit armé ». L'article 8.2 évoque :

« — de grandes souffrances ou des blessures sérieuses causées au corps ou à la santé,

---

1. Jorge Hirsch, « Stop the US Nuclear Bombing », University of California, San Diego, 17 avril 2006
2. Jorge Hirsch, « Congress Viability in a Nuclear Strike on Iran », *Global Research*, 21 février 2007.

« — des destructions étendues non justifiées par une nécessité militaire,

« — l'emploi de poison ou d'armes empoisonnées,

« — l'emploi d'armes, de projectiles, de matériaux et de méthodes de guerre qui sont de nature à causer des blessures superflues ou des souffrances inutiles ».

Il rappelle également que la Cour internationale de justice, le principal organe judiciaire des Nations unies, a décidé que l'« usage des armes nucléaires serait généralement contraire aux règles du droit international applicables dans un conflit armé, et en particulier les principes et les règles du droit humanitaire ».

Plus de 6 milliards de dollars pour fabriquer des armes nucléaires

Pour Hirsch, la responsabilité du Congrès est engagée dans la mesure où c'est lui qui vote chaque année les budgets militaires permettant la fabrication des armes nucléaires. Au cours de l'année fiscale 2006, le Congrès a voté 6 milliards 433 millions 936 000 dollars de crédits consacrés à l'élaboration d'armes nucléaires. Tous les ans, le Sénat et la Chambre des représentants discutent et promulguent le Defense Authorization Act, qui comprend le budget du ministère de la Défense. Un service de cet Act finance la National Nuclear Security Administration, chargée de stocker des armes nucléaires et dont les attributions concernent « la capacité à concevoir, produire et tester [des armes nucléaires] en conformité avec les exigences de sécurité nationale ». L'Act précise également le détail des salaires versés aux personnels travaillant dans le domaine des armes nucléaires, y compris « le bonus de motivation annuel pour la carrière dans le nucléaire ».

« Ces armes, en cas de conflit avec l'Iran, ajoute-t-il, seront lancées par des membres des forces armées dont les salaires sont payés par un Congrès supposé réglementer les activités du Pentagone [1]. »

Le 10 août, un rapport du Congressional Research Service, consacré aux « armes nucléaires », est transmis au Congrès. Il insiste sur le développement des armes nucléaires tactiques de pénétration pouvant détruire des cibles profondément enfouies [2]. Ce texte a été distribué à tous les élus. La Constitution des États-Unis, élaborée par les pères fondateurs, accorde un rôle prééminent au Congrès et lui assigne une fonction de contrôle sur le Président qui n'est pas exercée aujourd'hui. Ses membres ne peuvent pas s'exonérer de toute responsabilité, alors qu'ils financent chaque année un budget militaire supérieur à 500 milliards de dollars. Si les sénateurs et membres de la Chambre des représentants faisaient preuve de courage politique et agissaient de façon responsable, ils élaboreraient et voteraient une résolution rendant illégal l'usage d'armes nucléaires contre des pays non nucléaires et menaceraient d'*impeachment* (destitution) tout président qui voudrait passer outre [3].

Dans le cas iranien, Washington évoque la menace que ferait peser une hypothétique arme nucléaire en passant sous silence les conséquences catastrophiques d'une intervention militaire. Une attaque nucléaire contre un pays non nucléaire (signataire du traité) provoquerait la disparition immédiate du traité de non-prolifération nucléaire que les États-Unis prétendent défendre. Une

---

1. Jorge Hirsch, art. cité in *Global Research*.
2. « Bunker Busters : Robust Nuclear Earth Penetrator Issue », Congressional Research Service. CRS Report for Congress, 21 février 2006. FY 2005-FY 3007.
3. Jorge Hirsch, art. cité in *Global Research*.

telle initiative aggraverait les risques de conflits nucléaires au lieu de les circonscrire, avec une menace réelle de guerre mondiale. Elle provoquerait enfin une véritable course à l'arme et aux arsenaux atomiques de la part de pays qui n'en sont pas encore pourvus.

Plusieurs groupes d'experts indépendants avancent des chiffres similaires. Selon eux, des frappes massives contre l'Iran pourraient provoquer plus de dix mille morts [1].

Cheney et Ahmadinejad, deux jumeaux ?

Les faucons de la Maison Blanche, et c'est probablement le plus navrant, incitent le régime iranien au durcissement et à la répression. Syndicalistes, journalistes, militantes féministes sont poursuivis et arrêtés. En juillet 2007, plus de 150 000 Iraniennes ont été interpellées à cause du port de leurs foulards jugés trop peu stricts, et plusieurs cas de lapidations publiques ont été observés. Un des anciens négociateurs dans le dossier nucléaire, Hossein Moussavian, a récemment été arrêté pour espionnage. Un avertissement clair adressé aux partisans de l'ouverture d'un dialogue avec les Occidentaux. Javad Zarif, l'ambassadeur à l'ONU, homme des missions délicates, qui s'est toujours efforcé de maintenir le contact avec les États-Unis, a été renvoyé à Téhéran à ses chères études. Son départ souligne que le régime iranien n'a aucunement l'intention de trouver une solution diplomatique à sa confrontation nucléaire avec l'Occident. Le ministre du Renseignement, membre des gardiens de la Révolution, a évoqué « la nécessité de punir toute tentative de renverser le régime ».

---

1. Thomas Harding, « "10 000 Would Die" in A-Plant Attack on Iran », *Daily Telegraph*, 13 février 2006.

La position inflexible de Washington a renforcé les tenants de la ligne dure à Téhéran. Ou plutôt l'intransigeance de chaque camp fournit à l'adversaire tous les arguments souhaités pour durcir encore sa position. Une stratégie de la tension, une escalade calculée et planifiée qui peut à tout moment déraper. Une danse au bord du gouffre.

Nicholas D. Kristof, éditorialiste au *New York Times*, écrit en juillet 2007 : « Se pourrait-il que Dick Cheney et Mahmoud Ahmadinejad soient des jumeaux séparés à la naissance ? Le vice-président des États-Unis et le président iranien, chacun numéro deux dans son pays, paraissent travailler ensemble à créer un conflit entre les deux nations. Ils forment aujourd'hui le plus étrange et peut-être le plus dangereux partenariat au monde. » Kristof ajoute : « Cheney peut trouver une oreille compréhensive auprès de Bush quand il argumente en ces termes : "Comment pouvons-nous laisser en héritage un Iran nucléaire ? Le programme d'armement de Téhéran encouragera l'Arabie Saoudite, l'Égypte et la Turquie à rechercher tout autant des armes nucléaires. Et puis, il y a le pire des scénarios, que l'Iran cherche actuellement à détruire Israël. Nous ne pouvons pas juste parier sur la retenue iranienne [1]." »

---

1. Nicolas D. Kristof, « Cheney's Long Lost Twin », *New York Times*, 19 juillet 2007.

26

Je suis arrivé à Téhéran le 6 août 2007 au soir. Une chaleur écrasante et un climat tendu régnaient dans la capitale iranienne. Quelques jours auparavant, le pouvoir avait procédé à plusieurs pendaisons publiques dans le centre de la capitale. Les suppliciés, officiellement des droits communs, pour certains d'entre eux des prisonniers politiques d'après l'opposition, avaient fini au bout d'une corde accrochée à un camion-grue.

Le régime multiplie les signes de durcissement. Les voitures, toujours aussi nombreuses, sont immobilisées par d'interminables embouteillages, sous le regard bienveillant du guide de la Révolution, dont le portrait enturbanné s'affiche sur les panneaux en bord de route. De longues files de voitures à l'arrêt s'étirent à proximité des stations-service. Dans ce pays qui possède, dit-on, les deuxièmes réserves mondiales de pétrole, la consommation d'essence est désormais rationnée à 80 litres par mois. Une décision économiquement absurde qui accroît l'exaspération et la frustration de la population. Plutôt que de fixer des quotas, il aurait été plus cohérent d'augmenter le prix à la pompe, qui est un des plus bas au monde. Mais, adossé à un baril qui dépasse 72 dollars, le pouvoir iranien préfère continuer de subventionner les prix de l'énergie. Une facture annuelle qui se monte à plus de 45 milliards de dollars. Le président iranien,

Ahmadinejad, à l'origine du rationnement, a déclaré un jour : « Je prie Dieu de ne jamais rien connaître à l'économie. » Les décisions qu'il prend montrent que visiblement son vœu continue d'être exaucé.

Le syndrome du tapis persan

Un ami qui m'attend à l'hôtel m'apprend que le régime vient, le jour même, d'interdire définitivement la parution du quotidien *Shargh*, l'un des tout derniers titres réformateurs encore en activité. Il évoque également le renforcement spectaculaire des effectifs et des contrôles policiers à travers la ville. Il est désabusé et inquiet. Dans le petit restaurant où nous dînons, il parle à voix basse et évoque le syndrome du tapis persan : « Il faut énormément de patience pour tisser un tapis, s'appliquer à en reproduire les nombreux motifs ; c'est la même patience dont témoignent les Iraniens face aux multiples vexations et mesures restreignant leurs libertés ; des mesures qu'ils endurent ou s'efforcent de contourner, patiemment. Mais aujourd'hui, je sens la situation changer, la colère et la révolte monter. »

Près de trente années d'embargo, un déclin économique constant, dû à l'incompétence et à la corruption, ont transformé l'Iran en un pays désormais totalement démondialisé. L'hôtel Esteghlal, l'ancien Hilton, où je suis descendu, n'accepte plus depuis quatre ans les cartes de crédit. Un mode de paiement inexistant dans la capitale iranienne et à travers le pays. Ce bâtiment de vingt étages, situé sur les collines de l'Albourz, fut, après la Révolution islamique, débaptisé, nationalisé, et servit de quartier général à l'unité Badr des gardiens de la Révolution.

La piscine, avec son eau verte, croupie, ressemble à un vieil étang à l'abandon ; à quelques mètres, sur fond de poutrelles métalliques rouillées et de ciment, de longues tables dressées autour d'un buffet accueillent de nombreuses silhouettes vêtues de tchador. Le spectacle fait penser à un banquet d'enterrement.

Pesant est de nouveau le mot qui vient à l'esprit, le lendemain, lorsque je parcours la place et la rue Vanak, deux des endroits les plus fréquentés de Téhéran. Aucun CD ni DVD étranger n'est en vente ; la musique et les films non iraniens sont interdits. Le passage Vanak et la galerie marchande Asseman (« le ciel ») ressemblent à deux lieux de désolation. La plupart des magasins sont fermés et une affiche collée sur les portes ou les vitrines indique : « Sur ordre de la police de Téhéran, ce magasin est fermé parce qu'il ne respecte pas les règles islamiques. » Les plus chanceux, encore ouverts, affichent à l'entrée un avertissement : « Respectez les règles de l'islam. »

Le *hijab*, code vestimentaire (réservé aux femmes), prévoit que les cheveux doivent être cachés par un foulard, qu'aucune partie du corps ne peut être montrée, sauf les mains et le visage. Le vêtement porté ne doit être ni serré, ni court. La vente des vêtements en Iran ressemble au choix laissé par Henry Ford aux acheteurs de sa Ford T : « Vous pouvez en choisir la couleur à condition qu'elle soit noire. » Sur les cintres des magasins, les alignements de blouses-imperméables, l'uniforme imposé, sont gris, marron ou noir. Prix : 26 000 rials, soit près de 30 euros.

Sur les murs d'enceinte de l'ancienne ambassade des États-Unis, reconvertie en un musée qui n'a jamais ouvert ses portes, des phrases de l'imam Khomeiny sont peintes sur un fond bleu : « Nous infligerons une sévère défaite à l'Amérique », ou encore : « Mort à l'Amérique », un slogan repris depuis vingt-huit ans dans toutes les mosquées du pays lors de la prière du vendredi. Ce « haut lieu de mémoire » de la Révolution islamique, presque désert, ne suscite plus que l'indifférence des passants.

« Les journalistes sont des prophètes »

Le 8 août est officiellement la journée des journalistes. Je me demande si le régime qui vient de faire interdire publiquement tous les derniers journaux indépendants est conscient du ridicule ou de l'odieux de son initiative. Je lis le jour même dans la presse officielle les propos d'Ahmadinejad sur le « rôle de prophète que jouent les journalistes », la situation satisfaisante, exemplaire même selon lui de la presse. Il se félicite également des effets positifs du rationnement d'essence qui a permis de réduire les encombrements de la circulation, alors que ceux-ci n'ont jamais été aussi importants. Les dirigeants religieux iraniens me font penser aux ex-dirigeants laïcs de la défunte Union soviétique : même discours optimiste niant la réalité, même morale pudibonde et étriquée, et enfin haine de la culture et des valeurs occidentales.

Boulevard Africa, je longe un immense terrain vague en plein cœur de Téhéran, réquisitionné depuis de longues années par les gardiens de la Révolution. Un lieu idéal pour une gigantesque opération immobilière. Le pouvoir entrepreneurial des pasdarans s'illustre par les innombrables grues et chantiers de construction en activité dont ils sont les maîtres d'œuvre. Grâce à eux, Téhéran ressemble à un Dubaï morne. En 2006, le président iranien, un ancien membre des gardiens, a octroyé à leurs entreprises 10 milliards de dollars de contrats publics supplémentaires. Et ils détiennent également la haute main sur le marché noir et le trafic d'essence provoqués par le rationnement.

Peu avant 16 heures, j'arrive juste devant la mosquée Husseini, considérée comme un bastion réformiste, rue Shari Ati. Les journalistes réformateurs ont organisé une réunion pour évoquer la fermeture du quotidien *Shargh*. La salle, située dans un sous-sol à proximité de la mosquée, est aux trois quarts vide. Une journaliste du quotidien interdit m'évoque son parcours : elle a travaillé dans quinze journaux qui tous ont été fermés. *Shargh*, rappelle-t-elle, avait déjà été interdit huit mois auparavant en raison d'une caricature. Cette fois l'interdiction, définitive, résulte de l'interview d'une poétesse iranienne vivant à l'étranger. Le journaliste qui l'interrogeait ignorait qu'elle était lesbienne et le gouvernement a choisi ce prétexte pour ordonner la fermeture. « Il existe, me précise cette consœur, dans le droit de la presse iranien une mention qui indique qu'un journal peut être fermé pour cette raison. Exercer le métier de journaliste ,devient beaucoup plus difficile aujourd'hui. Il y a des années que nous souffrons mais la situation désormais empire. »

Le président de l'association, à l'initiative de cette réunion, assis à la tribune tient des propos désabusés devant le maigre auditoire regroupé au fond de la pièce. Je regarde la petite table sur laquelle sont posés des prospectus, la faible lumière qui plonge le lieu dans une semi-pénombre et accroît encore l'impression de tristesse. Les visages, pour la plupart jeunes, paraissent las, déjà usés par les échecs et les déceptions. L'orateur à la tribune évoque le nouveau projet en préparation : dorénavant, les journalistes seraient choisis et autorisés à travailler par le gouvernement...

« *Mon fils a été arrêté. Où est-il maintenant ?* »

Une femme vêtue de noir, âgée d'une cinquantaine d'années, demande à prendre la parole. Frêle, s'exprimant d'une voix douce, elle monte à la tribune et décrit d'une voix posée le drame qu'elle vit. Son fils, Sohel Assefi, journaliste lui aussi, a été arrêté deux semaines auparavant par la police. Depuis, elle n'a plus aucune nouvelle et ne parvient pas à retrouver sa trace. Elle est même allée jusqu'à la grande prison d'Evin, dans la banlieue de Téhéran. « Les responsables de l'établissement, raconte-t-elle, ont examiné leurs ordinateurs. Mon fils n'est pas sur les listes. Alors, où est-il maintenant ? » Elle abandonne le micro presque en s'excusant, un silence pesant règne dans la salle. Un homme lui succède à la tribune, l'ancien ministre de la Culture et de l'Orientation islamique de Khatami, le président réformateur. Il s'exprime d'un ton neutre, légèrement voûté, et ses propos reflètent toute l'ambiguïté et les limites des dirigeants réformateurs : « Tout est permis dans ce régime mais, ajoute-t-il de la même voix morne, ils ont vraiment fermé ce journal sans raison ! »

Une jeune journaliste, rencontrée à la sortie, m'explique qu'elle travaille en indépendante depuis la fin de ses études, six ans auparavant, mais qu'elle cherche un second emploi dans un bureau pour pouvoir survivre : « Chaque article m'est payé 20 euros. De toute façon, conclut-elle avec un sourire triste, les journaux réformateurs n'existent plus depuis cinq ans. » Pas un seul correspondant étranger en poste à Téhéran ne s'est dérangé pour couvrir cette manifestation. Les journalistes, l'allure désemparée, s'attardent par petits groupes dans la cour de la mosquée, les conversations s'étirent comme si ces minutes gagnées constituaient un réconfort, une manière pour tous de tempérer l'angoisse qui les étreint. Titr, un minuscule café de 19 m² qui servait de lieu de rendez-vous aux journalistes, a été fermé par décision officielle. Un confrère, ancien rédacteur en chef d'un magazine réputé, lui aussi interdit, me raconte l'étrange programme de trente minutes diffusé deux semaines auparavant à la télévision nationale, les samedi et dimanche soir à une heure de grande écoute : les confessions de trois hommes accusés d'être des espions à la solde des États-Unis et d'Israël : « Ils nous payaient », ont-ils notamment confié au cours de ces aveux extorqués.

Soixante-dix milliards de dollars pour tenter de stabiliser la situation

Dans le hall de mon hôtel, à côté d'un avertissement sur l'obligation de respecter le code vestimentaire isla-mique, un large portrait de Khomeiny est accompagné d'un commentaire : « La Révolution de l'imam Khomeiny est la Révolution des valeurs. » Ce slogan me renvoie aux propos tenus par un économiste, à son domicile, deux heures auparavant : « Il y a vingt ans, il suffisait d'un discours du guide de la Révolution pour gagner la loyauté de la population. Cette période est finie depuis longtemps et désormais le régime sait qu'il doit acheter cette loyauté. C'est une véritable fuite en avant. L'an dernier, il a dépensé 55 milliards de dollars, uniquement pour ten-ter de stabiliser la situation ; cette année, la somme dépensée atteint 70 milliards de dollars, provenant natu-rellement des revenus du pétrole et engloutis dans les importations. La situation dans le pays se durcit chaque jour et me fait penser aux deux dernières années du régime du Shah. » Quand je l'interroge sur l'effet des sanctions occidentales, il sourit : « C'est le meilleur des arguments de propagande pour le pouvoir. Il peut s'abriter derrière ces sanctions pour masquer son incompétence. Les vrais maux de l'économie iranienne sont internes et se nomment corruption, mauvaise gestion, manque de productivité. Je suis convaincu que l'impact réel des sanctions ne dépasse pas 1 %. La stabilité du régime repose sur le pétrole. Au cours des vingt-huit années qui ont suivi l'instauration de la République islamique, les revenus en devises fortes du pays se sont chiffrés à 700 milliards de dollars, mais sur ce montant, 400 milliards de dollars sont tombés dans les caisses de l'État au cours des neuf dernières années. Cette situation nouvelle a attisé beaucoup de convoitises, et d'abord celle de la principale nomenclature financière et militaire du pays, les pasdarans. Leurs relations avec les anciens présidents Rafsandjani et Khatami étaient fréquemment conflictuelles. Ils n'obtenaient pas les autorisations qu'ils demandaient, notamment dans le secteur du bâtiment. À présent, avec Ahmadinejad, un des leurs, au pouvoir, ils sont en train d'étancher leur soif. Ils étendent leur mainmise et contrôlent désormais non seulement la construction, l'immobilier, des médias, mais aussi le nucléaire, et désormais une partie du pétrole, du gaz et du secteur bancaire. De plus, ils contrôlent militairement le pays.

« Le régime, surtout depuis l'élection en 2005 d'Ahmadinejad, n'est absolument pas préoccupé par l'économie. Sa seule logique est sécuritaire et les revenus pétroliers sont répartis entre les fidèles du pouvoir. Vous savez, plus de vingt années de sanctions économiques n'ont eu qu'un effet limité : les quatorze pays qui nous entourent sont toujours plus pauvres que l'Iran. En durcissant aujourd'hui les pressions, l'administration Bush renforce le radicalisme en Iran et marginalise de plus en plus les réformistes. »

Curieux contraste : mon interlocuteur, installé dans le vaste salon de son appartement, critique sévèrement le régime, parle de libéralisme économique mais son épouse, assise à l'écart, silencieuse, porte le voile et tous les attributs du hijab. Alors que je suis sur le point de partir, il reçoit un coup de téléphone, écoute surpris, puis me confie : « C'est une illustration de ce dont nous parlions. Je viens d'apprendre que le ministre du Pétrole, un professionnel du secteur qui avait été choisi par le guide suprême, vient de démissionner. Je pense plutôt qu'il a été limogé en raison de désaccords croissants avec Ahmadinejad. »

« Shah was good »

Le 9 août, Nouri al-Maliki, le Premier ministre irakien, effectue une visite officielle à Téhéran. Un voyage qui révèle de manière cruelle l'ambiguïté et la dépendance du chef du gouvernement de Bagdad : chiite, il possède une résidence dans la capitale iranienne, alors que Washington accuse Téhéran d'aggraver la situation sur le terrain et d'intensifier, à travers les milices chiites, les attaques contre les forces américaines. Je le rencontre brièvement le soir au palais Sad Abad, une ancienne résidence du Shah qui abrite aujourd'hui plusieurs bâtiments officiels. Mon taxi attend devant la grille d'entrée après avoir remonté une allée bordée d'arbres au feuillage abondant. Le chauffeur murmure en hochant la tête mélancolique : « Shah was good. » La déception envers le régime s'accompagne visiblement d'un retour en force de la nostalgie. Ce palais se rattache à un de mes tout premiers souvenirs professionnels. Avec un groupe de confrères, tenus en lisière, nous attendions que le Shah condescende à nous dire quelques mots. Soudain il était apparu sur le perron, pendant deux, trois minutes, s'exprimant d'un ton maussade, puis s'était éloigné rapidement, suivi d'une nuée de collaborateurs et de courtisans virevoltants, visages serviles et satisfaits, vêtus de costumes de bonne coupe. Un an plus tard, Reza Shah n'était plus qu'un souverain en exil que pratiquement personne ne voulait accueillir.

Les bâtiments blancs qui composent le palais n'ont pas changé, les allées légèrement en pente, plantées d'arbres et d'essences rares non plus. Les pelouses sont impeccablement tondues. Un vieux carrosse est même remisé. Seule différence : la piscine est vide et les pasdarans construisent plusieurs bâtiments dans l'enceinte même du palais. Un jeune motocycliste en uniforme nous escorte. Il ressemble à un vendeur de pizzas, avec l'avant de sa moto surmonté d'un haut panneau où sont reproduits les portraits de Khomeiny et de Khamenei.

Un des hommes chargés de la sécurité me fait pénétrer à l'intérieur du palais par les cuisines... jusqu'au salon où attendent des journalistes irakiens. Le mobilier est le même qu'à l'époque du Shah, surchargé, pompeux. Nouri al-Maliki pénètre dans la pièce : crâne dégarni, petite moustache, mâchoire lourde, son visage affiche un sourire figé. Ses yeux clignotent derrière ses lunettes et il ressemble à un hibou effrayé par la lumière et le bruit. Une chose me frappe. Le chef du gouvernement de Bagdad a le regard et l'allure d'un homme désabusé, qui sait qu'il n'est qu'un pion entre les mains de Washington et de Téhéran, et qu'il ne peut que mécontenter ses deux protecteurs. George W. Bush vient d'ailleurs d'exprimer son irritation devant la passivité d'Al-Maliki. À Téhéran, il est reçu avec tous les honneurs, mais il sait que les étreintes qu'on lui prodigue peuvent facilement l'étouffer. Pour ce dirigeant chiite, Téhéran est un allié naturel mais exigeant, Washington, un adversaire dont il continue de dépendre. Peu après, je vois le président Ahmadinejad, souriant, le prendre par la main et Al-Maliki s'exécuter comme un enfant docile, boudeur et résigné. Il doit savoir qu'il n'a plus d'avenir. Je pense que la grande différence entre Al-Maliki et le président pakistanais Moucharraf réside dans leur degré de lucidité : Al-Maliki a su depuis le début qu'il n'était qu'un instrument et cette évidence le ronge ; Moucharraf, tiraillé entre les États-Unis, al-Qaida, les talibans et ses islamistes, vient seulement de le découvrir.

« À mort les États-Unis »

J'assiste à la grande prière du vendredi qui se déroule à l'université. La circulation est interdite dans toutes les rues adjacentes où ont eu lieu les manifestations étudiantes de 1999 ; des barrages sont dressés et la police est omniprésente. Plusieurs milliers de fidèles, dont de nombreux dignitaires du régime, sont rassemblés sous un immense auvent aux poutrelles métalliques et piliers blancs. Les femmes sont littéralement « parquées » sur les côtés, derrière des clôtures, soustraites aux regards des hommes.

Je suis conduit à une tribune qui surplombe la foule, située à deux mètres à peine de celle où prêche l'ancien président de la République Hashemi Rafsandjani. Turban (*amame*) et tunique (*aba*) blancs, il a les traits d'un paysan madré, une allure débonnaire démentie par un regard infiniment dur. Comme toute Révolution, celle d'Iran a dévoré bon nombre de ses enfants ; Rafsandjani, lui, a toujours survécu et prospéré. Il est considéré comme l'homme le plus riche du pays et certains magazines lui attribuent la quarantième fortune mondiale. Il incarne la toute-puissance affairiste des mollahs, celle qu'Ahmadi-nejad et ses alliés pasdarans veulent à tout prix écarter. Ses propos composent un florilège surréaliste : « On vient de fêter le jour des journalistes, l'information est la plus grande des valeurs. » À propos du nucléaire : « En 1945, les États-Unis ont commis le pire des crimes à Hiroshima et aujourd'hui, ils nous refusent l'accès au nucléaire civil et pacifique, alors que nous ne cessons de dire que nous sommes prêts à fournir toutes les garanties. Les inspecteurs, les experts ont tout visité, nous avons répondu à toutes les questions, même hors sujet, mais ils sont à la recherche d'un prétexte et ils développent toute une propagande de masse. »

La foule ponctue ses propos en s'écriant d'une seule voix : « À mort l'Amérique. » Rafsandjani enchaîne : « Les États-Unis sont la plus grande dictature au monde. Ils ciblent, au Liban, au Pakistan, en Iran, les régimes islamiques, mais cette approche sera très coûteuse pour eux. Regardez en Afghanistan, au Liban ; ils n'ont rien compris à la situation en Irak où 160 000 de leurs soldats interfèrent. On nous dit : "Vous êtes encerclés par les États-Unis." Je réponds : "Oui, mais l'Amérique ne veut pas rectifier son attitude. Elle n'atteindra pas ses objectifs car elle a une approche trop arrogante." »

Il s'interrompt, le visage gourmand et satisfait. À cet instant, il ressemble à un gros chat ronronnant mais prêt à tout instant à lancer un coup de griffe. À ses pieds, la foule lance : « Mort aux hypocrites. » Un absent de marque parmi les nombreux dignitaires présents : Ahma-dinejad. Le président iranien a préféré aller prier dans une autre mosquée, plutôt que de se retrouver face à son ennemi juré.

L'Iran m'apparaît comme un royaume d'ombres, ou plutôt de fantômes. Lors de la réunion des journalistes

flottait le fantôme du mouvement réformateur, aujour-
d'hui j'observe celui de la Révolution islamique ; la cérémonie à laquelle j'assiste tout comme les rituels,
symboles et autres slogans que j'ai pu observer, ne servent qu'à prolonger l'illusion d'une réalité défunte.
L'ayatollah Rafsandjani en est la parfaite illustration.
Repu, corrompu, Rafsandjani, qui fut le proche collaborateur de Khomeiny, est soupçonné d'avoir fait assassiner
le fils du Guide suprême peu après sa mort en 1989. Le
fils de Khomeiny, populaire, intègre, avait violemment
critiqué l'affairisme de Rafsandjani. Il a été retrouvé
mort peu après dans des circonstances troublantes, et
l'enquête n'a jamais abouti. Nouvel épisode de l'affrontement : le petit-fils de Khomeiny, lors de la présidentielle
de 2005, a soutenu le candidat Ahmadinejad contre
Rafsandjani.

Le « Vatican chiite »

Tout est parti de Qom, que l'on prononce par une
étrange coïncidence « Rome ». Les Iraniens qualifient
cette ville perdue au milieu du désert de « Vatican
chiite » et l'actuel président a déclaré que le jour où l'islam dirigerait le monde, Qom serait sa capitale. À cent
kilomètres de Téhéran, à proximité d'un immense lac salé
que les reflets du soleil font ressembler à un mirage, la
ville ressemble à une grosse bourgade assoupie. La tem-
pérature ce jour-là dépasse les 50 degrés. Cinq cent mille
personnes vivent à Qom dont près de 100 000 religieux.
La ville fut l'épicentre de la future Révolution. Dans une
proche banlieue, je m'arrête devant la maison où vivait
Khomeiny : située dans une ruelle à laquelle on accède
par un chemin de terre, c'est une habitation sans
étage possédant une petite cour et construite en torchis.

C'est ici qu'il défiait le Shah dans les années 1960 et je comprends, en examinant ce lieu modeste et dépouillé, le terrible aveuglement du souverain iranien qui ne l'a pas pris au sérieux. C'est également ici que le futur Guide suprême a mûri le système qu'il voulait instaurer et qui pour la première fois dans l'Histoire du pays a porté les religieux au pouvoir.

Qom tient à la fois de Lourdes et de l'école du parti. Bravant la chaleur, des pèlerins saoudiens, les femmes vêtues de noir, le visage totalement caché mais le portable à l'oreille, croisent un cortège qui fend la foule : huit hommes, accompagnés d'un mollah, psalmodient en portant un brancard sur lequel un mort est étendu, le corps revêtu d'un drap noir, qu'ils portent jusqu'à la mosquée.

Un des responsables des lieux saints me reçoit dans son bureau qui ressemble à un salon d'un château de Louis II de Bavière : stucs bleus et jaunes, fausses porcelaines. Ce lieu a été construit, m'explique-t-il, cent cinquante ans auparavant par un des empereurs qajar, la dynastie régnante. Courtois, il affirme que 15 millions de pèlerins visitent la ville chaque année, un chiffre probablement exagéré. Au pied de son bureau, j'aperçois un gros carton d'emballage sur lequel est imprimé « ultra light, cigarettes au goût américain ». J'évoque Lourdes parce qu'à la sortie de la ville, la foule s'agglutine sur le site de Jamkaran : un puits d'où le douzième imam, actuellement caché, ressurgira un jour. Autrefois, un ayatollah se serait endormi dans ce lieu et le douzième imam lui serait apparu en demandant que l'endroit devienne un lieu saint. Les pèlerins sont presque tous des gens modestes, venus par familles entières. Certains tentent de trouver un peu de fraîcheur et étendent des tapis sous les arbres, à l'ombre des minarets. Ils sont à la fois le terreau et la plèbe, le fer de lance et les laisséspour-compte d'une Révolution islamique qui a dû les décevoir mais qu'ils n'ont jamais trahie.

Soixante mille étudiants

Qom abrite également l'école du parti parce que 60 000 étudiants se répartissent entre les nombreuses écoles coraniques de la ville qui se livrent à une concurrence sévère. Un moyen efficace pour le régime de façonner, à travers l'enseignement prodigué, un homme nouveau, de modeler les futurs dirigeants.

L'ayatollah ultraconservateur Yazdi, le mentor d'Ahmadinejad, possède avec l'école théologique Imam Khomeiny un des plus importants établissements. D'imposants bâtiments à la façade de brique rouge clair, aux encadrements de fenêtres ornés de faïence bleu foncé et bleu clair. L'ayatollah n'est pas là et aucun interlocuteur présent n'accepte de me parler. Installé dans le hall d'entrée, j'observe les allées et venues. Tous les employés qui quittent le bâtiment s'arrêtent devant une pointeuse où ils enfoncent leur carte. Gardien du dogme, sans aucun doute, mais aussi gestionnaire avisé.

Je pense que le rêve des dirigeants religieux iraniens serait de transformer Téhéran en une réplique agrandie de Qom et je me demande si la capitale n'est pas devenue pour certains mollahs un laboratoire, en matière de mœurs, de respect des codes islamiques. Toutes les mesures répressives en cours ne visent pas seulement à susciter la peur mais aussi à changer, par la peur, les mentalités. Le véritable croyant est celui qui craint et obéit. Téhéran est une ville sans joie où les interdits briment et encadrent les vies.

La rue Police

Nous sommes dans le centre de Téhéran, garés dans une rue qui porte le nom étonnant de Police, à proximité de l'ancienne prison Qasr et de l'université de la police. Il est 15 h 30. Notre véhicule est à une quarantaine de mètres du portail d'entrée dont les deux battants sont ouverts. Le long de cette rue tranquille, bordée d'arbres, je compte treize Mercedes bleues et vertes, garées et vides, portant le sigle de la police.

— Vous allez voir, tout va s'accélérer dans une dizaine de minutes.

La jeune femme qui m'accompagne est une journaliste qui a appartenu à la rédaction d'un quotidien récemment interdit. Notre chauffeur est un de ses amis. Je sais qu'ils prennent des risques en m'aidant ainsi.

À 15 h 45, la caserne que nous surveillons se transforme en ruche. Des policiers en combinaison grise s'engouffrent dans les Mercedes, accompagnés de collègues femmes qui ressemblent à de véritables Belphégor avec leurs tchadors noirs. Au même moment, des dizaines de véhicules, voitures et minibus Mercedes sortent de la caserne et s'engouffrent à vive allure dans les rues avoisinantes. Je dénombre au total quarante-sept véhicules « transportant plus de 150 policiers, complète la journaliste, dispersés à travers Téhéran uniquement pour arrêter les femmes qu'ils jugent en infraction vestimentaire. Et c'est ainsi tous les jours. » Nous passons devant la puissante Fondation des pauvres et blessés de guerre, le relais financier des gardiens de la Révolution, et arrivons à la rue Vozara où est située la prison pour femmes, où sont conduites les victimes de ces rafles quotidiennes.

18 h 50. Nous sommes à l'ouest de Téhéran devant le centre commercial Golestan. Un minibus de la police est

garé devant l'entrée et deux femmes policières battent la semelle. La prise est déjà bonne : trois jeunes filles au regard apeuré se tiennent immobiles à l'intérieur du véhicule, dont une qui pleure à chaudes larmes. Un foulard laissant entrevoir la chevelure est un délit. Les femmes policières traquent et répriment la moindre trace de féminité. Une demi-heure plus tard, nous observons le même manège au centre commercial Milad Nour (« naissance de la lumière »). Cette fois, ce sont cinq jeunes femmes qui ont été arrêtées. La mère de l'une d'entre elles tente, en vain, de parlementer avec les policières. « Elles restent détenues, m'explique ma jeune consœur, quelques heures, parfois une ou deux nuits, et leur famille doit ensuite venir signer un engagement stipulant que la jeune fille, à l'avenir, ne s'habillera et ne se comportera plus ainsi. » Elle ajoute : « Le début du durcissement actuel remonte à trois mois. »

En quittant les lieux, nous passons devant un grand panneau sur lequel est écrit : « La vraie tranquillité du cœur réside dans la connaissance d'Allah. »

Ce site travaillait au développement des missiles nucléaires

Shian est un quartier du nord-est de Téhéran, avec une forte densité de population. Shian Street se compose de petits magasins qui alternent avec des immeubles modernes. Au cœur de ce quartier populaire, les gardiens de la Révolution ont installé un centre qui se composerait d'installations souterraines et travaillerait sur le programme nucléaire. Nous apercevons en effet des murs de briques rouges, hauts de quatre mètres, surmontés de barbelés. Derrière, je distingue des bâtiments gris aux fenêtres grillagées. Nous passons en voiture devant l'entrée principale, où est écrit sur un fronton « Parc Lavizan », sévèrement gardée, puis nous longeons le mur d'enceinte. Le centre est comme enchâssé au reste du quartier, collé littéralement aux habitations. Un jardin d'enfants se trouve juste à proximité. Je distingue trois hommes jeunes en chemisette qui descendent d'une voiture officielle avec d'épais dossiers sous le bras.

Selon plusieurs de ses proches, l'ancien président Rafsandjani s'inquiéterait des conséquences catastrophiques qu'aurait un bombardement du site de Shian. Je sais que, pendant des années, ce site travaillait au développement et à la fabrication de missiles nucléaires. Avec l'aide du groupe chinois Grande Muraille Industries Corporation, et des autorités russes, ainsi que de l'université technologique des États de la Baltique, implantée à Saint-Pétersbourg. Le 17 mai 2003, selon un rapport du Conseil national de la résistance iranienne, le centre de Shian dont je longe les murs, abritait également un centre de recherche, nommé Alek Ashtar, spécialisé dans les armes biologiques et placé sous le contrôle du ministre de la Défense et du guide de la Révolution. Selon des photos satellites, la plupart des bâtiments auraient cessé toute activité en 2004. Ce n'est absolument pas l'impression que j'en retire en observant le grand nombre de personnes qui franchissent les trois portes d'accès.

Il est fort possible que les bâtiments en surface aient été abandonnés au profit d'installations souterraines, beaucoup plus difficilement localisables. Les autorités iraniennes ont agi de façon totalement cynique, perverse et lâche en installant des activités d'armes de destruction massive au milieu d'une population civile.

Jean Valjean et le commissaire Javert

Le Conseil suprême de sécurité nationale iranien est situé à proximité de la résidence du guide de la Révolution. Façade et sol en marbre, lieu de pouvoir affiché, ses responsables ont la haute main sur le dossier nucléaire. Javad Vaheedi, le chef adjoint du Conseil de sécurité, rencontré à Paris, me reçoit dans un salon meublé en style rococo. Une femme voilée, naturellement, et silencieuse tout au long de l'entretien, note tous ses propos. Je le trouve d'ailleurs beaucoup plus prudent qu'au cours des entretiens que nous avons eus à l'étranger. Son visage paraît tout droit sorti d'une miniature persane : regard acéré, paupières lourdes quand la question l'embarrasse ou l'irrite. Il a choisi, idée réductrice, de plaider son dossier sur le registre « des *Misérables* » : « La communauté internationale nous a placés sur la chaise de Jean Valjean, celle de l'accusé », déclare-t-il, satisfait de son effet. Il me décrit les multiples concessions, consenties selon lui par l'Iran. « Le commissaire Javert est venu soixante-dix fois vérifier nos sites militaires. » Je lui pose la question qu'il attend et qu'il accueille avec un sourire gourmand : qui est Javert ? Ou, plutôt, qui est derrière lui ? Il me regarde : « Javert, ce sont les États-Unis, mais tous les autres policiers [sous-entendu les Européens] obéissent à ses ordres. » Il évoque la journée cruciale du 5 août 2005 où, selon lui, les Occidentaux ont déclaré à Jean Valjean : « Tu ne dois plus exister sur le plan nucléaire. La suspension temporaire de l'enrichissement que tu as adoptée doit devenir définitive. »

Des négociations doivent reprendre avec l'Agence internationale de l'énergie atomique, et je lui demande si le seul objectif de l'Iran n'est pas de gagner encore du temps pour reculer l'échéance de nouvelles sanctions. Il me répond, laconique : « Il me semble qu'il existe désormais un grand fossé qui s'est encore élargi. » Le régime a-t-il intégré l'éventualité d'une intervention militaire ? Il hoche la tête : « Naturellement, nous devons travailler sur une telle probabilité, même si le déclenchement d'une intervention dépend de nombreuses conditions. »

— Lesquelles ?

Il hésite longuement, se cale dans son fauteuil, ferme les paupières :

— L'avenir de M. Bush, l'évolution de la situation intérieure, aux États-Unis et en Irak, la situation dans le Golfe, le marché pétrolier, l'évolution interne au Pakistan et en Arabie Saoudite ; l'influence de ces données sur le Liban et la Palestine. Je pense, ajoute-t-il, qu'il faut tenir compte également des relations entre la Russie et les États-Unis, ainsi qu'entre l'Europe et Washington.

J'éprouve un sentiment curieux en l'écoutant et en l'observant ; Javad Vaheedi ne semble pas réellement convaincu par les arguments qu'il avance. Je perçois dans sa voix une certaine lassitude. Il ajoute du même ton incertain : « Les États-Unis ne déclenchent jamais une guerre s'ils ne sont pas en mesure d'en contrôler la durée, le coût, les investissements en hommes et en équipement, ainsi que les résultats qu'ils peuvent en escompter. » Je lui réponds que l'intervention en Irak contredit totalement cette analyse. Il me regarde silencieux avant de lâcher avec un sourire : « Nous connaissons bien le dossier irakien, c'est un cas à part. »

Un véritable jeu de pirouette

Ses propos sont un véritable jeu de pirouette. Il élude mes questions sur l'existence d'un programme nucléaire secret qui suscite la défiance des Occidentaux en répondant : « Nous voulons négocier avec les Européens, mais ils ont des problèmes, car ils sont forcés de suivre les intentions américaines. » Durant les négociations de 2006 avec Javier Solana, Vaheedi a coprésidé la délégation iranienne et je lui demande de me décrire le climat qui régnait. Il regarde la femme voilée assise dans un fauteuil et qui continue imperturbable de noircir des feuillets : « Nous étions parvenus à de bons résultats, mais chaque fois les chemins ouverts ont été détruits. Les décisions de Solana dépendaient des États-Unis. » La langue de bois est le seul langage adopté par beaucoup d'officiels, mais elle sert aussi de refuge pour les plus rusés d'entre eux. C'est le cas de mon interlocuteur. Vaheedi est désormais un responsable iranien qui cache mal son inquiétude devant la détérioration de la position iranienne et l'isolement croissant de son pays. L'homme que j'avais rencontré à Paris, un an plus tôt, était ironique, arrogant, persuadé de pouvoir manipuler les Occidentaux. Une illusion qui semble s'être totalement dissipée.

Je repense à cette confidence d'un professeur d'université : « Si ce régime parvient à posséder l'arme nucléaire, il deviendra encore plus cruel envers sa population et arrogant envers les autres. »

Le soir de mon départ, j'invite la jeune journaliste et le chauffeur qui m'ont aidé dans un restaurant arménien, à proximité de l'ambassade de France. Nous sommes à peine assis dans le jardin que le propriétaire s'approche de notre table :

— Vous êtes musulmans ? demande-t-il à mes invités.

— Oui.

— Désolé, mais je ne peux pas vous servir et je dois vous demander de partir.

Je le regarde, stupéfait.

— Mais pourquoi ?

Il lève les mains en signe d'impuissance.

— Désolé, mais c'est la loi iranienne.

Les Iraniens sont soumis à un véritable apartheid dans leur propre pays. L'Iran est un régime désespérant qui opprime une population désespérée.

Table

Dépôt légal : octobre 2007 - N° édition : 14230